谨以此书纪念中蒙建交60周年

Энэхүү бүтээлийг Монгол – БНХАУ-ын хооронд дипломат харилцаа тогтоосны 60 жилийн ойд зориулав.

责任印制　张道奇
装帧设计　姬　芳
责任编辑　李　飚

图书在版编目（CIP）数据

蒙古国浩腾特苏木乌布尔哈布其勒三号四方形遗址发掘报告：2006年
／中国内蒙古自治区文物考古研究所，蒙古国游牧文化研究国际学院，
蒙古国国家博物馆编．
—北京：文物出版社，2008.9
ISBN 978－7－5010－2381－3

I．蒙… II．①中…②蒙…③蒙… III．文化遗址－发掘报告－蒙古
IV．K883.118

中国版本图书馆CIP数据核字（2008）第117731号

蒙古国浩腾特苏木乌布尔哈布其勒三号四方形遗址考古发掘报告(2006年)

中国内蒙古自治区文物考古研究所
蒙古国游牧文化研究国际学院　编
蒙　古　国　国　家　博　物　馆

文物出版社出版发行
(北京市东直门内北小街2号楼)
邮 政 编 码：100007
http://www.wenwu.com
E-mail:web@wenwu.com

北京文博利奥印刷有限公司制版
北京画中画印刷有限公司印刷
新华书店经销
889×1194毫米　1/16　印张：13.75　插页：4
2008年9月第1版　2008年9月第1次印刷
ISBN 978－7－5010－2381－3　定价：220元

蒙古国境内古代游牧民族文化遗存考古调查、勘探、发掘研究合作项目成果之二

蒙古国浩腾特苏木乌布尔哈布其勒
三号四方形遗址发掘报告

（2006年）

中国内蒙古自治区文物考古研究所
蒙古国游牧文化研究国际学院　编
蒙　古　国　国　家　博　物　馆

主　编　　塔　拉　恩和图布信
副主编　　陈永志　奥其尔

文物出版社

МОНГОЛ-БНХАУ-ЫН ХАМТАРСАН <<МОНГОЛ УЛСЫН НУТАГ ДАХЬ ЭРТНИЙ НҮҮДЭЛЧДИЙН СОЁЛ ИРГЭНШЛИЙН ХАЙГУУЛ, МАЛТЛАГА СУДАЛГАА>> ТӨСЛИЙН ТАЙЛАН II

АРХАНГАЙ АЙМГИЙН ХОТОНТ СУМЫН НУТАГ ДАХЬ ӨВӨР ХАВЦАЛЫН АМНЫ 3-Р ДӨРВӨЛЖИНГИЙН МАЛТЛАГА

(2006 ОН)

МОНГОЛ УЛСЫН НҮҮДЛИЙН СОЁЛ ИРГЭНШЛИЙГ СУДЛАХ ОЛОН УЛСЫН ХҮРЭЭЛЭН

МОНГОЛЫН ҮНДЭСНИЙ МУЗЕЙ

БНХАУ-ЫН ӨМӨЗО-НЫ СОЁЛЫН ӨВ, АРХЕОЛОГИ СУДЛАЛЫН ХҮРЭЭЛЭН

Редактор: Б.Энхтүвшин, Та Ла

Дэд редактор: А.Очир, Чэн Ён Жи

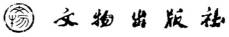

БНХАУ-ЫН СОЁЛЫН ӨВ ХЭВЛЭЛИЙН ХОРОО

序　言

在历史的发展进程中，蒙古高原一直是中国北方游牧民族活动的大舞台，匈奴、鲜卑、突厥、回鹘、契丹、蒙古等游牧民族都曾留下了大量的文化遗存，这些文化遗存是中国古代北方游牧民族文化的重要组成部分，也是东西方文化交流的历史见证。中国内蒙古自治区与蒙古国在地域上相毗邻，同属于蒙古高原，自然环境与人文环境基本上相似。由于历史上的种种原因，中国学者对于分布在蒙古国境内古代游牧民族文化遗存的具体情况还不太了解，可参照对比的资料也相对较少，与蒙古国在文物考古研究方面的合作目前尚属于初始阶段。

蒙古国处于欧亚大陆的中介地带，是中西文化交流的连接点，特殊的地理位置与原生态的草原环境，引起了西方文化研究学者的极大关注。其他国家的一些考古研究机构较早地与蒙古国进行合作，主要是对蒙古国境内一些保存较好的大型历史文化遗存有针对性地进行发掘研究，其中对匈奴、突厥、蒙古三大民族文化遗存的考古发掘在世界上影响较大。自1924年始，前苏联的一些学者就对诺颜乌拉匈奴墓进行了考古发掘，这是在蒙古高原首次揭示的匈奴贵族墓葬，出土了一批与中原汉王朝、西方古罗马有关的珍贵文物，引起了世界考古界的轰动。由此，对匈奴墓葬的考古发掘一度成为世界考古学研究的热点。2000年开始，法国投入巨资发掘呼尼河流域的高勒毛都一号匈奴大墓；2001年，美国发掘高勒毛都二号匈奴大型陪葬墓，出土了大量的随葬品。对突厥文化遗存的考古发掘研究，主要以土耳其学者为主。1997年至2000年，土耳其对鄂尔浑河流域和硕柴达木地区著名的突厥毗伽可汗、阙特勤碑铭及祭祀遗址进行了考古发掘，发现了震惊世界的"毗伽可汗宝藏"。成吉思汗陵墓与蒙古帝国首都哈刺和林城址也是西方学者关注的重点。1990年，日本考古队开始在克鲁伦河流域寻找成吉思汗陵，并先后发掘了位于肯特省的阿布日嘎蒙元时期的宫殿基址，同时对蒙古早期都城哈刺和林城址进行测绘。其后德国波恩大学研究人员又发掘了哈刺和林城中的窝阔台宫殿基址。除此之外，韩国、意大利、比利时、瑞士等国家的考古学者也纷纷前往蒙古国，进行其他领域的考古发掘研究。目前，在蒙古国进行考古发掘研究的各国考古队已经有20余支，这些考古队在蒙古国的考古和研究工作均取得了很多重要的成果。

在这种情况下，为了弥补中国在蒙古国文物考古研究上的缺憾，在国家文物局的直接领导下，启动了中蒙合作考古研究项目，由中国内蒙古自治区文物考古研究所牵头与蒙古国游牧文化研究国际学院、蒙古国国家博物馆合作，对蒙古国境内的古代游牧民族文化遗存进行考古调查，在调查的基础上对重点遗址进行考古发掘。2005年7月至9月，内蒙古自治区文物考古研究所组成考古队，在蒙古国的中、东部地区进行了为期两个月的考古调查，对分布于蒙古国境内的石器时代、青铜及早期铁器时代、匈奴、突厥、回鹘、辽金、蒙元、北元与清代等多个历史时期的文化遗存有了一个初步的认识。2006年7月，中蒙联合考古队对位于后杭爱省浩腾特苏木乌兰朝鲁巴戈地区的一座四方形遗址进行了考古发掘，清理出石筑祭台与回鹘大型砖室墓一座，出土了一批重要文物，取得了重大考古收获。本考古报告即是这次考古发掘的初步成果，详细介绍了四方形遗址的布局、结构以及大型砖室墓的具体情况，并对这种四方形遗址的性质、相对年代以及历史背景进行了深入的阐释，资料翔实，内容可靠。

中国和蒙古国是睦邻友好的邻邦，两国之间特殊的历史文化渊源关系，决定了中蒙合作考古研究的重大意义，也说明了这部考古发掘报告重要的历史价值。

首先，这部考古报告是中蒙联袂进行游牧民族文化遗存考古研究的结晶，也是中国考古学研究水平的展示。中蒙联合考古队在蒙古国浩腾特苏木乌兰朝鲁巴戈地区四方形遗址的考古发现，引起了蒙古国政府及世界考古学界的高度重视。蒙古国国家电视台及《真理报》、《今天》、《游牧研究》等新闻媒体作了专题介绍；中国《中国文物报》、《文物天地》等媒体也作了相关报道，其他媒体与学术刊物也纷纷转载。由此彰显了中国考古在世界考古界的重要地位，标志着中国在游牧民族文化领域的考古研究水平已经与法国、美国、德国、土耳其等西方国家相提并论，标志着中国已跻身于世界文物考古研究大国之列。

其次，本报告对分布于鄂尔浑河流域四方形遗址的性质进行细致详尽的诠释，破解了这种特殊遗址的种种学术谜团，从而解决了蒙古高原回鹘考古学研究中世人瞩目的重大学术课题。"四方形遗址"，是蒙古国学者根据其地表上呈方形小城状的形制特征而命名的遗址，分布于后杭爱省浩腾特苏木乌兰朝鲁巴戈地区，共有26座。在蒙古高原，这种四方形遗址是一个全新的考古学文化遗存，蒙古国从未对其进行过考古发掘。此次通过中蒙联合的考古发掘证实，这种四方形遗址实际上是一种大型的墓葬，其族属应当是8～9世纪活动于蒙古高原的回鹘族。根据墓葬的规模、形制、地望及出土的器物分析，这些四方形遗址应是回鹘贵族或可汗的陵墓群。回鹘政权共历十三任可汗，关于其可汗陵墓的确切方位，一直没有确定。此次通过对这种四方形遗址的考古发掘，将四方形遗址群确定为非常罕见的回鹘大型陵墓群，为深入研究蒙古高原古回鹘社会的陵寝制度与民族风俗提供了一批翔实的实物资料。

再次，本报告极大地丰富了草原考古学文化的内涵，填补了回鹘考古学文化研究的空白。草原考古学文化序列与谱系的建立是以蒙古高原有人类历史以来人类种群繁衍、生息相关的物质文化遗存为基本材料，对这些基本材料进行搜集、整理、分类、分期、辨识、定性是建立考古学文化序列的主要内容。回鹘于公元8世纪中叶兴起于漠北草原，其后主要活跃于鄂尔浑河流域、河西走廊、天山南北和楚河流域，对中国和中亚的历史都曾产生过重大的影响。有关回鹘的历史文化遗物，在漠北的蒙古高原与新疆地区都有零星的发现，如著名的"九姓回鹘可汗碑"、"吐鲁番回鹘壁画题记"等，但对于回鹘族属的地下文物遗存，在中国尚属于未知的领域，其对应的考古学文化也不是十分清楚，所以，此次考古发掘将回鹘考古学文化从众多的游牧民族文化遗存中揭示出来，从而填补了蒙古高原回鹘考古学研究的空白，这是对中国北方草原考古学文化研究的极大补充与拓展。

蒙古国境内保存有大量匈奴、突厥、回鹘、契丹、蒙古等古代游牧民族的遗迹、遗物，它承载着重要而又丰富的历史信息，在澄清史实、补史证史方面占有举足轻重的位置。对于这些遗迹、遗物进行系统地归纳整理研究，是揭示中国古代北方草原游牧民族历史真实面貌的一个主要突破点，同时也是弘扬草原文化的一个重要平台，对于构建完善的草原考古学文化体系，进而探讨蒙古高原游牧民族文化与中华民族多元一体格局的关系具有重要的作用，这正是本考古报告的意义所在。

内蒙古自治区文化厅厅长 王志诚

2008年7月

前　　言

　　蒙古国地处蒙古高原中部，拥有世界上最大的草甸草原。在草原的深处，湖泊众多，河流密集，是游牧民族理想的生活场所（图一）。由于特殊的地理环境与人文环境，蒙古国境内保存有大量完整的古代文化遗存，主要分布在鄂尔浑河流域、土拉河流域、色楞格河流域、克鲁伦河流域及乌布苏、哈尔乌苏湖周围。在蒙古国分布最多、最完整、最具有特色的古文化遗存即是石筑墓，这些墓葬受建筑材料的限制及草原游牧民族特殊信仰的影响，均以自然石块堆筑的石圈、石堆、立石、石像、石雕为其主要呈现形式，其次是未经人为与建设性扰动的完整城址。由于蒙古国地广人稀，至今尚以游牧为主的生活方式使得这些遗址与墓葬的原始形态基本上完整地保存下来（图二）。对这些游牧民族文化遗存的考古发掘研究，西方的一些国家进行得较早，最早是前苏联的一些科考团及部分学者对诺颜乌拉匈奴墓葬、鄂尔浑河流域的一些突厥碑铭及蒙古早期城址进行调查及考古发掘研究，其后其他一些国家陆续进入蒙古国，先后对一些大型的遗址与墓葬进行调查发掘，如法国、美国考古队发掘的高勒毛都匈奴单于墓园，土耳其发掘的毗伽可汗碑铭遗址，德国发掘的哈剌和林城址，日本发掘的阿布日嘎宫殿基址，韩国发掘的井头、马头山墓地等等。

图一　塔米尔河畔

　　在历史的发展进程中，蒙古高原一直是中国北方游牧民族活动的大舞台，匈奴、鲜卑、突厥、回鹘、契丹、蒙古等游牧民族都曾留下了大量的活动遗迹。目前中国学术界对于中国古代北方的一些游牧民族在蒙古国境内的活动情况以及发展的脉络还不甚清晰，可参照和对比的资料相对较少，对于其考古学文化内涵与属性的认定存在着较大的局限性。为了弥补这一学术缺憾，在国家文物局和内蒙古自治区文物局的直接领导下，内蒙古自治区文物考古研究所与蒙古国有关部门达成了考古合作意向，决定联袂进行蒙古国境内游牧民族文化遗存考古调查、发掘合作研究。2005年6月，内蒙古自治区文物考古研究所派员与蒙古国游牧文化研究国际学院、蒙古国国家博物馆组成考古队，正式实施该项目。2005年7月至9月，中蒙联合考古队在蒙古国的中、东部地区进行了为期

图二　地表所见的匈奴大墓

图三　四方形遗址

图四　哈喇巴拉嘎斯古城与杭爱山

两个月的考古调查。调查地域包括后杭爱省、前杭爱省、布尔干省、色楞格省、中央省、乌兰巴托市和肯特省等省市的30余个苏木，共调查了古文化遗迹遗址88处，年代范围囊括了石器时代、青铜及早期铁器时代、匈奴、突厥、回鹘、辽金、蒙元、北元与清代等多个历史时期。通过此次调查，我们对蒙古国境内分布的游牧民族文化遗存的概况有了一个大致的了解，并初步确定对分布于鄂尔浑河流域的四方形遗址进行考古发掘。

所谓"四方形遗址"，是蒙古国学者根据其地表上呈方形小城状的形制特征而命名的遗址代称。这些遗址大多成组分布于背山面河的山谷当中，一般是外围围以方形围墙，并于其中的一段墙体设置小门，遗址中心位置为夯筑或砖石垒砌的方形台基（图三）。这类四方形遗址目前仅发现于后杭爱省浩腾特苏木境内鄂尔浑河畔的乌兰朝鲁巴戈地区。根据中蒙联合考古队2005年的调查结果，在乌兰朝鲁巴戈地区共有26座四方形遗址，集中分布于杭爱山脉东麓面向鄂尔浑河谷的五个山谷之中。其中胡拉哈山谷分布2座，浑地壕莱山谷分布7

座，乌布尔哈布其勒山谷分布9座，赫列克苏尔山谷分布7座，都根乌珠尔山谷分布1座。

2006年7月至9月，中蒙考古队对蒙古国后杭爱省浩腾特苏木乌兰朝鲁巴戈地区乌布尔哈布其勒山谷三号四方形遗址进行了考古发掘，清理出回鹘大型砖室墓一座，出土了一批重要文物，取得了重大考古收获。

在蒙古高原，这种四方形遗址是一个全新的考古学文化遗存。关于此类四方形遗址的性质，学术界过去一直存在着争议。蒙古国大部分学者认为是祭祀性遗址，少数学者则认为是墓葬。此次通过考古发掘证实，这种四方形遗址是一种集祭祀与墓葬于一体的复合型遗址，实际上是一种大型的墓园。这种墓园有着较为明显的地表特征：一是集中分布于背山面水的山谷之中，成片分布；二是结构特征基本相似，都由围墙、祭台、墓葬三大部分组成。关于这种四方形墓园的文化特征，根据出土陶片和砖瓦形制特征分析，应属于古回鹘时期的典型风格，由此推及分布于附近的其他四方形遗址，相对年代都属于古回鹘时期，其族属应当是8～9世纪活动于蒙古高原的回鹘族。从四方形墓园庞大的建筑规模及墓葬较高的规格分析，这些四方形遗址应是回鹘贵族或可汗的陵墓群。而四方形墓园遗址群位于回鹘古都哈喇巴拉嘎斯古城西南7公里处的杭爱山脉东麓（图四），地缘关系也为上述推断提供了一个有力的论据。

回纥，后称回鹘，其名最初见于《魏书·高车传》，当时称为"袁纥"，《隋书·铁勒传》记作"乌护"，《新唐书》又作"乌纥"。在《阙特勤碑》的突厥文碑文中称为"九姓乌古斯"。回纥的驻牧地区在仙娥河(今色楞格河)和嗢昆河(今鄂尔浑河)流域，唐玄宗天宝三年(744年)，回纥首领骨力裴罗攻占了突厥故地，自立为骨础禄阙毗伽可汗，置牙帐于乌德建山（今鄂尔浑河上游杭爱山，图五），正式建立起回纥政权，遣使告唐，唐册封他为怀仁可汗。此后回纥与唐朝长期保持密切的友好关系。天宝十四年（755年）冬，唐朝发生"安史之乱"，回纥葛勒可汗助唐平叛。开成四年（839年），回鹘地区发生瘟疫，又连续大雪，羊马多死，回鹘由此衰落。开成五年（840年）秋，黠戛斯攻灭回鹘，回鹘政权瓦解。回鹘政权共立十三任可汗，其可汗陵墓的确切方位，一直没有确定，此次对四方形遗址的考古发掘，明确其属性，并将其确定为非常罕见的大型陵墓群，对于寻找回鹘可汗陵寝的确切位置具有重要的参考价值。

塔 拉　陈永志
2008年7月

图五　杭爱山

目　　录

插图目录

图版目录

2．围沟（TCII内）

Баруун хэрмийн гаднах шудууны зүсэлт

图版九

1．东围墙外面的围沟

3-р дөрвөлжингийн үүдэвчний малтлага (өмнө талаас)

2．二号盗坑

Малтлагаас илэрсэн цооног. 2

图版一〇

1．乌布尔哈布其勒山谷三号四方遗址建筑台基与一号墓的相对位置

Малтлагын явцаас

2．一号墓墓道清理前的地表情况

Бунханы үүдэвчний толбо илэрсэн байдал

图版一一

1．一号墓墓道及甬道

Бунханы үүдэвч зүүн талаас

2．墓室顶部（第二层）

Бунхан, үүдэвч (тонуулчдын цооногийг цэвэрлэсний дараа)

图版一二

1．一号墓墓室清理前

Бунхан, үүдэвчний хэсэг

2．一号墓墓室清理后

Бунханы давхар өрлөгийг авсаны дараах байдал

图版一三

一号墓的遗物分布情况

3-р дөрвөлжины бунханы малтлагаар илэрсэн олдворууд

图版一四

1．一号墓墓室（俯拍）

Бунханы малтлагын явцаас

2．一号墓墓室（俯拍）

Бунханы шаланд анхны байрлалаараа үлдсэн тоосгууд

图版一五

1．一号墓甬道（由东向拍）

Бунханы шаланд анхны байрлалаараа үлдсэн тоосгууд

2．一号墓甬道 （由西向拍）

Бунханы хүзүүвч (дотор талаас)

图版一六

1．发掘完毕后的遗址 （由东向西拍摄）

Малтлагын талбай (зүүн талаас)

2．回填后的三号四方形遗址

Дурсгалыг эргүүлэн дарж булсан байдал

图版一七

1．陶罐口沿

Малтлагаас илэрсэн ваар савны амсарын хагархай

2．Ｖ式陶片 [TLI③：2（185）]

2．建筑构件 [TLX③：2（192）]

Амьтны дүрст барилгын шавар чимэглэлүүд

3．建筑构件 [TLI③：4（213）]

Амьтны дүрст барилгын шавар чимэглэлүүд

图版二五

1．建筑构件 [TXXXIII③：7（176）]

Шавраар хийсэн улаан будагтай барилгын чимэглэлүүд (хэсэг LI, дугаар 176)

2．建筑构件 [TLI③：7（207）]

Шавраар хийсэн улаан будагтай барилгын чимэглэл

图版二六

1．建筑构件 [K7：2（245）]

Шавраар хийсэн улаан будагтай барилгын чимэглэл (дугаар 245)

2．建筑构件 [TXXXIII③：6（117）]

Шавраар хийсэн улаан будагтай барилгын чимэглэл (хэсэг XXXIII, дугаар 117)

图版二七

1．壁画残块 [TXXXIII③：1（174）]

Улаан будагтай барилгын шохойн чимэглэл (хэсэг XXXIII, дугаар 174)

2．壁画残块

Улаан будагтай ханын шаваас шохой

图版二八

1．壁画残块

Улаан будагтай ханын шаваас шохой

2．壁画残块

Улаан будагтай ханын шаваас шохой

图版二九

1．牛头骨 (M1：1)

Бунханы малтлагаас илэрсэн үхрийн толгойн яс

2．头骨 (G1：2)

Хэрмийн гаднах шуудуунаас илэрсэн хүний толгойн ясны хэсэг

图版三〇

下颌骨 [TLXVIII③：3（144）]

Малтлагаас илэрсэн хүний эрүүний яс (хэсэг LXVIII, дугаар 144)

图版三一

1．考古发掘现场

Өвөр хавцалын амны 3-р дөрвөлжингийн малтлагын явцаас

2．中蒙双方队员现场交流发掘意见

Хамтарсан төслийн судлаачид малтлагын ажлынхаа талаар санал солилцож буй нь

图版三二

大雪中的考古发掘现场

Өвөр хавцалын амны 3-р дөрвөлжингийн малтлагын явцаас

图版三三

哈喇巴拉嘎斯古城

Хар балгас хотын туурь

绪　　论

　　中蒙联合考古队"蒙古国境内古代游牧民族文化考古调查、勘探、发掘研究"项目经过中蒙双方多次协商和努力，于2005年正式开始实施。2005年7月27日至9月23日，中蒙联合考古队按照合同在蒙古国中东部地区进行了详细的考古调查，调查区域包括蒙古国中东部地区的后杭爱省、前杭爱省、布尔干省、中央省、乌兰巴托市和肯特省的30多个苏木，集中于色楞格河、鄂尔浑河、土拉河、鄂嫩河和克鲁伦河等几条大河流域。此次调查对88处遗址的保存现状进行了客观科学的记录，这些资料已和2006年的调查成果一起编入《蒙古国古代游牧民族文化遗存考古调查报告（2005～2006年）》之中，该书还对本合作项目的起因、过程及意义作了详细的介绍，本报告中不再赘述。

　　2006年7月4日至9月17日，中蒙联合考古队对后杭爱省浩腾特苏木乌兰明鲁巴戈乌布尔哈布其勒山谷三号四方形遗址进行了发掘（图一），初步了解了围墙、围沟、门道、享堂台基的结构，并在享堂台基旁边发现了台阶式墓道的圆形砖室墓。7月24日至9月17日，中蒙联合考古队对胡拉哈山谷第一号四方形遗址及墓葬群进行了发掘，清理了回鹘时期的砖室墓1座，蒙元时期的墓葬8座，并对四方形遗址的围墙、门道以及倒塌堆积进行了清理，由于遗址规模较大，发掘工作没有全部结束。8月30日至9月13日，中蒙联合考古队部分考古队员在蒙古国境为的东南部进行了考古调查，调查地域包括肯特省、苏赫巴托尔省、东戈壁省、南戈壁省、中戈壁省的13个苏木，总行程约4000多公里，共计调查各类遗址23处。

　　中蒙联合考古队在制定2006年的考古发掘目标和计划之前，对2005年的调查成果进行了详细的对比分析，中蒙双方不约而同地将注意力集中到鄂尔浑河流域。鄂尔浑河是色楞格河的最大支流，发源于蒙古国中部杭爱山南麓，向北在接近俄蒙边界处与色楞格河汇合，注入俄罗斯境内的贝加尔湖，全长1124公里，流域面积13.8万平方公里。鄂尔浑河、土拉河、色楞格河、克鲁伦河等大河流域都是孕育草原文明的摇篮，蒙古高原游牧民族的繁衍生息与这些河流密切相关。调查成果表明，早在旧石器时代，已经有人类活动在鄂尔浑河流域附近。到了青铜时代，人口得到了大幅度的增长，并在河流两侧的山坡上留下了星罗棋布的赫列克苏尔、四方墓、鹿石，这些遗址的范围大小不一，规模和结构呈现出多样性，说明当时已经出现了部落和等级地位的划分。鄂尔浑河流域发现的匈奴时期遗迹主要为墓葬。其后出现的突厥、回纥（回鹘）、契丹、蒙古、元代相继在鄂尔浑河流域设立了政权或统治机构，并将该流域在经济文化等方面的发展推向顶峰。回鹘故都哈喇巴拉嘎斯城和"大蒙古国"都城和林城（哈剌和林）是鄂尔浑河流域最著名的两个城址，作为政治中心，曾对漠北的兴衰变迁起到举足轻重的作用。

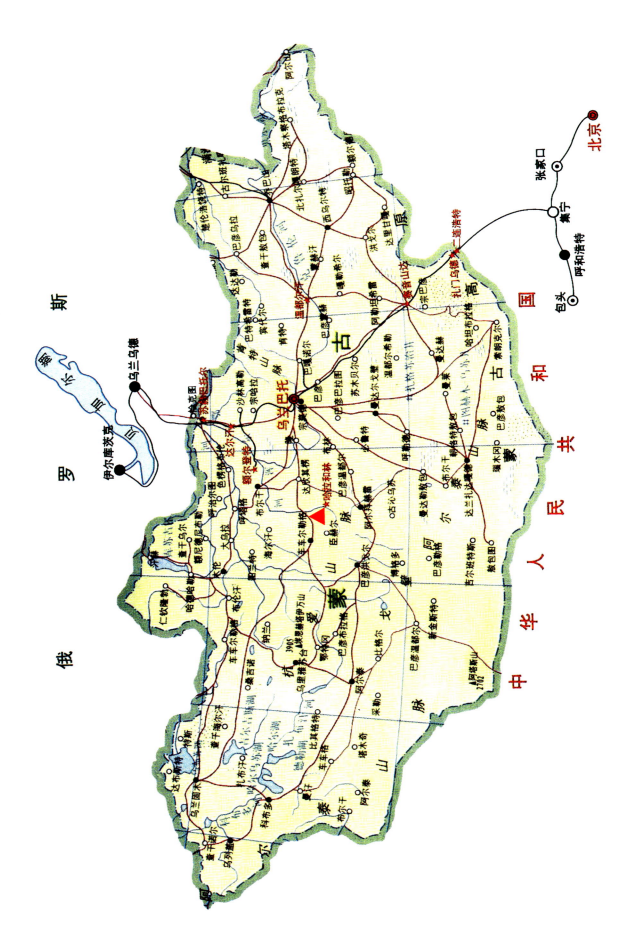

图一 蒙古国后杭爱省浩腾特苏木乌兰朝鲁巴戈四方形遗址群位置示意图（由红色三角标识）

过去，蒙古国和其他国家的考古工作人员在鄂尔浑河流域进行的考古发掘工作非常有限，从而为研究工作带来了许多困难，一些遗址在文化性质判别方面迷雾重重，甚至依赖于猜测。后杭爱省浩腾特苏木乌兰朝鲁巴戈的四方形遗址群即是众多谜团之一，中蒙联合考古队经过商议之后，决定将四方形遗址作为2006年的发掘对象。

所谓"四方形遗址"，是蒙古国学者在尚未了解其具体性质而根据其形制命名的遗址代称。1998年，以蒙古国国家博物馆奥其尔馆长为代表的蒙古国考古工作人员于后杭爱省浩腾特苏木乌兰朝鲁巴戈发现了这类型遗址，当时在胡拉哈山谷、浑地壕莱山谷、乌布尔哈布其勒山谷共发现了18座四方形遗址。2005年，中蒙联合考古队对浩腾特苏木乌兰朝鲁巴戈的四方形遗址群进行了复查，并在赫列克苏尔山谷、都根乌珠尔山谷新发现了8处四方形遗址，将四方形遗址的数量增加至26座。这些四方形遗址在形制上有着共同的特征，一般成组分布于背山面河的山谷当中，外围围以方形围墙，并于其中的一段墙体设置小门（多设置于东墙），遗址中心位置为夯筑或砖石垒砌的方形祭台。这种四方形遗址在蒙古高原是一种全新的考古学文化遗存，其具体功能扑朔迷离，非常神秘。蒙古国学术界过去在其文化性质的认定上一直存在着多种争议，其中两种观点比较流行，一种观点认为是祭祀性质的遗址；另一种观点以奥其尔教授为代表，认为是墓地。由于各种观点都缺乏客观而又有力的事实依据，从而没有形成共识。

2006年度的中蒙联合考古发掘工作取得了重大收获。在经过与其他考古学资料的对比分析后，中蒙联合考古队认为这种四方形遗址应该是回鹘（回纥）时期的墓茔地，随后中蒙联合考古队就此重要发现在蒙古国召开了新闻发布会，受到了新闻媒体和学术界的高度关注。同时，中蒙联合考古队分别在两国的报刊中发布了简要的发掘成果介绍[1][2]，并及时向上级部门汇报了工作进展情况和收获，受到了相关部门的高度重视。

本报告为2006年度中蒙联合考古队对后杭爱省浩腾特苏木乌兰朝鲁巴戈乌布尔哈布其勒山谷三号四方形遗址进行考古发掘所获资料的介绍。由于胡拉哈山谷第一号四方形遗址的发掘工作没有结束，其整体面貌还不是很清楚，为了照顾资料的完整性，该遗址的详细资料将在发掘工作全部结束后另行公布。2006年度的调查资料收录于《蒙古国古代游牧民族文化遗存考古调查报告（2005～2006年）》之中，本报告不予介绍。

探方号的排序采用蒙古国考古发掘的编号习惯，使用罗马数字。但具体遗迹代号仍遵循中国的考古惯例，以汉语拼音字头表示，T为探方，K为盗坑，M为墓葬，Q为围墙，G为围沟。

在考古学理论与实践方面，蒙古国与中国有许多不同之处，并体现在发掘工作和报告编写工作的一些环节之中。对于出土遗物，蒙方在发掘现场并不编号，而是根据遗物出土时间的先后顺序以阿拉伯数字顺延标识，作为临时序号。这些遗物成为博物馆藏品后，会更易新号。本报告中蒙方所使用的遗物登记表和遗物分布图全部使用发掘现场的临时代号（见蒙方报中的附件：遗物

---

① 《中蒙联合考古队在蒙古国发掘取得重大收获——首次发现回鹘贵族大墓或回鹘可汗陵寝》，《中国文物报》2006年10月25日2版。

② 《Гэр хэлбэртэй бунхан Уйгурын байх магадлалтай》，《ӨНӨӨДӨР》2006 ОНЫ 10– Р САРЫН 2.

登记表、遗物分布图），中方使用探方号和地层号相接并依次顺延件数的方法编号。本报告在介绍遗物时，中方编号后面的括号内附有蒙方的临时编号，以便于对应。如TXLIX③：1（264），即中方编号为TXLIX③：1，而蒙方的编号则为264。遗址中出土的瓦当、瓦片、砖块较多，本报告中仅挑选具有代表性的一部分进行说明，没有将所有遗物逐一介绍。

　　为了避免资料重复，双方共用同一彩版图片。

第一章　后杭爱省浩腾特苏木
乌兰朝鲁巴戈四方形遗址概述

第一节　四方形遗址分布位置及保存现状

后杭爱省位于蒙古中部地区，由森林、高山、草原组成，杭爱山脉占据了全省的大部分面积，全省海拔平均2414米。浩腾特苏木乌兰朝鲁巴戈位于后杭爱省与前杭爱省交界处，距离省会车车尔勒格市90多公里，南与前杭爱省哈剌和林苏木相邻。浩腾特苏木的北、西、南三面是绵亘起伏的杭爱山脉，东北部为开阔的鄂尔浑河河谷，河谷内水草丰美，气候宜人。古代历史上的许多游牧民族都曾将此地视作放牧生息的理想场所，并留下了大量的文物遗址，这些遗址不仅分布密集，而且种类丰富。四方形遗址是蒙古高原上较为独特的一类遗址，中蒙联合考古队在浩腾特苏木乌兰朝鲁巴戈东南部杭爱山脉东麓的五座山谷之中共计发现26处该类遗址，这些遗址形制特殊、气势恢弘，近年来一直为蒙古国考古学者所关注。

杭爱山脉东麓分布着四方形遗址的五座山谷由南向北依次是：胡拉哈山谷、浑地壕莱山谷、乌布尔哈布其勒山谷、郝列克苏尔山谷、都根乌珠尔山谷。其中，浑地壕莱山谷与胡拉哈山谷、乌布尔哈布其勒山谷相邻，而赫列克苏尔山谷、都根乌珠尔山谷则与这三座山谷相距略远（图二、三）。下面对这五座山谷逐一进行介绍。

一　胡拉哈山谷

胡拉哈山谷位于后杭爱省浩腾特苏木政府所在地东南25公里处。山谷东麓有一条名为"白音高洛"的小河，向北曲折汇入鄂尔浑河。胡拉哈山谷比较窄短，在山谷中央的缓坡上发现了两处四方形遗址，坡地两侧为自然冲沟（图四）。山谷的入口处分布着青铜时代的赫列克苏尔、四方墓，山谷两侧的山梁上和四方形遗址周围分布着大量蒙元时期的墓葬。

一号四方形遗址（编号1—1）的规模较大，保存较好，地理坐标为北纬47°17′01.2″，东经102°41′82.4″，海拔1512米，遗址方向为315°。围墙呈长方形，长42米、宽36米、残高0.5米。遗址正东角上设置一门，宽约3米。遗址中心的建筑倒塌后形成一个圆形的土包，土包直径约20米、高约2米。土包周围的地表上堆积着大量的砖块。

二号四方形遗址（编号1—2）位于一号四方形遗址东南10米处，地表上隐约可见轮廓。地理

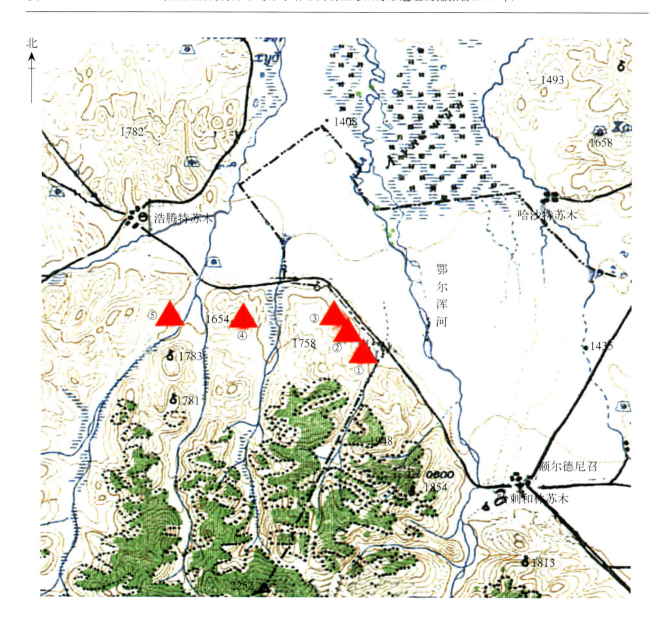

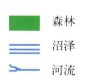 森林	 水井	▲ 山谷位置	③ 乌布尔哈布其勒山谷
沼泽	—— 公路	① 胡拉哈山谷	④ 赫列克苏尔山谷
〜 河流	·—·—· 省界	② 浑地壕莱山谷	⑤ 都根乌珠尔山谷

图二　五座山谷的地理位置

0 ———————— 10公里

图三　胡拉哈山谷、浑地壕莱山谷、乌布尔哈布其勒山谷卫星图片

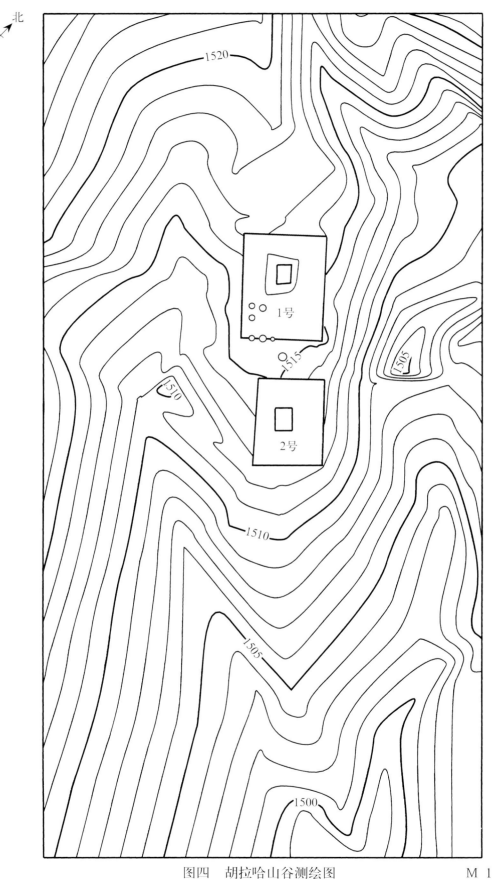

图四　胡拉哈山谷测绘图　　　　　　　　　M 1:1000

坐标为北纬47°17′99.7″，东经102°41′85.9″，海拔1508米，遗址方向为315°。围墙长约25米、宽约20米、残高约0.3米。遗址中央为建筑倒塌堆积。

二　浑地壕莱山谷

浑地壕莱山谷位于胡拉哈山谷西北侧，距离后杭爱省浩腾特苏木政府所在地23公里，是一个比较开阔的山谷。山谷内共有7处四方形遗址，呈环状分布，由南向北依次编号。山谷的入口处还分布着许多蒙元时期的墓葬，墓葬地表形态呈小土丘状或石头圈状。

一号四方形遗址（编号2－1）的地理坐标为北纬47°17′96.4″，东经102°41′39.4″，海拔1494米。四方形遗址围有长方形围墙，围墙已经倒塌，墙体宽约3米，外面挖建围沟，围沟宽约2米、深0.5米。台基位于遗址的中心，直径15米、高1米。台基顶部有直径5米、深约1米的扰坑。地表散布着一些浅粉色的砖块。

二号四方形遗址（编号2－2）的地理坐标为北纬47°17′72.4″，东经102°41′36.2″，海拔1498米。围墙为正方形，边长32米，围墙底部宽6米、顶部宽2米、残高1米。东墙中部开设一门，宽约3米。围墙外面挖有围沟，围沟宽1米、深0.5米。遗址中央有石头砌筑的台基，台基直径12米，高约2米。

三号四方形遗址（编号2－3）是山谷内规模最小的一处，地理坐标为北纬47°17′47.0″，东经102°41′21.0″，海拔1498米。遗址由围墙、围沟、台基组成，围墙、享堂均已倒塌，围墙呈土垄状，台基呈土包状。围墙平面接近正方形，边长22米，墙体宽5米、残高0.5米。门道位于东墙中部，宽约2米。围墙外面有围沟，围沟宽约2米。

四号四方形遗址（编号2－4）的地理坐标为北纬47°17′81.4″，东经102°41′39.0″，海拔1495米。东、北、南围墙均长32米左右，西围墙长28米，围墙底宽4米、残高1米。东围墙中部建有门道，宽约2.5米。围墙外面有围沟，围沟宽约1.5米、深0.5米。台基靠近西墙，已被倒塌堆积覆盖，直径约13米、高1.8米。台基顶部有两处扰坑。

五号四方形遗址（编号2－5）是山谷内最大的一处四方形遗址，地理坐标为北纬47°17′89.9″，东经102°41′53.0″，海拔1492米。围墙平面呈长方形，东西长51米，南北宽34米，围墙呈土垄状，底宽4米、顶宽2米、残高1米。东围墙中间开一门。围墙外面有一周围沟。台基较高大，靠近西墙，以较大的石块垒筑，直径约15米、高2.5米。台基顶部发现了一些板瓦、筒瓦、浅黄色砖块、陶片等。遗址附近有许多晚期墓葬，墓葬表面堆有石头。

六号四方形遗址（编号2－6）位于五号四方形遗址北部，二者相邻。六号四方形遗址是山谷内规模最小的一座，甚至可能是五号四方形遗址的附属，地理坐标为北纬47°17′91.3″，东经102°41′53.3″，海拔1480米。围墙边长21米，墙体宽2米、残高0.5米。围墙外面的围沟宽1米、深0.5米。遗址中央的台基较小，直径8米、高0.6米。

七号四方形遗址（编号2－7）的地理坐标为北纬47°17′83.6″，东经102°41′40.3″，海拔1485米。东、西围墙均长35米，南墙长45米，北墙长37米。墙体底宽2.5米、顶宽1米，门道设于东墙中部，宽约2米。西、南围墙外面有宽6米、深0.7米的围沟，东、北围墙外面的围沟不明显。

四方形遗址中央的台基直径13米、高1米。遗址附近的地表上有许多砖块、瓦片。

三　乌布尔哈布其勒山谷

乌布尔哈布其勒山谷与浑地壕莱山谷相邻位于其北侧，距离浩腾特苏木政府所在地约20公里，山谷东南距离历史文化名城哈剌和林约18公里。山谷斜缓的坡地上分布着数条自然冲沟，并交汇成一条谷沟向外延伸。从高空俯视，乌布尔哈布其勒山谷犹如一片桑树叶，谷沟则是其叶脉。该山谷是四方形遗址分布最多的山谷，共有9处（图五；图版一）。

一号四方形遗址（编号3-1）的地理坐标为北纬47°18′46.9″，东经102°40′14.9″，海拔1489米，遗址方向275°。围墙平面为长方形，墙体向两侧倒塌，形成宽大的土垄，南墙长36.5米、北墙长34.5米、东围墙长30米、西围墙长29.5米，墙垄宽7米、高0.6米。围沟隐约可见，宽约3米。东围墙上设一门，保存情况不佳。门口处沿围墙方向平行堆放着两排石头，很可能用作门道表面的铺垫。享堂台基以石头垒砌，暴露于地表的有两层，均为方形，上层边长3.7米、下层边长6米。地表上的遗物非常少，有少量砖块和一片筒瓦残片。南围墙向南18米处有一处取土坑，坑长20米、宽11米、深0.4米（图六）。

二号四方形遗址（编号3-2）的地理坐标为北纬47°18′43.8″，东经102°40′20.4″，海拔1485米，遗址方向为305°。同山谷内的其他四方形遗址相比，二号四方形遗址规模最小，保存情况最差。围墙倒塌后，墙体堆积填平了围墙与享堂台基之间的间隙。围沟宽约2米。台基顶部为黄土所覆盖，边缘露出一周圆形石头圈。地表的遗物极少，仅发现碎裂的板瓦残片和一片褐色素面夹砂陶片（图七）。

三号四方形遗址（编号3-3）的详细情况见第二章第一节。

四号四方形遗址（编号3-4）与三号四方形遗址相邻，形制规模基本一致。地理坐标为北纬47°18′40.0″，东经102°40′22.1″，海拔1489米，方向300°。围墙现在呈土垄状，东西长30米、南北宽24米，墙体堆积宽约5米，高0.1～0.7米不等（与围沟底部的相对高差）。门道位于东围墙中部，宽约3米。围沟比较明显，呈下凹状，宽4米左右，沟内堆积着较厚的褐色腐殖土。享堂台基以灰色石块砌筑，石块大小不一。顶层石头平面呈椭圆形，边缘比较规整，长4.3米、宽3.4米，石头层南侧有一块长0.8米、宽0.5米的石板。台基周围为建筑倒塌堆积，倒塌堆积东西长15米、南北宽12.5米。地表遗物主要为素面砖和粗绳纹砖块，其中素面砖长31厘米、宽13厘米、厚5.5厘米。倒塌堆积顶部有少量板瓦残片，并发现一片素面夹砂褐陶残片（图八）。

五号四方形遗址（编号3-5）是山谷内所有四方形遗址中规模最大、结构最为复杂的一处。地理坐标为北纬47°18′41.7″，东经102°40′34.6″，海拔1479米，遗址方向280°。围墙内的地势非常低，遗址营建时在围墙内就地取土，围墙边长64米。围墙倒塌后形成了宽大的土垄，其截面呈梯形，底宽12.5米、顶宽2米、高1.9米。围墙外面的围沟宽窄不一。南围沟宽约6米、深1米，西围沟宽3米、深0.2米。台基高2.5米，台顶上以两层石头垒筑成二层台，下层边长21.7米、上层边长12.3米。顶部中央曾遭到扰动，呈下凹状。台基四周堆积着大量的石块、砖块、筒瓦、板瓦残

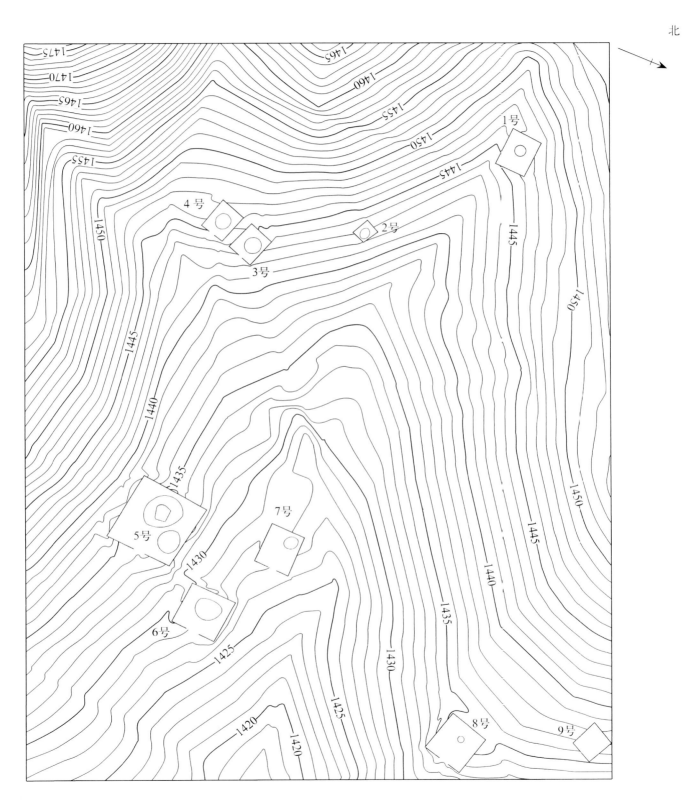

图五　乌布尔哈布其勒山谷测绘图　　　　M 1∶2000

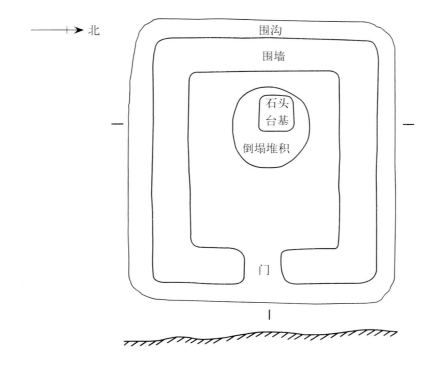

→北

围沟

围墙

石头
台基

倒塌堆积

门

图六　一号四方形遗址平、剖面图　　　0　　5　　10米

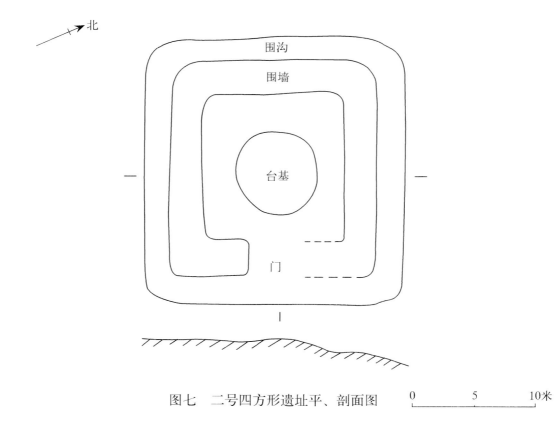

→北

围沟

围墙

台基

门

图七　二号四方形遗址平、剖面图　　　0　　　5　　　10米

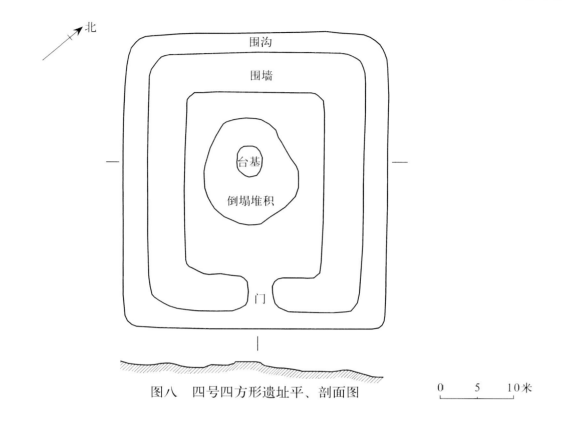

图八　四号四方形遗址平、剖面图

片，还有少量的屋脊上面使用的建筑构件，倒塌堆积平面呈圆形，直径约30米。砖块有素面砖和绳纹砖两种。享堂台基东南和东北5米处分别有一处建筑倒塌堆积，可能是四方形遗址内的配殿。靠近围墙东南角的建筑倒塌堆积平面为椭圆形，长17.5米、宽14.5米、高0.3米，倒塌堆积西侧边缘处发现了一堵以长条砖侧立砌筑的墙，其延伸范围不明。靠近围墙东北角的建筑倒塌堆积平面呈椭圆形，东西长18米、南北宽10米、高0.7米。这两处堆积的表面散落着大量的板瓦、筒瓦残片。西围沟向西8米处有一处非常大的取土坑，南北长60米、东西宽28米，深0.3~0.5米（图九）。

　　六号四方形遗址（编号3－6）位于5号四方形遗址东北10米处，地理坐标为北纬47°18′43.8″，东经102°40′37.5″，海拔1470米，遗址方向275°。遗址平面基本为正方形。围墙边长42米左右，东墙中部设门。墙体倒塌堆积宽9米，高1.1米。围沟宽4米，深0.6~1.4米。享堂台基平面呈方形，顶部中央有一扰洞，台基四周堆积着许多砖块，这些砖块围绕台基形成一个方圈，砖块分为粗绳纹与细绳纹两种。台基的倒塌堆积内发现了许多板瓦、筒瓦残片。围墙西北角、东北角的顶部残留着许多有意摆放的砖块，其形成时间有可能较晚（图一〇）。

　　七号四方形遗址（编号3－7）的地理坐标为北纬47°18′45.4″，东经102°40′33.7″，海拔1470米，遗址方向270°。围墙东西长40米、南北宽32米，东墙中部设立门庭。围墙宽6米、西墙高0.3米、北墙高0.7米。围沟宽1.5~2米。享堂位于围墙内的西北角，台基现在已被黄土所覆盖，呈土

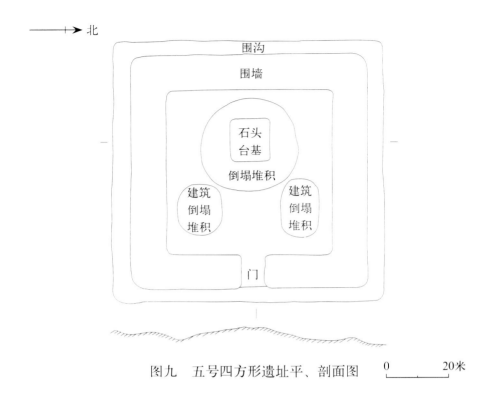

图九　五号四方形遗址平、剖面图　　0 ———— 20米

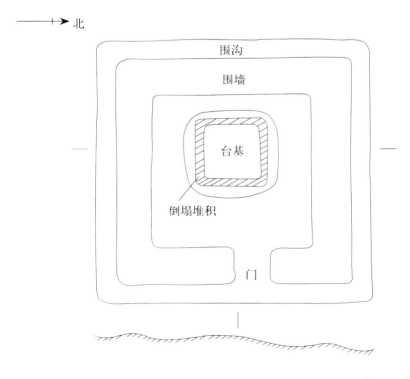

图一〇　六号四方形遗址平、剖面图　　0 ———— 10米

丘状，享堂的倒塌堆积平面呈椭圆形，东西长15.5米、南北宽10.4米、高1.2米。乌布尔哈布其勒山谷的现代居民将此四方形遗址视作放置生活垃圾的场所，现在围墙内已遍在垃圾（图一一）。

八号四方形遗址（编号3-8）的地理坐标为北纬47°18′51.7″，东经102°40′38.7″，海拔1478米，遗址方向285°。围墙东西长40米、南北宽38米，东墙中部设门，门宽约5米。墙体堆积截面呈梯形，底宽11米、顶宽2米，南、北围墙高约2米，西围墙受地势限制，高1米。围沟宽约2～3米、深0.6～1.7米。享堂台基平面呈圆形，高0.5米，分为上下两层，上层直径5.3米、下层直径7.5米，以石头垒筑，石块较大，长0.3～1米不等。台基周围的倒塌堆积直径13米。台基东南部有两处墓葬，其中一处可能受到盗掘，石块的位置非常凌乱，另一处墓葬的顶部封石保存较好。遗址的地表上有许多板瓦、筒瓦残片，少量瓦片上涂有红彩。南墙顶部有一段以砖块铺砌的遗迹，其形成时间可能晚于四方形遗址（图一二）。

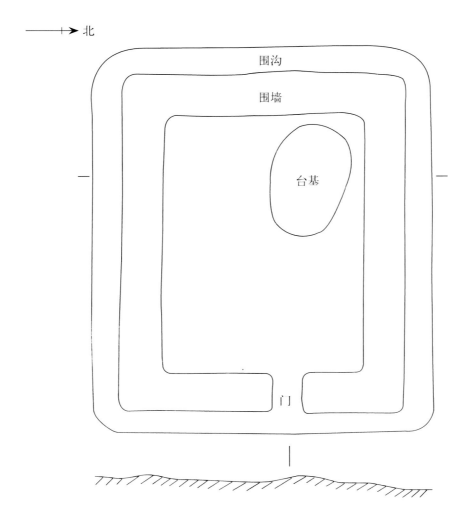

图一一　七号四方形遗址平、剖面图　　0_____10米

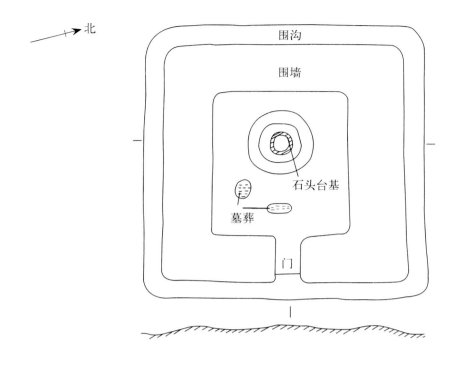

北

围沟

围墙

石头台基

墓葬

门

图一二   八号四方形遗址平、剖面图
0   10米

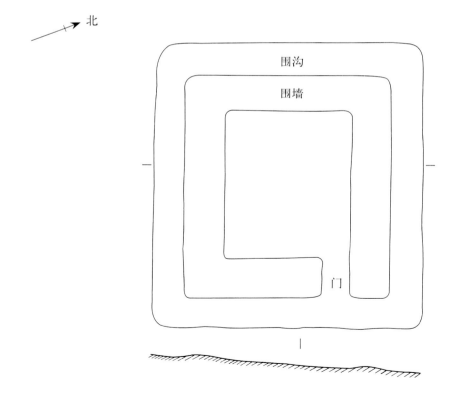

北

围沟

围墙

门

图一三   九号四方形遗址平、剖面图   0   6米

　　九号四方形遗址（编号3-9）的地理坐标为北纬47°18′55.1″，东经102°40′36.8″，海拔1478米，遗址方向290°。围墙东西长29米、南北宽约24米，东墙设一门，宽3.5米。墙体堆积宽6.5米、高0.4米。遗址内没有修建享堂，地表上也没有任何遗物，可能是一处尚未完工并且没有投入使用的遗址（图一三）。

四　赫列克苏尔山谷

　　赫列克苏尔山谷西北距离浩腾特苏木15公里，是一个东西走向的山谷，山谷内共有7处四方形遗址，分布在两条相交的自然冲沟附近。

　　一号四方形遗址（编号4-1）的地理坐标为北纬47°18′99.4″，东经102°34′78.9″，海拔1548米。四方形遗址四周挖建了方形围沟，但没有修建围墙，围沟东西长35米、南北宽30米，口宽2米、深0.6米。南围沟向南13米处有一条弧形的围沟，长47米，北围沟向北17米处有一条长51米的直围沟，这两条围沟宽2米、深1米。四方形遗址中央有一土、石构建的台基，台基直径15米、高约3米。台基顶部堆积着一些砖瓦残片。

　　二号四方形遗址（编号4-2）的地理坐标为北纬47°18′87.8″，东经102°34′95.8″，海拔1531米。东围墙长27米，南、西围墙均长26米，北墙长30米，东墙中间有一宽约3米的门。围墙外面的围沟宽2米、深0.5米。四方形遗址中心的台基直径15米、残高2米。

　　三号四方形遗址（编号4-3）的地理坐标为北纬47°18′84.6″，东经102°35′14.9″，海拔1522米。围墙边长40米、墙体底宽3米、顶宽1米，东墙中间设门，门宽4米。围墙外面的围沟宽3米、深0.8米。北围沟向东延伸并与四号四方形遗址的外围沟相交合。四方形遗址中央的台基外面砌有石头，台基直径约20米、高3米，顶部中央有一大扰坑，周围散布着许多砖块、板瓦、筒瓦残片。

　　四号四方形遗址（编号4-4）是山谷内所有四方形遗址中最大的一处，地理坐标为北纬47°18′83.9″，东经102°35′23.2″，海拔1520米。围墙东西长52米、南北长47米，墙体宽3～7米、残高1.5米。东墙中部设一门，宽约4米。围沟宽2米、深1米，四方形遗址向西35米处设有55米长的圆弧形围沟，宽5米、深1米。四方形遗址中央的台基外面由石头砌筑，台基底部直径25米、顶部直径10米、高约4米。顶部中央有一个大坑，周围有一些砖瓦残片。

　　五号四方形遗址（编号4-5）的地理坐标为北纬47°18′90.1″，东经102°35′23.9″，海拔1522米。围墙边长46米，东墙中间的门宽5米。围沟宽2.5米、深0.7米。四方形遗址的西侧和北侧发现了2条防水沟，西侧的防水沟长86米、宽9米、深0.8米，北侧的防水沟长72米、宽3米、深0.5米。四方形遗址中央的台基直径约10米、残高1.5米，顶部有直径4米、深1米的坑。台基附近发现了灰色石板和许多浅黄色、淡粉色、灰蓝色砖块。

　　六号四方形遗址（编号4-6）是山谷内所有四方形遗址中最小的一处，地理坐标为北纬47°18′91.3″，东经102°35′19.8″，海拔1578米。四方形遗址内没有发现围墙，只有一周圆角方形的围沟，围沟边长22米，东围沟中部有一门，宽约2米。围沟中央有一石砌台基，直径8米，台基顶部发现少量砖瓦残片。

　　七号四方形遗址（编号4-7）地理坐标为北纬47°19′00.1″，东经102°35′10.1″，海拔1530

米。四方形遗址的保存情况非常差，难以确定有无围墙。台基边缘由黑色火山岩砌筑，台基直径约30米，台基西北角有薄石板和圆形石头砌筑的墙基，台基顶部中央有一个2米深的大盗坑。台基东北侧有一条半圆形的围沟，围沟宽约4米、深0.7米。四方形遗址内发现了一些浅黄色砖块。

五 都根乌珠尔山谷

都根乌珠尔山谷距离浩腾特苏木10公里，位于乌兰朝鲁河的西岸。山谷内只有一处四方形遗址（图一四）。

一号四方形遗址（编号5－1）的地理坐标为北纬47°18′06.9″，东经102°32′25.0″，海拔1502米。围墙平面为圆角长方形，围墙东西长35米、南北长30米，墙体底宽5米、顶宽1米，残高0.3～0.4米。东墙中部设门，宽约4米。围墙内侧有一条取土形成的围沟，围沟宽1.5米、深0.3米。四方形遗址中央的台基以石块砌筑，直径12米、高0.5米。

上述介绍是根据对保存现状的一些描述，并不能完全表现四方形遗址在荒废之前的真实面貌。四方形遗址的围墙在倒塌之前比较高，围沟也比较宽深，围墙倒塌后，一部分墙体堆积在围沟内，围沟变窄、变浅，墙体变成上窄下宽的矮土垄。四方形遗址中央的台基上面曾经有着多种样式的建筑，建筑倒塌后堆积在台基周围，形成了现在所见的土堆或石堆，所以台基的实际形制并不等同于现在看到的圆包状堆积，可能要小一些。

第二节　四方形遗址特点

在古代，"风水"之术讲究"背倚山峰，面临平原"，而这26座四方形遗址所处的五个山谷正符合这个特点。山谷相对于平原地带有两大优势，一方面是山谷具有醒目的地理标识功能，能够突出所在地理环境；二是山谷自身有着天然的地理界限，范围比较明确，营建者可根据亲疏关系选择不同的山谷，并相互区别。另外，四方形遗址所处位置恰好位于杭爱山脉的边缘地带，海拔较低，为营建或祭拜四方形遗址提供了比较便利的交通运输条件。

四方形遗址在各个山谷内的位置排列似乎并没有经过非常严格的规划，很难判别出这些四方形遗址之间是否有主从之分，但从营建规模方面考察，各个四方形遗址之间存在着较大的差异，这在一定程度上反映了营建者的地位和实力的悬殊。

通过对这些四方形遗址进行综合对比，得出了如下的一些共性特征：

第一，四方形遗址基本上都是位于东西走向的山谷内，所处位置的地势比较缓和，山谷外即是开阔平坦的河谷地。

第二，每个山谷内都有形状不规则的取土坑，系营建遗址时取土形成。

第三，四方形遗址的方向坐西朝东，地表特征非常明显，四周围有围墙或围沟，平面呈正方形或长方形，门道一般都设在东墙之上，即面对谷口向东开设。靠近四方形遗址西墙的中心位置

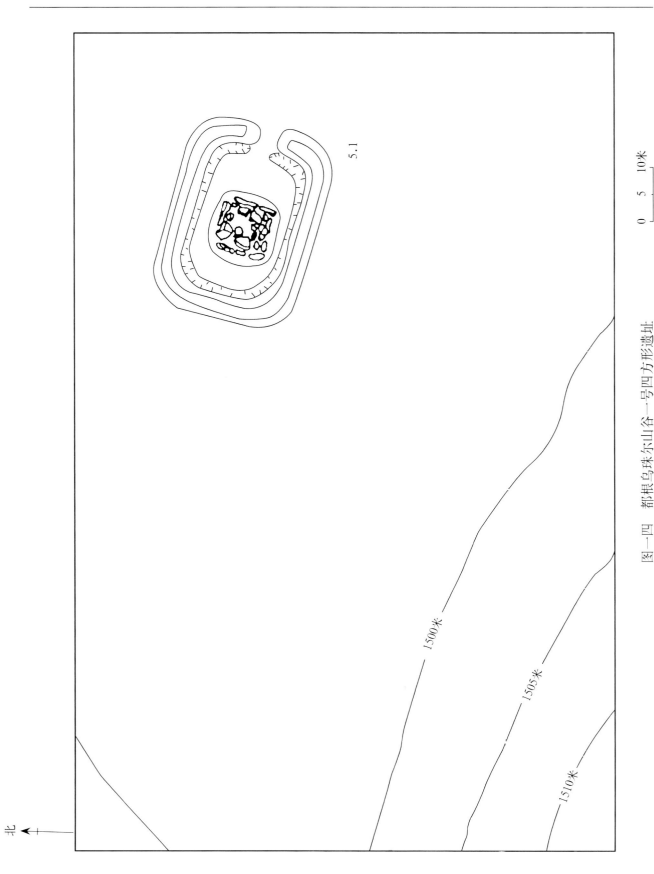

北

5.1

0　　5　　10米

图一四　都根乌珠尔山谷一号四方形遗址

1500米

1505米

1510米

设有享堂，享堂建筑现在全部倒塌，仅剩台基。

四方形遗址方向虽然基本是东西向，但是大多数四方形遗址或多或少向南、北偏有一定角度，这说明营建四方形遗址时没有使用堪舆设备，而是依靠经验得出的大致方向。这种坐西朝东的习俗在游牧民族的历史中由来已久，实际上是营建者生前的生活传统在丧葬习俗上的一种延续和传承。

通过对四方形遗址的形制结构进行对比划分，又可以分为以下五类：

第一类，建有围墙、围沟、门道、享堂，此类型最多。

第二类，建有围墙、围沟、门道，没有享堂，此类遗址仅乌布尔哈布其勒山谷九号四方形遗址一例。

第三类，建有围沟、门道、享堂，没有围墙，赫列克苏尔山谷一、六号四方形遗址属于此类型。

第四类，建有围墙、门道、享堂，并在围墙外面挖建双道围沟，赫列克苏尔山谷五号四方形遗址属于此类型，根据四方形遗址所处地势分析，外围沟应该是防洪沟。

第五类，围墙内除了享堂建筑外，还有其他建筑。乌布尔哈布其勒山谷五号四方形遗址即属于此类遗址，该遗址的享堂东南、西北分别有两处建筑倒塌堆积，可能为配殿。

四方形遗址在围墙、台基的高矮宽窄和做工用料方面，相互之间也是有区别的，特别是享堂建筑，存在着多种结构和样式。四方形遗址的营建方式和建筑用料主要分为如下四类：

第一类，直接营建在当时的草原地表平面上，四方形遗址中心位置建有堂庙式建筑，大部分四方形遗址都是以这种方式建成的。

第二类，营建四方形遗址时，先按四方形遗址的形状挖一大坑或挖一壕沟，并在坑或沟的外围修建围墙，这样一方面利用坑的深度增加了围墙的高度，另一方面也为修建围墙提供了便利的土源。乌布尔哈布其勒山谷五号四方形遗址、都根乌珠尔山谷一号四方形遗址属于此类。

第三类，四方形遗址中心的台基以大量的石块砌筑，这类遗址地表上的砖块特别少，台基上可能并不存在其他建筑。浑地壕莱山谷五号四方形遗址属于此类。

第四类，四方形遗址中心的台基四周堆积着大量的砖块，但不见瓦片，此类建筑究竟何种形制还难于推测。胡拉哈山谷一号四方形遗址即属于此类。

第二章　乌布尔哈布其勒山谷三号四方形遗址的发掘

第一节　保存现状与布方、发掘情况

三号四方形遗址位于乌布尔哈布其勒山谷的一处平缓的坡地上，与四号四方形遗址并列分布，二者以共用的一条围沟为间隔，形制与规模基本一致，属于孪生遗址(图版二)。三号四方形遗址的地理坐标为北纬47°18′41.1″，东经102°40′22.8″，海拔1486米，方向300°。四方形遗址的地表上散布着许多碎石粒，周围生长着茂盛的草本植物。

四方形遗址平面呈长方形，由围墙、围沟、门道、享堂构成。四方形遗址的围墙较为宽矮，北墙长32.5米、宽5.3米，西墙长27.8米、宽6米，南墙长33.6米，东墙长28.4米、宽4.7米。墙高0.2~0.5米。围墙的外面环绕着一条明显的围沟，沟内堆积着厚厚的腐殖土。门道位于东围墙中部。享堂建筑已经倒塌，只剩台基，台基周边分布有零散的灰色火山岩。台基呈阶梯状二层台，下层台基平面呈方形，由石块砌筑，南部和东部边缘区域保存较好。上层为圆形，边缘以小石块砌筑。

为了便于发掘工作，布探方时没有采取正南北向，而是按照遗址地势及形状进行的。根据蒙方的布方习惯，在台基中心位置设立一基点，并作一条穿越基点的正南北向线，作为遗址的方向线，同时作一条与之相交垂直的基线，以此两条基线为中心向四周布方。三号四方遗址共布4米×4米的探方102个，隔梁为0.5米，编号为TI~TCII，其中，TI~TXCIX以西南角为基点纵向编号，TC~TCII是根据发掘需要所进行的扩充探方。为了适应发掘进度需要，主要对门道附近和围墙内的探方进行了发掘，并对围墙、围沟、台基进行了解剖，其余的探方仅对表土层做了清理，没有发掘到生土层（图版三，1、2；图版一六，1）。

在发掘记录方法方面，中蒙双方有所不同。蒙方根据段位法进行发掘，即将每10~20厘米厚的地层作为一段，依次向下计层，并将每段内的遗迹和遗物单独记录（图版三一，1）。蒙方将遗址西南角作为基点，横坐标以1~48之间的数字进行划分，数字之间相互间隔1米，纵坐标以A~AN之间的40个字母及字母组合进行划分，字母之间相互也间隔1米，由此每个单独的探方实际上又分成了16个小区，以I号探方为例，16个小区分别为A-1~A-4、B-1~B-4、C-1~C-4、D-1~D-4，蒙方记录遗物时将遗物的出土位置对应在这些探方的小区之内。中方在发掘方法及记录手段方面仍按照国内的传统，根据土质、土色及包含物的不同进行划分，并按照地层及遗迹单位进行记录。

发掘工作首先从清理台基周围的倒塌堆积入手，将台基完整地暴露出来。倒塌堆积发掘完毕后，发现了一号墓和许多盗坑，随后对围墙、围沟、门道、台基进行了解剖。一号墓葬发掘之前，先对四方形遗址内的盗坑进行了清理（图一五、一六、一七、一八）。

三号四方形遗址附近设置了和发掘区域布局完全相同的微型探方，每个探方均为1米×1米，四方形遗址内出土的砖瓦等遗物都一一对应摆放在微型探方内，非常便利于对各个探方的遗物进行分类整理。发掘工作结束后，将微型探方内的砖块全部摆放在四方形遗址内，并按照遗址发掘前的原貌进行了回填（图版一六，2）。

第二节　地层堆积

遗址内的地层堆积薄厚不一，享堂台基附近的倒塌堆积较厚，靠近围墙区域的堆积较薄，各个探方内的地层堆积状况也不尽相同。

以TV、TXIV、TXXIII、TXXXII、TXLI、TL、TLIX、TLXVIII、TLXXVII、TLXXXVI、TXCV北壁剖面为例，此处的地层堆积共分为4层（图一八）。

第1层　表土层。灰褐色土，包含有大量的植物根系。厚0.05～0.3米左右。

第2层　黄褐色土，土质疏松，深0.05～0.6米，最厚处为0.74米。包含有较碎的砖块和瓦片。

第3层　浅黄色土，深0.05～1米，最厚处为0.95米。包含有大量破碎的砖块和瓦块，并出土少量陶片和动物骨骼。K3、K7开口于此层下。

第4层　棕黄色土，包含大量的碎石粒。深0.2～0.6米，厚0.4米左右。此层为围墙的倒塌堆积。

第4层以下为生土层。建筑台基、围墙均建于此层之上。G1打破该层。

该遗址的文化性质比较单纯。第1层为现代表土层，第2层是在第3层基础上形成的次堆积层，第3层为建筑倒塌堆积层。第4层为围墙的倒塌堆积。倒塌堆积的上层多为碎砖，瓦类建筑构件的出土位置偏下，表明建筑是由顶部开始坍塌（图版四，1）。

在倒塌堆积里没有发现可以表明其形成时期的典型遗物，倒塌堆积究竟形成于何时已难以推测，但遗址自然倒塌的可能性较大。倒塌堆积中发现了一些零散的人骨和动物碎骨，很可能是从台基南侧的墓葬中盗扰出来的。

第三节　遗　　迹

一　享堂

建于生土层之上，仅存台基部分，由台体、栏墙组成。平面呈方形，边长7.8米，剖面呈梯形，叠涩收顶，台基上的建筑破坏殆尽，倒塌于台基四周。经解剖得知，台基现高1.5米，先用黄黏土夯筑数层，然后在上面平铺砌筑三层大小均匀的青灰色石头，石头层之间铺垫灰白土或棕色土。下两层石头层平面均为方形，边长4.2米，最上层局部受到破坏，接近圆形，边长3.2米。栏墙紧贴黄黏土夯筑层，以长条砖错缝砌筑，保存情况较差（图版五，1、2），大多坍塌。栏墙建

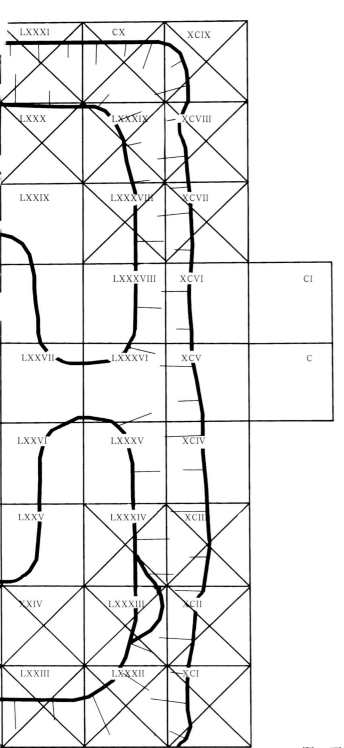

图一五　乌布尔哈布其勒山谷三号墓园发掘前形状和布方情况

北

XI	XVIII	XXVII	XXXVI	XLV	LIV	LXIII	LXXII
VII	XVII	XXVI	XXXV	XLIV	LIII	LXII	LXXI
VII	XVI	XXV	XXXIV			LXI	LXX
VI	XV	XXIV	XXXIII	XLII	LI	LX	LXIX
V	XIV	XXIII	XXXII	XLI		LIX	LXVIII
IV	XIII	XXII	XXXI	XL	XLIX	LVIII	LXVII
III	XII	XXI	XXX	XXXIX	XLVIII	LVII	LXVI
II	XI	XX	XXIX	XXXVIII	XIVII	LVI	LXV
I	X	XIX	XXVIII	XXXVII	XLVI	LV	LXIV

CII

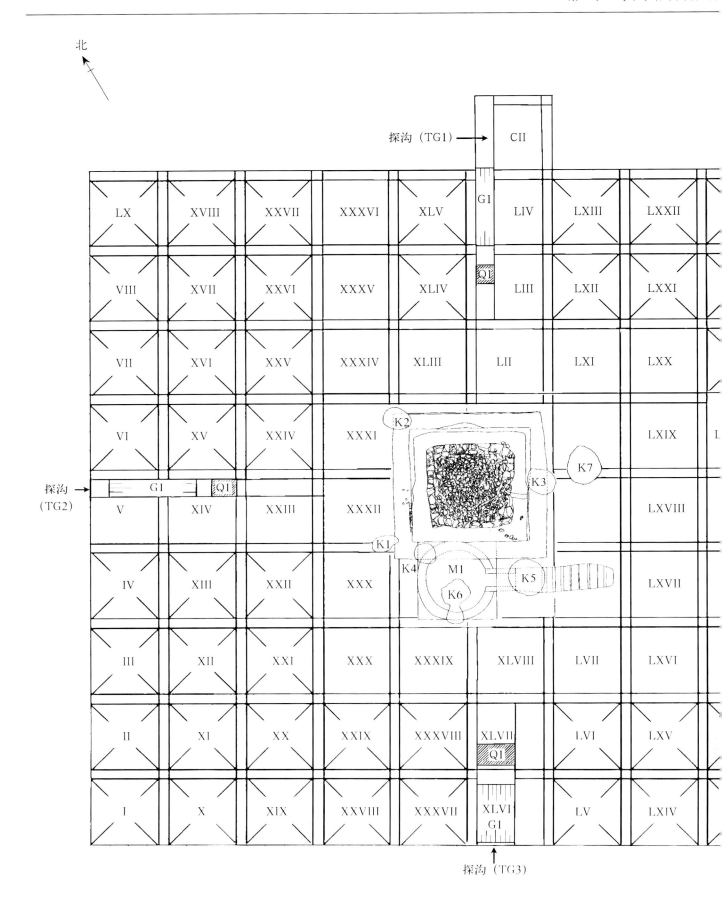

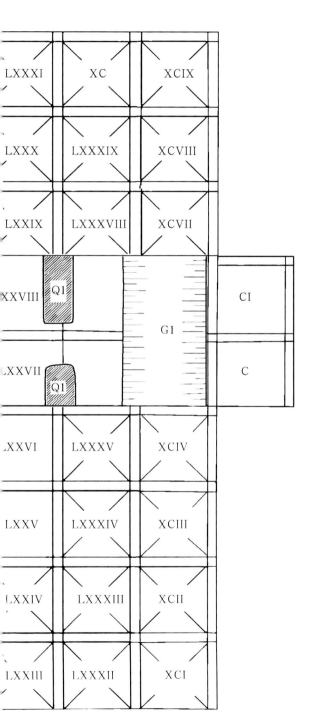

□ - 已发掘探方

▨ - 未发掘探方

▨ - 围墙

▥ - 围沟

0   4   8米

图一七　乌布尔哈布其勒山谷三号四方形遗址遗迹分布平面图

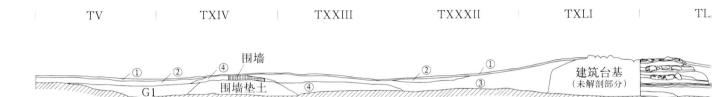

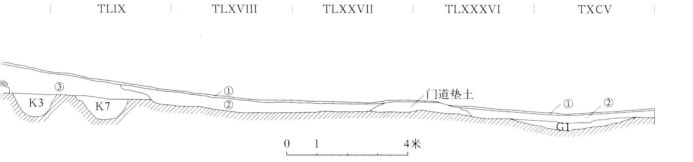

XXXII、TXLI、TL、TLIX、

XVI、TXCV北壁剖面图

成后，先在砖墙表面均匀涂抹3厘米厚的黄色泥土，然后以掺合草木灰的白灰面抹平，墙面呈灰蓝色，厚0.8～1厘米（图版六，1）。为了增强一号墓墓室上方栏墙的稳固性，从墓圹北壁向南0.8米以棕褐色土夯筑后作为栏墙的基础，墙基长4米、深0.8米。

台基由土石夯筑，共分为13层（图一九；图版四，2；图版六，2；图版七，1、2）。

第1层　表土层，浅褐色土，厚0.02米。

第2层　褐色土与石块夯筑层，厚0.1米。

第3层　灰白色土夯筑层，厚0.2米。

第4层　褐色土与石块夯筑层，厚0.15～0.25米。

第5层　白色土夯层，厚0.05米。

第6层　棕褐色土夯筑层，厚0.2～0.55米。

第7层　褐色土与石块夯筑层，厚0.2米。

第8层　黄色土与小石块夯筑层，厚0.15米。

第9层　黄色土与棕色土夯筑层，厚0.15～0.2米。

第10层　黄黏土夯筑层，厚0.15～0.2米。

第11层　黄黏土夯筑层，厚0.15～0.2米。

第12层　黑褐色垫土，厚0.2米。

第13层　灰烬层，厚0.02米。

根据遗址出土的大量砖块、板瓦、瓦当、脊兽等建筑构件和少量的彩绘白灰墙面碎块分析，台基上曾经建有秀丽小巧的享堂建筑，享堂建筑为土木结构，享堂内的墙壁上有彩绘壁画。台基顶部及周围没有发现柱础和通往堂层内的踏道，很可能已被破坏。

二　围墙

围墙平面呈长方形，已经全部倒塌，倒塌堆积分布在墙基两侧，呈土垄状。土垄表面有大量的碎石粒，墙体倒塌之前，这些碎石粒很可能包含在夯土墙之内。围墙在修建时，利用了壕围沟内的自然土作垫土，形成宽平的土垄后在其上筑墙，垫土层宽约3.5米、高0.3～0.5米。其中东墙较为明显，其余三面的围墙破坏严重。东围墙宽1.3米、残高0.2～0.3米、以黄褐色土夯筑，墙的外侧抹有白灰面（编号Q1；图二〇；图版八，1）。

三　门

位于东围墙中部，宽2米。门边侧凌乱地存放着少量砖块，这些砖可能用于门道的铺垫。

四　围沟

编号G1，开口于表土层下。位于围墙外侧，环绕围墙分布。剖面呈口大底小状，沟壁粗糙不

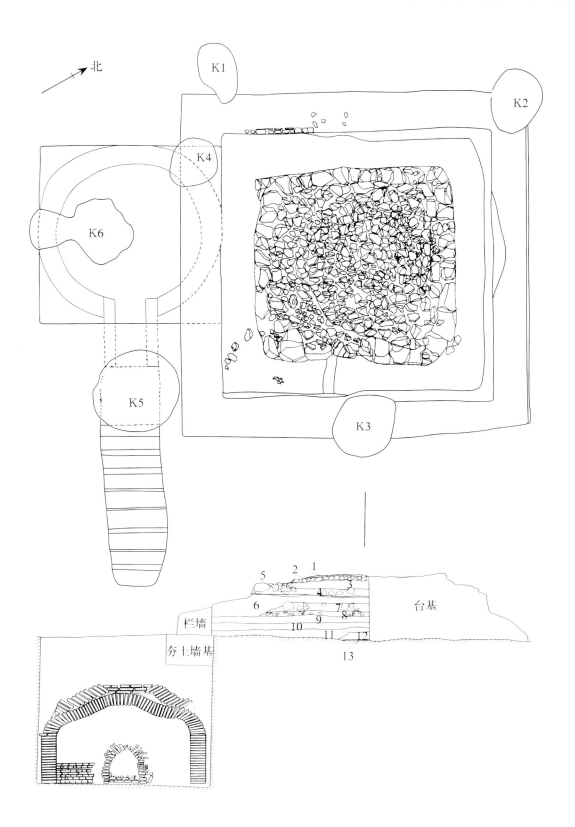

图一九　享堂台基与一号墓葬的平、剖面位置

0　　　1　　　2米

北

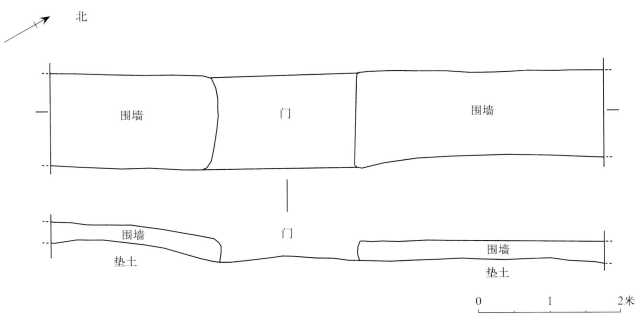

0　　　1　　　2米

图二〇　TLXXVII、TLXXXVI东围墙的平、剖面图

平，沟口宽2.5～4米、深0.8～0.9米（图版八，2；图版九，1）。修建围沟时，挖掘出来的土铺垫于围墙下，成为墙基的一部分，增加了围墙的稳固性。TXLVI的围沟中发现有陶片和动物骨骼。TV内的围沟中出土了少量砖块和瓦片，并出土了一个人头骨，头骨的上颌骨和下颌骨分别发现于围沟内的不同位置，可能受到过人为的扰动。

五　一号墓葬

编号　M1，方向115°，开口于第4层之下。墓葬位于享堂台基的南侧，与台基并列分布，墓圹的北部与祭台的南部交合（图版一〇，1）。墓葬分为墓道、甬道、墓圹、墓室四部分（图版一二，1、2）。

墓顶与甬道口分别发现一处盗洞，享堂上的建筑倒塌堆积顺着盗洞进入墓室和甬道内，将之填满。填土为黄褐色，包含着大量的砖块。

墓圹　平面为正方形，由平地向下挖掘而成，圹壁比较竖直，墓圹北壁位于享堂台基栏墙的下方。墓圹边长4米，深3.3米。

墓道　平面呈长条形，剖面为台阶式，长5.4米、宽0.8～1米、深3.4米。台阶宽0.4米左右，共8级。墓道两壁为浅粉色黏胶土，非常坚硬（图版一〇，2；图版一一，1）。

甬道　平面呈长方形，由长条砖券筑而成。甬道顶部剖面为弧三角形，并被五号盗坑打破。甬道长1.4米、宽1.1米、高0.4米。甬道现在仅存两层砖，根据砖块的摆放情况分析，盗扰前的甬道内应该放置有更多的砖块，这些砖块用做封堵甬道（图版一五，1、2）。

墓室为砖砌圆形穹庐顶式，被六号盗坑打破。墓顶有上下两层，曰长条砖叠涩垒砌而成。墓室内壁上抹有白灰面，现在只残留一小部分。可能墓室内直径3米，外直径3.6米，墓室距墓圹开口1.2米,墓室高2.3米,墓壁高1.1米。墓室的地面遭到严重破毁,仅存3块铺地砖,铺地砖素面无纹,长32.5厘米、宽14.5厘米、厚5.5厘米(图二一、二二;图版一一,2;图版一四,1、2)。

墓主人的尸骨被严重侵扰,仅剩下上肢肱骨、尺骨、桡骨,下肢胫骨,以及少量胸椎骨、腰椎骨、肋骨、手足碎骨。

随葬遗物主要有牛头骨、牛肢骨、狗头骨,位置比较凌乱(图版一三,1;图版二九,1)。

六　盗坑

共7个(编号K1~K7),均开口于倒塌堆积层下,打破生土层或墓葬,为早期盗墓者盗掘墓葬而形成。

K1　打破享堂台基西南角的栏墙。口部平面近椭圆形,坑底凹凸不平,坑口直径约1.5米、深0.5米。填土以浅黄色土为主,夹杂有棕黄色和灰白色土,包含有大量的砖块和瓦片(图二三,1)。

K2　打破享堂台基西北角的栏墙。口部平面呈椭圆形,坑口直径约1.4米、深0.3米。填土为浅黄色(图二三,2;图版九,2)。

K3　打破享堂台基东部的栏墙。口部平面近圆形,圜底,坑口直径约1.9米、深0.85米。填土

北

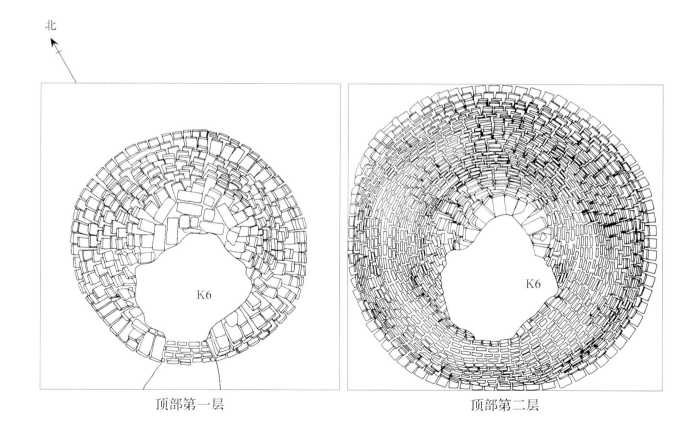

顶部第一层　　　　　　　　　　　　　　　　　顶部第二层

图二一　一号墓葬墓室顶部　　　　　　　0　　　60　　　120厘米

北

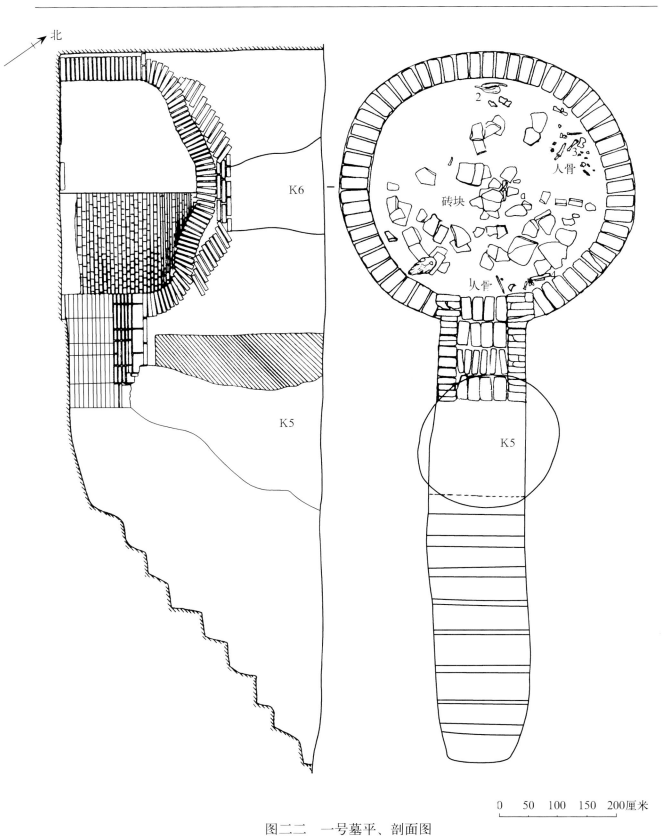

K6

K5

人骨

2

3

砖块

人骨

1人骨

4

K5

0 50 100 150 200厘米

图二二 一号墓平、剖面图

1.牛头骨（M1∶1） 2.牛颌骨（M1∶2） 3.马骨（M1∶3） 4.野猪崖（M1∶4）

北

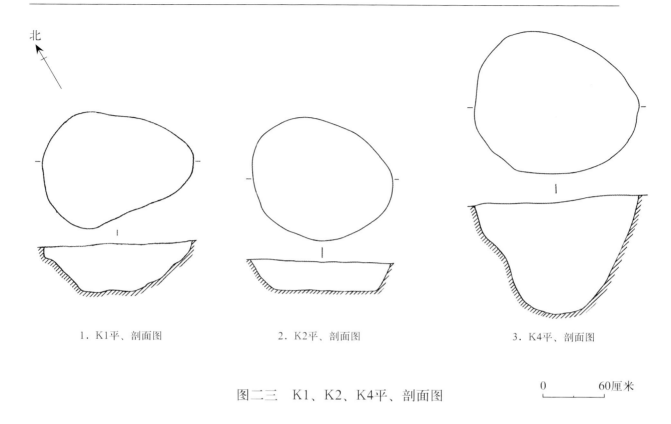

1. K1平、剖面图　　　　　　2. K2平、剖面图　　　　　　3. K4平、剖面图

图二三　K1、K2、K4平、剖面图

0　　　　60厘米

为浅黄色，包含有少量砖瓦碎片（图一八、一九）。

K4　打破享堂台基西南角。口部为椭圆形，圆底，坑口直径为1.2米、深1.1米。填土为浅褐色，包含有一些砖瓦碎片（图二三，3）。

K5　打破M1的墓道及甬道，平面呈圆形，口部直径为1.85米、深2.65米，斜向挖掘，口大底小。填土为浅褐色，包含大量的砖块，出土有板瓦、瓦当、建筑构件、壁画残片（图二二）。

K6　打破M1的墓室顶部。平面呈不规则形，口部长2.7米、深1.6米。坑壁较竖直。填土为浅褐色，包含大量的砖块，出土有人的肋骨、牙齿、锁骨、脊椎骨，陶片、瓦当、建筑构件等（图一九）。

K7　位于享堂台基东部。口部平面为圆形，坑壁一侧竖直，另一侧呈斜坡状，坑口直径约2米、深0.75米。填土为浅黄色，包含有大量的砖瓦碎片（图一八、一九）。

第四节　遗　物

遗物主要出土于倒塌堆积中，以砖瓦数量最多，同时出土了一些彩绘建筑构件、陶片、壁画残块。下面对一些具有代表性的遗物进行介绍。

一　陶器

陶质以夹砂灰陶为主，少量为夹砂黄褐陶，大部分为碎片，可辨认器形的只有罐类一种。陶器表面上大多数都刻划或模印有纹饰。

罐　共4件。均仅剩口沿部分，全部为夹砂灰陶（石英砂）。依口沿形状不同可分为四型（图版一七，1）。

A型　直口，圆唇。TXXXII③：1（229），内壁素面，外壁口沿下刻划三周断续的水波纹。残长6.7厘米、高5.2厘米、厚1.3厘米（图二四，1）。

B型　侈口，圆唇，沿面较宽。TLIX③：1（153），胎土较粗，素面无纹，厚2.2厘米（图二四，3）。

C型　侈口，圆唇，沿面较窄，弧腹。TXLII③：2（249），胎土较粗，腹部有一周弦纹，厚1.3厘米（图二四，4）。

D型　侈口，束颈，斜肩。TL③：1（253），胎土粗糙，素面无纹，厚1.4厘米（图二四，2）。

陶球　1件。TXLIX③：1（35），夹砂灰陶，直径2.3厘米（图二匹，5）。

陶片　数量比较多，下面仅对带有纹饰的陶片进行介绍，依据图案的差异可分为六式。

Ⅰ式　表面印有较浅的菱形网格纹。TXLII③：1（175），夹砂灰陶，残长4厘米、厚1厘米（图二四，9）。TLXIX③：1（149），夹砂灰陶，厚0.9厘米（图二四，8；图版一八，2）。

Ⅱ式　表面印有清晰的多重菱形纹。TXL③：1（126），夹砂黄褐陶，纹饰中间被横向抹断，厚1厘米（图二四，12）。

Ⅲ式　表面印有彼此间隔的多重菱形纹。TLI③：8（161），夹砂灰陶，质地较粗，厚0.9厘米（图二四，11）。

Ⅳ式　表面印有杂乱的菱形纹饰。TLI③：1（78），夹砂灰陶，厚1厘米（图二四，7；图版一七，3）。

Ⅴ式　表面印有多重对角菱形纹。TLI③：2（185），夹砂黄褐陶，厚0.8厘米（图二四，10；图版一七，2）。

Ⅶ式　表面印有菱形与圆形相结合的纹饰。TXLIX③：2（264），夹砂黄褐陶，厚1.1厘米（图二四，6；图版一八，1）。

二　建筑构件

有砖块、筒瓦、板瓦、瓦当、脊兽等。下面选择其代表性器物进行介绍。

砖块　依据纹饰的不同，可分为4式。

Ⅰ式　素面砖。TXLIX③：3（269），青灰色，长方形。长31.2厘米、宽14.2厘米、厚5厘米（图二五，3）。TXLIX③：4（267），青灰色，长方形。长28厘米、宽13厘米、厚5.5厘米（图二五，4）。

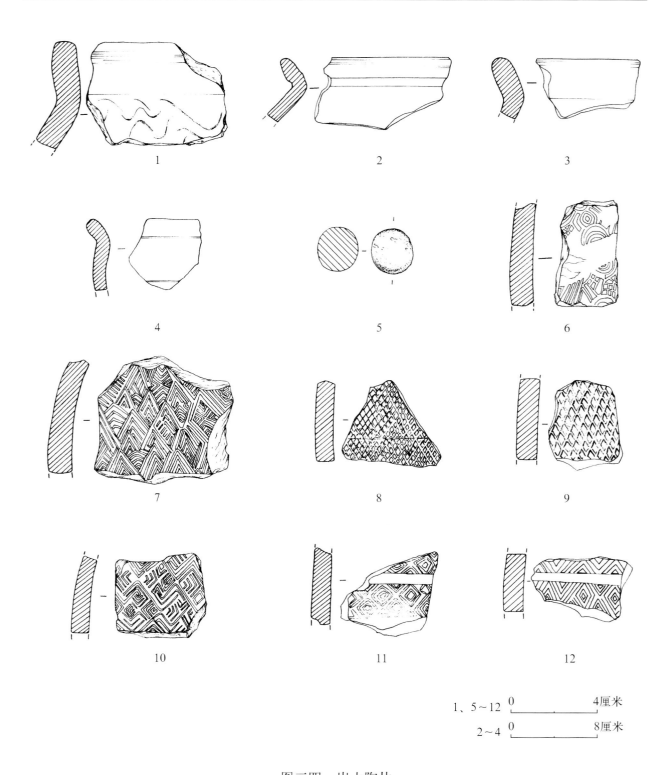

图二四　出土陶片

1.A型罐：[TXXXII③：1 (229)]　2.D型罐：[TL③：1 (253)]　3.B型罐：[TLIX③：1 (153)]

4.C型罐：[TXLII③：2 (249)]　5.陶球：[TXLIX③：1 (35)]

6、7、8、9、10、11、12.陶片：[TXLIX③：2 (264)]、[TLI③：1 (78)]、[TLXIX③：1 (149)]、

[TXLII③：1 (175)]、[TLI③：2 (185)]、[TLI③：8 (161)]、[TXL③：1 (126)]

Ⅱ式　绳纹砖。TXLIX③：5（270），青灰色，长方形，一面印有绳纹。长31.2厘米、宽14.2厘米、厚5厘米（图二五，1；图版一九，1）。TXLIX③：6（268），青灰色，长方形，一面印有绳纹。长33厘米、宽15.5厘米、厚5.2厘米（图二五，2）。

Ⅲ式　菱形方格纹砖。TXL③：2（169），灰色，模制，长方形，残，一面印菱形斜网格纹。残长17.6厘米、宽9.3厘米、厚6.2厘米（图二五，9；图版一九，2）。

Ⅳ式　手指印纹砖。TXLIII②：1（16），残，砖面上有手指纹戳印。残宽14厘米，厚4.5厘米（图二五，10；图版二一，1）。

板瓦　青灰色，模制，一端较宽，一端略窄，横切面呈弧形。TXXXIII③：10（92），外侧素面，内侧印布纹，长35.2厘米、端宽18～22厘米、厚2厘米（图二五，5；图版二一，2）。TXXXIII③：11（274），外侧有不明显的划线纹，内侧印布纹，长33.2厘米、端宽17.8～21厘米、厚2厘米（图二五，6）。

筒瓦　青灰色，模制，瓦唇向内收敛，横切面呈半圆形，内部印布纹。TXXXII③：4（112），瓦面上有数道细线纹，残长14.6厘米、宽10.7厘米、厚2厘米（图二五，8；图版二〇，1）。TXLIX③：7（252），残长27.5厘米、宽12.8厘米、厚2厘米（图二五，7；图版二〇，2）。

瓦当　分为莲蕾纹和莲籽纹两种类型，以莲蕾纹多见，其中莲籽纹瓦当又可分为2式。

第一类，莲蕾纹瓦当。制作较草率，在同一件瓦当上常出现边轮宽窄不一的情况。边轮内以一圈突起的环线纹将图案分为内外两区，内区饰莲蕾纹，外区饰联珠纹，每三个联珠之间以短竖线相隔。TXXXII③：12（171），与瓦身相接，瓦身截面为半圆形，边轮受挤压变形，宽窄不一，残长19.2厘米、当面直径10.8厘米、边轮宽1～2.5厘米、厚1.5厘米（图二六，3）。TXXXII③：3（107），与瓦身相接，瓦身截面为半圆形，当背与瓦相接处划有许多凹线，以方便粘接。残长19厘米、当面直径11.6厘米、边轮宽1.8～2.4厘米、厚1.5厘米（图二六，1；图版二二，3）。K7：1（242），略残，当面直径11.6厘米、边轮宽2.4厘米、厚1.6厘米（图二六，5；图版二二，1）。TXXXIII③：4（115），与瓦身相接，瓦当的边缘粘有许多白灰渣。残长6.2厘米、当面直径11.6厘米、边轮宽1.6～2.4厘米、厚1.5厘米（图二六，6；图版二二，2）。

第二类，莲籽纹瓦当。边轮宽平，边轮内以一圈突起的环线纹将图案分为内外两区，内区饰莲籽纹，外区饰莲籽形联珠纹。

Ⅰ式　每个联珠之间以短竖线相隔。TLXX③：1（68），残，边轮宽2.5厘米、厚1.5厘米（图二六，2；图版二三，2）。

Ⅱ式　每个联珠之间无线条间隔。TLI③：5（206），所饰图案略低于边轮，当面直径11.6厘米、边轮宽2～3厘米、厚1.6厘米（图二六，4；图版二二，4）。TLI③：9（220），残，莲籽饱满清晰，当面直径11.8厘米、边轮宽2.5厘米、厚1.7厘米（图二六，7；图版二三，1）。

脊兽　形体较大，兽面，表面上刻划长短不一的平行线条或三角状线条，并粘接许多角状突、兽耳形装饰，局部涂抹红彩。大部分都为碎块，难以拼合了解其全貌。TLXVIII③：1（143），残存部分呈圆角方形，边侧划短直线，表面粘接的兽耳形装饰，一处平贴，一处竖立，兽耳形装饰旁划有三角状线条，表面局部涂抹红彩。边缘宽16厘米、厚2厘米（图二七，3）。TXXXIII③：7（176），残存部分呈圆角方形，边缘划短斜线，表面堆塑有圆尖突、兽耳状装饰，表面划有交叉三角状线条，局

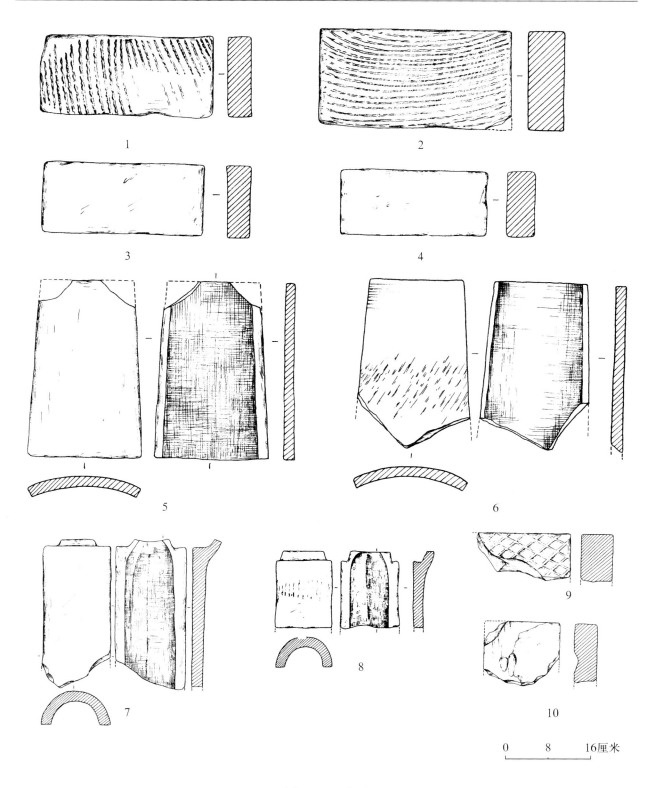

0　　　8　　　16厘米

图二五　砖瓦

1．2．Ⅱ式砖：[TXLIX③：5 (270)]．[TXLIX③：6 (268)]　3．4．Ⅰ式砖：[TXLIX③：3 (269)]．[TXLIX③：4 (267)]
5．6．板瓦：[TXXXIII③：10 (92)]．[TXXXIII③：11 (274)]　7．8．筒瓦：[TXLIX③：7 (252)]．[TXXXII③：4 (112)]
9．Ⅲ式砖：[TXL③：2 (169)]　10．Ⅳ式砖：[TXLIII②：1 (16)]

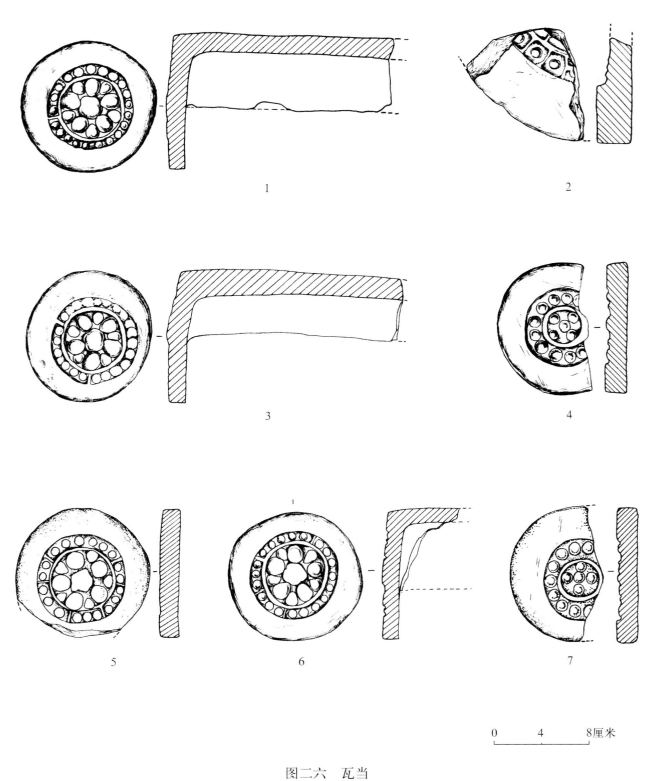

0　　4　　8厘米

图二六　瓦当

1.3.5.6. 莲蕾纹瓦当 [TXXXII③：3 (107)]．[TXXXII③：12 (171)]．[K7：1 (242)]．[TXXXIII③：4 (115)]
2. I 式莲籽纹瓦当 [TLXX③：1 (68)]　4.7. II 式莲籽纹瓦当：[TLI③：5 (206)]．[TLI③：9 (220)]

部涂有红彩。厚3厘米（图二七，5；图版二五，1）。TLI③：7（207），残存部分呈圆角方形，类似兽面图案。边缘划斜线，表面粘接有两个圆尖突，内部的两个圆尖突残失，两突之间刻划三角状交叉线纹，并涂有红彩。厚2.2厘米（图二七，4；图版二五，2）。TXXXIII③：6（117），残，表面粘接小圆尖突和兽耳状装饰，边侧刻划有竖线，表面涂有红彩。厚3厘米（图二七，2；图版二六，2）。K7：2（245），残，表面上贴塑一突出的兽耳形装饰，外侧涂红彩。厚2厘米（图二七，1；图版二六，1）。

　　猴首形建筑构件　共7件，灰色泥陶质地。形状基本相同，为夸大变形的猴首状，尖嘴猴腮，头顶的毛发向前耸伸，深圆目，头部两侧各粘接一圆形耳，耳部中间鼓凸，中央戳一小圆坑。双目和额发上都划有凹线，目和耳的轮廓边缘上涂有红彩，增强了兽面的立体感和形象感，使其更生动活泼。头部后存在断裂痕，原来应与建筑的其他构件相连（图版二四，1）。TLXVI②：1（11），前额残损，两耳外缘之间的距离为13.8厘米（图二八，2）。TLI③：4（213），额角略残，红彩严重脱落，两耳外缘之间的距离为14厘米（图二八，4；图版二四，3）。TLX③：2（192），额角略残，两耳外缘之间的距离为12.6厘米（图二八，6；；图版二四，2）。TXXXIII③：5（116），前额残失，两耳外缘之间的距离为13.6厘米（图二八，3）。TXXXII③：2（102），额角残损，一耳残

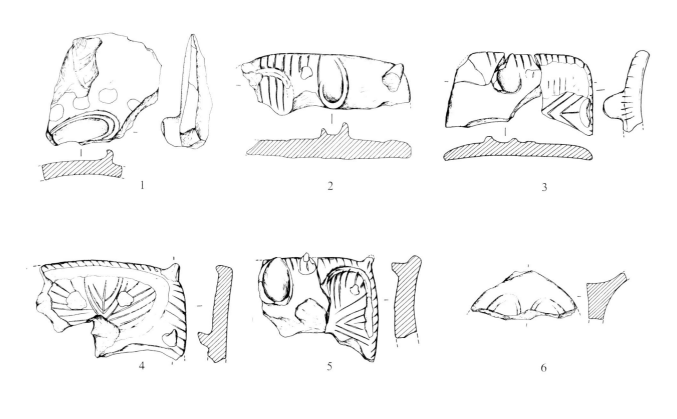

图二七　建筑构件

1.K7：2（245）　　　2.TXXXIII③：6（117）　　3.TLXVIII③：1（143）
4.TLI③：7（207）　　5.TXXXIII③：7（176）　　6.TXXXIII③：1（174）

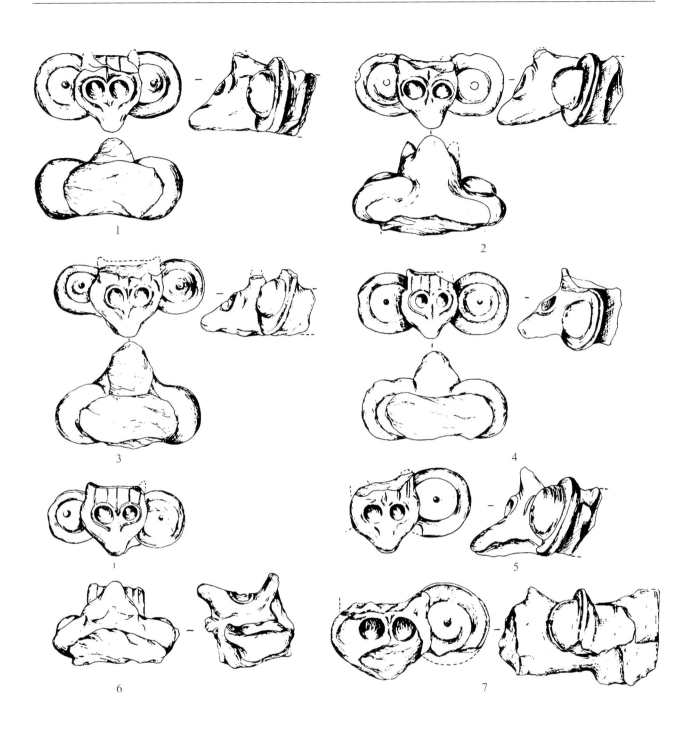

0　　4　　8厘米

图二八　建筑构件

1.TXXXII③：2（102）　2.TLXVI②：1（11）　3.TXXXIII③：5（116）
4.TLI③：4（213）　5.TLII③：1（190）　6.TLX③：2（192）　7.TXXXI②：1（25）

失（图二八，1）。TXXXI②：1（25），严重残损，头部仅见双目和一耳（图二八，7）。TLII③：1（190），前额残失，两耳外缘之间的距离为13.6厘米（图二八，5）。

三　壁画

全部为残片，以红、黑、白、蓝等色彩绘制于白灰墙面上。TXXXIII③：1（174），以白灰制作而成，表面刻有花瓣形装饰，并涂有红彩。最厚处约4厘米（图二七，6；图版二七，1、2；图版二八，1、2）。

四　铁器

共2件，为铁釜的口部残片，锈蚀较严重。TXL③：3（209），直口，方唇，口部下微内折，深腹，外壁有铸接痕。厚4厘米（图二九，2）。TXL③：4（210），短折沿，方唇，深腹，外壁有数道突棱，厚2厘米（图二九，1）。

五　骨器

仅出土1件。TXLI②：1（40），在动物肢骨的一端钻有一圆形孔。骨器长11厘米，孔直径为1.1厘米（图二九，3）。

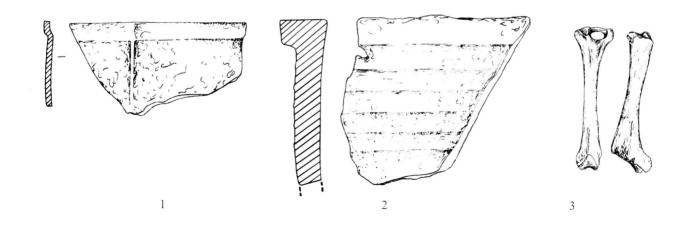

```
0        4        8厘米
```

图二九　铁器、骨器

1．2.铁釜：［TXL③：4（210）］．［TXL③：3（209）］　　3.骨器：［TXLI②：1（40）］

第五节 人 骨

遗址内的倒塌堆积和环壕内分别出土有人类的下颌骨，属于三个以上的不同个体。另外，遗址内还出土了大量的碎人骨，有桡骨、肋骨等，显然是从墓内盗扰出来的墓主人尸骨。

TLXVIII③∶3（144），下颌骨。可见16齿孔，牙齿质地松脆，部分牙齿仅存牙龈部分，左面的第二、三臼齿保存情况相对较好。从牙齿的磨损情况分析，应属一中年个体（图版三〇）。

G1∶2，为头盖骨残块和下颌骨，应为同一个体。下颌骨严重风化，依稀可见7枚残破的牙齿，年龄不详（图版二九，2）。

第三章 结 语

第一节 乌布尔哈布其勒山谷三号四方形遗址的文化特征

经发掘证实，乌布尔哈布其勒山谷三号四方形遗址是一处墓地。四方形遗址内出土的遗物除了穿孔骨器［ＴＸＬⅠ②：1（40）］时代较晚以外，其他遗物均和一号墓葬属同一个时期。倒塌堆积里的陶片应该是从墓葬中盗扰到地面上来的，这种印有菱形网格纹的陶片［如ＴＸＬ③：1（126）］在同时期的其他回鹘遗址也有出土。ＴＸＬⅨ③：2（264）是一片带有圆形几何图案的陶片，回鹘古都哈剌巴剌嘎斯也发现有同样纹样的陶片（现展览于蒙古国国家博物馆；图版一八，2）。享堂建筑上面的莲蕾纹瓦当、板瓦、筒瓦、砖块等建筑构件与哈喇巴拉嘎斯古城内地表上常见的同类型遗物在造型纹饰等特征上也非常接近。

莲瓣纹、莲蕾纹和莲籽纹是中国唐代瓦当常见的图案题材，种类非常多，并且具有鲜明的时代特色。该遗址出土的莲蕾纹和莲籽纹瓦当也具有这个时期的风格特点，但在制作细节上有所不同，许多瓦当的莲蕾被挤压成片状，薄厚不均，略显粗糙。

四方形遗址内的盗坑均开口在倒塌堆积层下，打破四方形遗址活动层及生土层，坑内发现了的大量砖块和瓦片，可以推知早在建筑倒塌以前，墓葬已经被盗。从盗墓者所挖盗坑的情况来看，其手法很娴熟，表明盗墓者对这批墓葬已经有了相当多的了解，甚至已经有了丰富的经验。调查情况也证实当地的这些四方形遗址大部分都曾受到不同程度的盗扰。虽然乌布尔哈布其勒山谷三号四方形遗址一号墓葬出土的随葬品仅剩下一些动物碎骨，但从盗墓者非常下工夫盗掘墓葬的情况分析，这些墓葬当时应该随葬有一些贵重精美的遗物。遗址出土了两个下颌骨个体，并有随处散乱的碎人骨，这些人骨应该是从墓葬中盗扰出来的墓主人尸骨，此墓很有可能是双人合葬墓。鉴于三号四方形遗址与四号四方形遗址相邻，不排除有来源于四号遗址中墓葬的尸骨。

三号四方形遗址在修建时，先挖建墓道并砌筑墓室，然后建造台基及享堂，之后挖掘围沟并修建围墙。享堂之所以没有修建在墓室的正上方，是考虑到墓室结构的稳定性，防止墓室倒塌，并且起到了保护享堂安全的作用。挖建围沟时将沟内的土直接铺垫在环壕边侧，作为围墙的墙基，围墙建成后，表面以白灰抹平。由于围墙保存情况不佳，目前已无法推知其未受损前的准确高度。陵园的入口一般设立在遗址地势较低的一侧，这样可以有效地防止陵园内积水。

四方形遗址内出土的大量建筑构件表明，四方形遗址的享堂在倒塌以前属砖木结构的建筑，屋顶使用板瓦与筒瓦盖合，檐沿使用莲花纹或莲籽纹瓦当，由于台基破坏严重，无法了解柱架结构和踏道的修建情况。中国古代建筑的正脊位于建筑屋顶的最高处，在其两端与垂脊交接处使用正吻或脊兽。吻兽件是脊上或脊与脊之间的重要装饰品，制作成动物形装饰，使建筑秀巧中不失威严。遗址所出土的兽面形建筑构件即是正脊两端的脊兽，而那些猴首形构件有可能粘接于兽面形建筑构件的上面。还有一种可能是这些猴首形的构件是垂脊与岔脊交界处的垂兽，也就是正心檩上方的垂兽。发掘中出土了7件猴首形的构件，古代建筑的装饰讲究美观对称，因此遗址中出土的猴首形构件原来应该有8件。隋唐时期，在屋顶形式方面，重要建筑物多用庑殿顶，其次是歇山顶与攒尖顶，极为重要的建筑则用重檐①。此遗址的享堂建筑很可能是庑殿顶或歇山顶，若是这些猴兽形的构件是垂兽构件，享堂建筑则很有可能是重檐。这种建筑在工艺技术上明显带有唐文化因素，应该存在技术风格上的交流，或者是唐王朝派遣于当地的工匠所建造。总之，此遗址的享堂虽然体量上较小，但在建筑规格上是比较高的。

一号墓的墓道比较陡峭，这也可能是建成阶梯式的主要原因。这种圆形砖室墓在中国唐代北方的一些地区也有发现，特别是朝阳地区，非常流行，如张秀墓（635年）②、左才墓（673年）③、印染厂墓等④。河北北部地区和内蒙古自治区中南部地区也发现许多圆形砖室墓葬，如献县唐墓⑤、内蒙古自治区和林格尔县盛乐园区墓葬群的晚唐墓葬等。所以，从墓葬形制上看，乌布尔哈布其勒山谷三号四方形遗址的年代和中原地区的唐朝相当。遗址中出土的唐式莲蕾纹瓦当证实了这一点。

第二节　乌布尔哈布其勒山谷三号四方形遗址的年代及其他四方形遗址的族属等相关问题

乌布尔哈布其勒山谷和其他地区发现的四方形遗址的形制结构、建造方法非常相似，应该属于同一个时代甚至是同一个民族的产物。许多四方形遗址的附近都散布着许多陶片，陶片的纹饰以菱形印纹、半圆形几何印纹为主。这种纹饰是回鹘时期产生并广泛流行的纹饰，特别是回鹘故都哈喇巴拉嘎斯城内就发现有此类型陶片，说明四方形遗址应与回鹘族有关。

四方形遗址的形状结构与位于蒙古国布尔干省赛汗苏木境内的回纥第二代可汗磨延啜祭祀遗址在形状、结构等方面也有很大相似之处。磨延啜可汗祭祀遗址坐西朝东，四周建有长方形围墙，围墙内侧有取土坑，这种情况和乌布尔哈布其勒山谷五号四方形遗址、都根乌珠尔山谷一号四方形遗址的营建方式一样，土坑是在筑墙用土时形成的。该祭祀遗址的东围墙中间同样开设一

① 罗哲文主编：《中国古代建筑》，第156页，上海古籍出版社，2001年。
② 辽宁省博物馆文物队：《辽宁朝阳隋唐墓发掘简报》，《文物资料丛刊》6期，1982年。
③ 辽宁省博物馆文物队：《辽宁朝阳唐左才墓》，《文物资料丛刊》6期，1982年。
④ 高青山：《朝阳新发现两座唐墓》，《辽宁文物》1980年1期。
⑤ 王敏之等：《河北献县唐墓清理简报》，《文物》1990年5期。

门，门内有土、石混合构成的建筑台基，但台基的位置接近门道，而四方形遗址内的台基接近西围墙。此外，遗址内发现了龟趺和石碑，石碑上刻有鲁尼文，记载了磨延啜可汗在位时的生平事迹，根据碑文内容可以确定该祭祀遗址的营建时间为759年，为磨延啜可汗所建。这为四方形遗址的相对时代归属提供了一个极为重要的对比材料（图三〇）[①]。

如果从地缘关系上看，浩腾特苏木乌兰朝鲁巴戈四方形遗址群西北10公里左右即是回鹘故都哈喇巴拉嘎斯古城遗址（图版三三），地缘关系的接近并非巧合，而是具有一定的内在联系。四

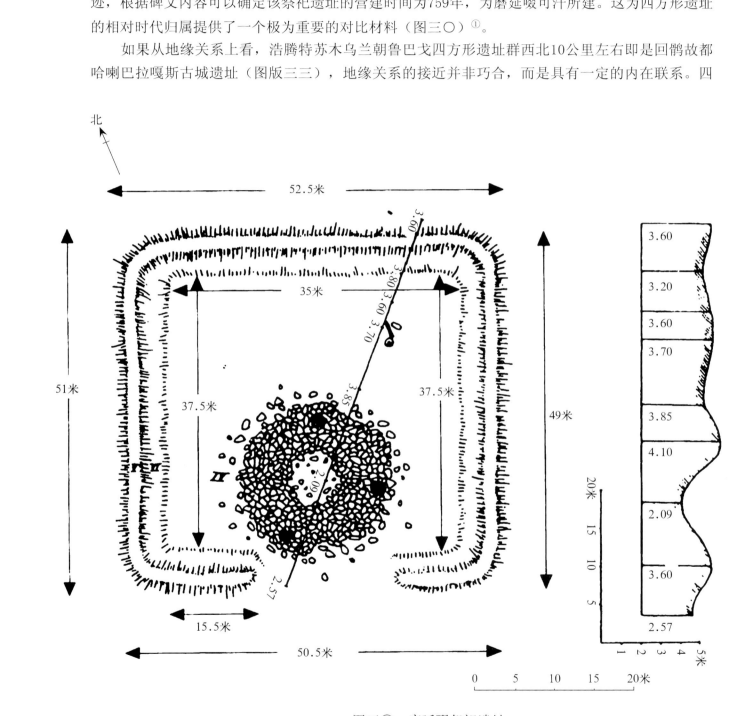

图三〇　磨延啜祭祀遗址

---
① 《左传·哀公十五年》。

方形遗址的一些建筑构件与回鹘故都哈喇巴拉嘎斯城的同类遗物非常相似，部分残破的砖块甚至有可能直接来源于回鹘故都哈喇巴拉嘎斯城，所以年代上限不会早于回鹘（回纥）。一些四方形遗址被蒙元时期的墓葬所打破，因此，四方形遗址的年代下限要早于蒙元时期。从回鹘（回纥）到蒙元之前的这个历史时期内，只有回鹘、黠戛斯、契丹三个政权拥有这样的能力修建四方形遗址。而黠戛斯败回鹘以后，在当地并没有长时间停留，不可能留下如此规模的遗址。契丹人的墓葬形制与构筑特点与该四方形遗址中发现的墓葬有所不同，而四方形遗址筑墓所使用方砖上的纹饰均属于绳纹，又与唐砖风格接近，而无契丹人常用的沟弦纹。契丹人具有根深蒂固的归葬习俗，其故土与政治中心在辽上京（今内蒙古自治区赤峰巴林左旗林东镇）一带，所以，远离契丹故土的这种四方形遗址，也不可能是契丹人的文化遗存。因而，无论从地缘关系上还是从墓葬形制特点上分析，该四方形遗址的族属应属于回鹘族，具体年代应当属于回鹘汗国时期（745～840年）。乌布尔哈布其勒四方形遗址内发现了砖室墓，而四方形遗址在地表形状上又类似于城池。说明它是丧葬制度与城市制度的结合体。古人尊崇"事死如事生，礼也"[1]之观念，在墓葬结构设计和随葬品的选择方面，无不受到现世生活的影响，并极力效仿，以备在冥界继续享用，这种四方形遗址结构正是迎合了古人的这种心态。虽然目前还难以确定四方形遗址主人的身份地位，实际上这些四方形遗址在形制布局等方面与中国的古代皇族陵园有异曲同工之处。中国陵园制度的历史由来已久，远在战国中期，中国就已经有了关于陵园规制的设计图《兆域图》[2]。到了秦汉时期，陵寝的建设及朝拜祭祀的礼仪已经成为推崇皇权和维护身份等级地位的一种手段。蒙古高原上的这种四方形遗址是否同中国的皇陵具有相同的规格等级，还需要更多的考古资料来证实。

四方形遗址设计具有科学性。四方形遗址坐西朝东，地势西高东低，四周围以围墙，可以防止四方形遗址内积水，同时，围墙外面挖建围沟，可以有效地将水引流。享堂建筑用于祭拜，也不排除作为寝殿使用的可能性。乌布尔哈布其勒山谷三号四方形遗址的发掘情况表明，四方形遗址内分布有墓葬，墓葬和四方形遗址一起构筑了一个完美的地下地上组合，承载了墓主人对地下世界的寄托。

许多四方形遗址附近都发现了时代晚于四方形遗址的墓葬，一些墓葬甚至直接打破了四方形遗址，这在某种程度上反映了后来活动于当地的民族对四方形遗址的认同心理和特殊情感。他们选择四方形遗址附近作为最终的归宿之地，除了对四方形遗址尊崇的缘故之外，甚至有可能将其视做同自己有着渊源关系的祖辈标志物。

一个强大的游牧民族往往会留下丰富的历史遗迹，遗迹的分布范围、密集程度、规模基本上

---

[1] 转引自阿·奥其尔、阿·恩和图尔、巴·昂哈巴雅尔、策·奥德巴特尔《关于四方形遗址》，《游牧研究》2005年乌兰巴托。

[2] 傅熹年：《战国中山王墓出土的"兆域图"及其陵园规制的研究》，《考古学报》1980年1期。

和该民族的政治、经济、文化的发达程度成正比。无论从任何角度来考察四方形遗址，都不难看出回鹘民族深厚的文化积淀。

回鹘，前称回纥，是我国唐代北方草原地区的一个强大的民族。公元744年骨力裴罗建立回纥汗国，公元840年为黠戛斯所灭，前后经历了近一百年历史。其名初见于我国正史，是在《魏书·高车传》，当时记为"袁纥"，《隋书·铁勒传》记作"乌护"，《新唐书》又作"乌纥"。在《阙特勤碑》的突厥文碑文中称为"九姓乌古斯"，凡此种种，均是Uyghur的音译，意为联合、协助。回鹘族说突厥语，主要驻牧于色楞格河和鄂尔浑河流域。

中国古代文献记载的回鹘族（回纥）在公元8～9世纪活跃于蒙古高原。回鹘（回纥）的起源和形成与我国古代漠北其他诸族之间有着错综复杂的关系。《北史·列传》[1]中记载，突厥的丧葬习俗为"表为茔，立屋，中图画死者形仪，及其生时所战阵状"。开元十九年（731年）春三月，后突厥左贤王阙特勤死。唐朝派金吾将军张去逸等前往吊奠，并为他立祠堂，刻石为像。唐朝派去六名绘画高手，在庙的四壁精心绘制阙特勤临阵作战的壁画。"绘写精肖，其国以为未尝有，默棘连视之，必悲梗"[2]。无论回鹘和突厥之间是否具有民族渊源关系，回鹘（回纥）在很大程度上也继承了突厥在漠北地区的经济文化遗产是一个确凿的事实，所以，四方形陵园内设立享堂并绘制壁画的这种葬俗也很可能是突厥葬俗的继承和发展。

《新唐书》卷二三三上记载了回鹘婚庆礼仪，"于是可汗升楼坐，东向"[3]。由此可见，坐西朝东一直是回鹘民族的生活习俗，这种习俗甚至变为婚丧礼制的一部分。回鹘四方形遗址与其时代相当的唐代皇陵相比较，也具有一定的相似性。四方形遗址坐西朝东，地势西高东低，唐陵的特征也是坐北朝南，地势北高南低。此外，唐陵四周围有神墙，神墙上设有神门，神门内建有献殿，这也与四方形遗址相似。但是唐陵的整体规模比四方形遗址更加雄浑一些，唐陵神门外往往有很长的神道，同时还建有阙类建筑以及各种各样的石碑和石刻。若从这个角度分析，四方形遗址很可能就是回鹘统治者的家族陵园或高等贵族可汗们的豪华墓地。

回鹘政权建立之后，回鹘的各位可汗相继筑起了一系列城池，其中最为著名的城市即是唐天宝年间骨力裴罗于鄂尔浑河畔建立的回鹘首都鄂尔都八里（Ordu Balik），此城现被称作为"哈喇巴拉嘎斯"，意为"黑城"，是回鹘时期规模最大的古城遗址。此城不仅是回鹘重要的政治文化中心，也是当时草原丝绸之路上东、西方经济文化交流的重要枢纽。《资治通鉴》中记载"初，回鹘风俗朴厚，君臣之等不甚异，故众志专一，劲健无敌。及有功于唐，唐赠遗甚厚，登里可汗始自尊大，筑宫室以居，妇人有粉黛文绣之饰。中国为之虚耗，而虏俗亦坏"[4]。从这段记载可知，自登里可汗（759～780年）开始，随着实力的增强，回鹘贵族逐渐追求安逸享乐的生

① 《北史·列传》卷九九《列传第八十七·突厥、铁勒》。

③ 《新唐书》卷二二九《列传第一百四十下·突厥下》。

② 《新唐书》卷二三三《列传第一百四十二下·回鹘下》。

④ 《资治通鉴》卷二二六、唐德宗建中元年六月条。

活，在城内营建宫殿并居住。四方形遗址的营建不可能早于城址和宫殿的营建时间，由修建城址到修建墓园甚至存在一个渐进的过程，由此推断，四方形遗址的营建年代上限应当在8世纪后期。乌布尔哈布其勒三号四方形遗址和墓葬的营建技术娴熟，是四方形遗址群中比较成熟的建筑作品，其建造年代可能为9世纪初。

自骨力裴罗建立回纥政权到公元840年为黠戛斯所灭，回鹘（回纥）两个王朝共有十三位可汗，其陵墓位置至今仍是笼罩在苍茫草原上的一个巨大的谜团。浩腾特苏木的这26处气势恢弘的墓茔地，集中分布在五座相邻的山谷内，墓茔建筑形制基本上一致，是目前蒙古国境内发现的规模最大的回鹘墓地，既为回鹘汗陵或可汗家族陵园的具体位置提供了一个重要线索，同时也为深入研究回鹘社会丧葬礼仪制度、社会生活等提供了一批重要的实物资料。

МОНГОЛЫН ҮНДЭСНИЙ
МУЗЕЙ

НҮҮДЛИЙН СОЁЛ ИРГЭНШЛИЙГ
СУДЛАХ ОЛОН УЛСЫН ХҮРЭЭЛЭН

БНХАУ-ЫН ӨМӨЗО-ны СОЁЛЫН ӨВ,
АРХЕОЛОГИ СУДЛАЛЫН ХҮРЭЭЛЭН

Монгол-БНХАУ-ын хамтарсан "Монгол улсын нутаг дахь эртний нүүдэлчдийн соёл, иргэншлийн хайгуул, малтлага судалгаа" төсөл   2

АРХАНГАЙ АЙМГИЙН ХОТОНТ СУМЫН НУТАГ ДАХЬ ӨВӨР ХАВЦАЛЫН АМНЫ 3-Р ДӨРВӨЛЖИНГИЙН МАЛТЛАГА

（2006   ОН）

БЭЭЖИН 2008

АГУУЛГА

Хөтөл үг

Нүүдэлчдийн бүхий л үеийн турш бүтээсэн түүх соёлын дурсгал бол хүн төрөлхтөний соёл иргэншлийн салшгүй хэсэг нь болдог. Өөрийн өвөрмөц онцлог бүхий нүүдлийн соёл иргэншил нь нүүдэлчдийн амьдралын хэвшил, арга маяг, сэтгэлгээ, аж байдалтай нь гүнзгий холбоотой байдаг учир дэлхий нийтийн судлаачдын сонирхолыг зүй ёсоор татаж байдаг билээ. Иймээс ч өдгөө дэлхийн 20 гаруй орны эрдэмтэд Монгол улсын судлаачидтай нүүдэлчдийн түүх, соёлын судалгааны чиглэлээр хамтран ажиллаж байгаа бөгөөд тэдгээрийн ажил амжилттай, эрчимтэй явагдаж байна.

Монгол, Хятад хоёр улс бол хэдэн мянган км хил нийлсэн төдийгүй соёлын талаар ч салшгүй холбоотой явж ирсэнийг түүх гэрчилнэ.

Нүүдлийн соёл иргэншлийг судлах олон улсын хүрээлэн 1998 онд ЮНЕСКО-гийн ивээл доор байгуулагдаж нүүдэл судлал, соёл иргэншил судлалын чиглэлээр дотоод, гадаадын эрдэмтэдтэй хамтарсан болон бие даасан судалгааг явуулж ирэв. ЮНЕСКО-гийн шийдвэрээр 2007 оноос тус хүрээлэн ЮНЕСКО-гийн II зэргийн хүрээлэн болсон нь нэг талаас бидний үйл ажиллагааны бодит үр дүнг үнэлсэн хэрэг, нөгөө талаас цаашид улам далайцтай өргөн хүрээнд үйл ажиллагаагаа явуулах боломжийг нээж байгаа юм. Ерөөс нүүдэлчид гадаад ертөнцтэй, тэр дотроо суурин соёл иргэншилтэй байнгын харилцаа, нягт хамаарал, солилцоонд хөгжиж ирсэн түүхтэй билээ. Монголын нүүдэлч -дийн ан гөрөө хийх, нутаг сэлгэх зэрэг хөдөлгөөн нь бодит үйл ажиллагаатайн гэрч юм. Тэд хот тосгон босгож, төр улсаа байгуулж, хуулиар амьдралаа зохицуулж, өрнө дорныг холбосон худалдаа арилжааны зам, технологи дамжуулах сүлжээ буй болгож, өөрийн гэсэн бичиг үсэг, боловсрол, соёл, шашин шүтлэг, зан үйлийг бий болгож ирсэн уламжлалтай юм. Сүүлийн жилүүдэд Нүүдлийн соёл, иргэншлийг судлах олон улсын хүрээлэнгээс явуулсан судалгааны ажлын зарим үр дүнгүүд ч үүнийг баталж байна. Бид бүхний тийм судалгааны нэг бол БНХАУ-ын эрдэмтэдтэй хамтарсан "Монгол улсын нутаг дахь эртний нүүдэлчдийн соёл иргэншлийн хайгуул, малтлага судалгаа" төслийн урьдчилсан үр дүн юм.

Урьд нь манай хоёр орны хамтарсан археологийн судалгаа огт хийгдэж байгаагүй. Гэтэл соёлын хувьд ч, хил залгаа оршин байгаагийн хувьд ч, нүүдэлчдийн түүх, соёлын дурсгалын талаарх хамтарсан судалгааны ажил ихээхэн ач холбогдолтой юм. Иймээс

2004 оны 10-р сард БНХАУ-ын Өвөрмонголын өөртөө засах орны Соёлын өвийн товчоо, Соёлын өв, археологи судлалын хүрээлэн, Нүүдлийн соёл иргэншлийг судлах олон улсын хүрээлэн, Монголын Үндэсний музейтэй хамтран ажиллахаар тохиролцон, "Монгол улсын нутаг дахь эртний нүүдэлчдийн соёл иргэншлийн хайгуул, малтлага судалгаа" төслийн гэрээг байгуулсан билээ. Ингээд 2005 оноос хамтарсан судалгааг хэрэгжүүлж эхэлсэн юм.

2006 онд Монгол-Хятадын хамтарсан судлаачид Монгол улсын Архангай аймгийн Хотонт сумын Улаан чулуу багийн нутаг дахь Өвөр хавцалын амны "Дөрвөлжин" хэмээх дурсгалд малтлагын ажлыг амжилттай гүйцэтгэсэн юм. Манай хоёр улсын судлаачдын хийсэн судалгаагаар дөрвөлжингүүд нь Уйгур улсын үеийн оршуулгын болон тайлга тахилгын зориулалттай байгууламж болохыг урьдчилсан байдлаар тогтоосон байна.

2006-2007 оны Монгол-Хятадын хамтарсан малтлага судалгаа ихээхэн үр дүнтэй болсон бөгөөд малтлагаар илэрсэн олдвор хэрэглэгдэхүүнүүдийг харьцуулан судалсаны үр дүнд дөрвөлжингүүд хэмээх энэхүү дурсгал бол эртний Уйгурчуудад хамаарах дурсгал юм гэсэн 2005 оны урьдчилсан дүгнэлтийг дахин нотлох боломж олгоод байна. Энэхүү хамтарсан судалгааны үр дүн нь Төв Азийн нутагт оршин байсан эртний нүүдэлчдийн түүх, соёлын судалгаанд тодорхой хувь нэмэр оруулна хэмээн бид найдаж байна.

Хамтарсан судалгааны ангийн 2006 оны бүрэлдэхүүнд;

А). Монгол улсын талаас, төслийн ерөнхий зохицуулагч, академич Б.Энхтүвшин, хамтарсан төслийн Монголын талын удирдагч, Монголын Үндэсний Түүхийн музейн захирал, профессор А.Очир, мөн музейн эрдэм шинжилгээний ажилтан, доктор Л.Эрдэнэболд, ШУА-ийн Археологийн хүрээлэнгийн эрдэм шинжилгээний ажилтан, магистр А.Энхтөр, Нүүдлийн соёл иргэншлийг судлах олон улсын хүрээлэнгийн эрдэм шинжилгээний ажилтан, магистр Б.Анхбаяр, Монголын Үндэсний Түүхийн музейн эрдэм шинжилгээний ажилтан, магистр Ц.Одбаатар, О.Батбаяр нар ажиллав.

Б). БНХАУ-ын талын төслийн зохицуулагч, профессор Ta La. Төслийн БНХАУ-ын талын удирдагч, Өвөрмонголын Соёлын өв, археологи судлалын хүрээлэнгийн орлогч дарга, профессор Chen Yong Zhi, мөн хүрээлэнгийн судлаач, доктор Wang Ren Wang, Yue Gou Ming, Song Guo Dong, БНХАУ-ын Жинин хотын музейн эрдэм шинжилгээний ажилтан Li Shu Guo, орчуулагч, профессор Bo Wang Qige, Өвөрмонголын Багшийн их сургуулийн магистр Sarenbilige, жолооч Yang Zhi Guang, Zhao Jian нар оролцон ажиллаа. Дурдсан хоёр улсын хамтарсан судлаачдаас гадна Монгол улсын Боловсролын их сургууль, МУИС, УбИС-ын түүх, археологийн ангийн нийт 30 шахам оюутнууд туслах ажилтнаар ажилласан юм.

Манай хоёр улсын археологийн хамтарсан багийнхан 2006 онд явуулсан малтлага судалгааныхаа эрдэм шинжилгээний тайланг анх удаа судлаачдын сонорт хүргэж байна.

Энэхүү бүтээл нь Төв Азийн нүүдэлчдийн түүх, соёл иргэншлийн судалгаанд шинэ мэдээ хэрэглэгдэхүүн, шинэ санаа дүгнэлтийг оруулж өгч байгаагаараа ач холбогдолтой гэж үзэж байна.

Эцэст нь манай хамтарсан судалгааны ажлыг зохисн байгуулах, хээрийн шинжилгээний ажлыг явуулахад хичээл зүтгэл гаргаж, бидний хамтын судалгаанд байнга тусламж дэмжлэг үзүүлж байсан БНХАУ-ын Өвөрмонголын өөртөө засах орны музей, Соёлын өв, археологи судлалын хүрээлэнгийн захирал, ноён Та La болон энэхүү номыг хэвлүүлэхэд гүн туслалцаа үзүүлсэн Өвөрмонголын Соёлын өв, археологи судлалын хүрээлэн болон Монгол улс дахь БНХАУ-ын Элчин сайдын яамны удирдлага, хамт олонд монголын талын багийн нэрийн өмнөөс талархал илэрхийлж, сайн сайхныг хүсэн ерөөе.

Академич Б.Энхтүвшин
2008.07.20

FOREWORD

The historical and cultural heritages of nomads are one of important part of the human civilizations. Nomadic animal husbandry has developed under the direct influence of a lifestyle, psychology and activities representing the close interconnection between nature, humans and animals. In this way the nomadic civilization of Central Asia reflects scientific interests of researchers and scholars of the world. In recent times scholars from over 20 countries jointly with Mongolian scholars are providing researches on history and culture of the nomads.

By the initiative of UNESCO and with the support of its Director General, the International Institute for the Study of Nomadic Civilizations was established in 1998. IISNC regularly implements international expedition survey on past, present and future perspectives of nomads in Central and Inner Asian regions jointly with scholars from foreign and domestic scholars. Since 2007 IISNC is institute under the auspices of UNESCO (Category II). This category is a motivation for conducting a research survey in widely sphere of intercultural changing and cross-cultural understanding.

Nomads have a long tradition of the regular correlation, closely changing with settled civilizations. Various types of the nomadic movement, such as hunting, seeking a best food for livestock and changing a pastureland in the four seasons, show the life cycle and an objective existence system. They were build villages and cities, established a state and statehood, ruled under law and created roads for developing trade and networks for changing information and technologies between West and East. In other words, nomads in long historical times develop the system of language and script, religion and culture, custom and ritual with specific characters. Recent results of the researches, which implemented by IISNC have been a directly goal to determine and clarify these specific characters of the nomadic civilization.

Historical evidences prove a close interrelation between culture of two neighboring countries as Mongolia and China. In October 2004, International Institute for the Study of Nomadic Civilizations of Mongolia, National Museum of Mongolian History, Bureau for National Cultural Heritage of Inner Mongolia, PR China, and Institute for Study of Cultural Heritage and Archeology of Inner Mongolia, PR China have signed an agreement to collaborate in the field of "Excavation Survey on Early Nomadic Civilization within the borderline of Mongolia"; and have started implementing the project since 2005. The archeological team of the project worked in Ulaanbaatar and in several soums (counties) of Arkhangai, Uvurkhangai, Bulgan, Tuv and Khentii aimags (provinces) in 2005; and got acquainted with some of the ancient historical monuments of nomads and carried out measurements. During the research period, the archeological team has got acquainted with monuments of Stone Age; petroglyphs, burial sites and deer shaped stones of Bronze Age; burial sites and city ruins of Xiong'nu State; burial sites, man-shaped stone monuments, worship items, and steles of Tureg State, steles and city ruins of Uighur State; and city ruins, inscriptions, petroglyphs of Qitan State and Great Mongol State.

In 2006 the Mongolian-Chinese joint research team was conducted the excavation survey on burial-mausoleum site called as "Durvuljin" (Squares), which lie at place Uvur Khavtsal in the territory of Ulaan chuluu bag (the administrative unit), Khotont soum (county), Arkhangai aimag (province), Mongolia. Our survey shows the squares that we have found are structurally similar and it is clear that they all belong to the same nationality. As we think, the squares are the sacred structures of Uighur State. These types of structures are probably dedicated to the spirits of Uighur aristocrats and the riches after they passed away. If our assumption that the Squares belong to Uighur aristocrats and the riches, is somehow true, we are happy with the result of the excavation work done by Mongolian and Chinese joint research team. This findings will greatly contribute to further scientific research on Uighur tomb structure, burial tradition, their world-view, and furthermore, their culture.

Joint archaeological team in 2006:

From Mongolian side: General-coordinator of the project, director of IISNC, Academician B.Enkhtuvshin; Head of the Mongolian side of bilateral project, director of National History Museum, Professor A.Ochir; Scientific researcher of NHM, Doctor (Ph.) L.Erdenebold; Scientific researcher of Institute of Archaeology, MAS, MA A.Enkhtur; Scientific researcher of IISNC, MA B.Ankhbayar; Scientific researcher of NHM, MA Ts.Odbaatar and O.Batbayar; Driver Ya.Tsogbadrakh.

From Chinese side: General-coordinator of the project, Professor Ta La; Head of the Chinese side, vice-director of Institute for Study of the Cultural Heritage and Archaeology, Professor Chen Yong Zhi; Scientific researcher of Museum of Jinin City Li Shu Guo; MA of Inner Mongolian Pedagogical University Saranbilige; Scientific researcher of Institute for Study of Cultural Heritage and Archaeology, Inner Mongolia Doctor Wang Ren Wang; Song Guo Dong; Yue Guo Ming; Translator and Professor Bo Wang Qige; Driver Yang Zhi Guang, Zhao Jian. Apart from bilateral scholars team, in these surveys took part more than 30 students of the Department of History and Archaeology of Mongolian State Education University, Mongolian State University and Ulaanbaatar University.

Our joint team is publishing the research results of excavation surveys in 2005-2006, and put into the scientific use, firstly. The importance of this report book is enriching by new information and new findings the study of history, culture and civilization.

I would like to express many thanks to Professor Ta La, the director of the Museum of Inner Mongolia, PR China and Institute for Study of Cultural Heritage and Archaeology, Inner Mongolia, Administration and colleagues of the Embassy of PR of China to the Mongolia, and wish all the best.

by Academician B.Enkhtuvshin

20 JULY 2008

НЭГДҮГЭЭР БҮЛЭГ. ДӨРВӨЛЖИНГҮҮД ХЭМЭЭХ ДУРСГАЛЫН ТУХАЙ

I. Дөрвөлжингүүдийн танилцуулга

Монгол улсын Архангай аймгийн Хотонт сумын нутагт, Орхон голын хойно, Дунд Хутаг уулын арын салбар уулуудаас хойш буусан амнуудад өвөрмөц зохион байгуулалт бүхий сонин дурсгалууд байсныг бид 1998 онд илрүүлэн олсон юм[1]. Х.Пэрлээ дөрвөлжин хэмээх газарт буй хиргисүүд нэрээр анх тэмдэглэсэн байдаг[2]. Тэдгээр дурсгалууд нь Хулхийн ам, Хундын хоолой, Өвөр хавцал хэмээх газруудад байсан билээ. [Зур.1.] Дурсгалууд нь гадуураа тэгш өнцөгт хэлбэрийн шороон далантай, далангийн дотор чулуу голлон шороо хольж босгосон овгор байгууламж бүхий юм. Уг дурсгалуудыг нутгийн оршин суугчид "Дөрвөлжингүүд" хэмээн нэрлэнэ. Дөрвөлжингүүд нь хэдийгээр өөр өөр газарт байгаа хэдий ч тэдгээрийн ерөнхий зохион байгуулалт, шороон даланг хийж бүтээсэн арга, хэлбэр нь хоорондоо ихээхэн төсөөтэй юм. Дөрвөлжингүүд нь уулын араас буусан, зүүн тийш харсан жижиг амнуудад байгаагаараа тэдний байрлал ч мөнхүү ижил юм. Дөрвөлжинг үүдийн энэхүү байдал нь тэдгээрийг нэгэн цаг үед бүтээгдсэн төдийгүй, нэгэн төр улс юмуу угсаатанд хамаарах дурсгалууд байж болох юм гэсэн сэтгэгдэл төрүүлж байв. Гэхдээ дөрвөлжингүүдийн шороон далангийн дотор буй овгоруудын хэмжээ, өндөр нь зөрөөтэй байлаа. Энэ нь тэдгээрийг нэг үеийн дурсгал гэж үзэхэд төдий л харшлах баримт болохгүй гэж бид бодож байсан билээ.[3]

Дөрвөлжингүүд болон тэдгээрийн орчин тойрноос хээтэй, хээгүй ваар савны хэлтэрхийнүүд, бүтэн болон хагархай тоосгонууд, барилгын шаваасны үлдэц-шохойн лагшим зэрэг зүйлс олдож байв.

Монгол-Хятадын хамтарсан археологийн судалгааны анги 2005 оны 9 сарын 9-15-нд дөрвөлжингүүдийн байгаа газруудад ажиллан, уг дурсгалуудын гаднах төрх байдалтай танилцан, тэдгээрийн анхны дэвсгэр зураг болон тодорхойлолтыг үйлдсэн юм. Уг хамтарсан судалгааны анги мөн урд нь илэрч мэдэгдсэн дөрвөлжингүүдийн ойр орчны

(1). А.Очир, У.Эрдэнэбат, Ч.Амартүвшин. Хангайн нуруунд хийсэн археологийн хайгуул судалгаа. УБ.,1998 он, //ШУА-ын Археологийн хүрээлэнгийн гар бичмэлийн сан хөмрөг.

(2). Х.Пэрлээ. Хуучны дурсгалт зүйлсийг сахин хамгаалах дүрмийг биелүүлье. //Эрдэм шинжилгээний өгүүллүүд 1. УБ., 2001 он. Тал 28. (Монгол бичгээр).

(3). А.Очир, А.Энхтөр, Б.Анхбаяр, Ц.Одбаатар. Монгол-БНХАУ-ын хамтарсан археологийн хайгуул, судалгааны ангийн Монголын талын тайлан. УБ., 2005. МҮМ номын сан. Тал 71.

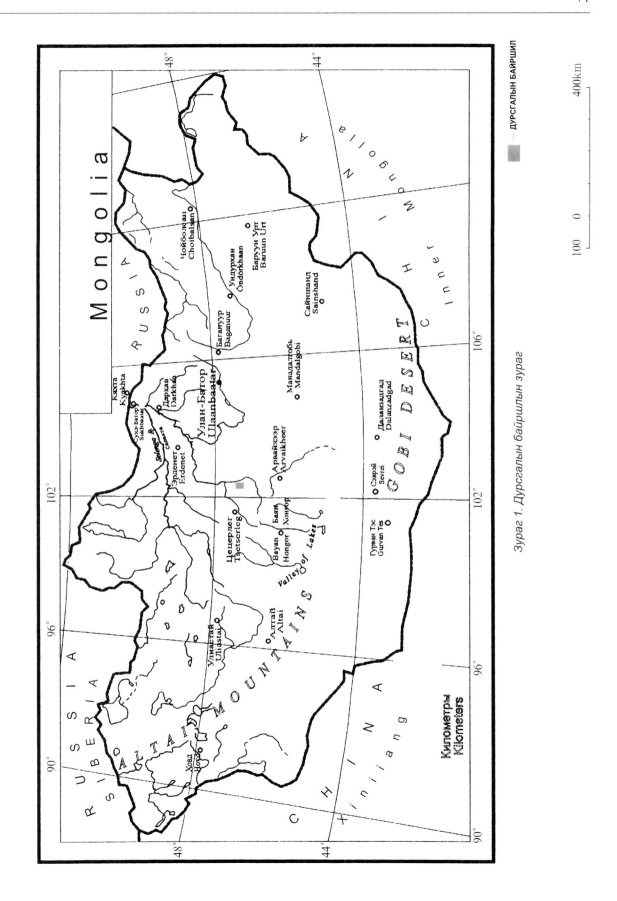

Зураг 1. Дурсгалын байршлын зураг

газруудад эрэл хайгуул хийж, Хиргэсүүрийн амны болон Дуганын үзүүрийн дөрвөлжинг шинээр нэмэн илрүүлсэн билээ. Бид урьд нь мэдэгдэж байсан болон хоёр улсын хамтарсан судалгааны ангийнхан 2005 оны намар шинээр нэмэн илрүүлсэн дөрвөлжинг үүдийн тодорхойлолтыг үйлдэн, дэвсгэр зургийг хийж, дурсгалуудын орчин тойрноос нь олдсон түүвэр олдворуудын гар зургийг дагалдуулан агаарын зургийн хамт нийтлэсэн билээ[1].

Мөн 2007 оны намар манай хоёр улсын хамтарсан судалгааны ангийнхан Дугана үзүүрийн дөрвөлжингийн зүүн зүгт 2 км орчим зайд бас 2 дөрвөлжин байгууламж, 10 шахам булш, чулуун суурьтай, модон баганатай барилгын үлдэц, мөн Өвөр хавцалын аманд үерийн усанд ихэд идэгдэн далан нь мэдэгдэхгүй шахам болсон 1 дөрвөлжинг нэмэн илрүүлсэн билээ. 2007 онд илрүүлсэн дурсгалуудын дэвсгэр зураг, тодорхойлолтыг хийж завдаагүй бөгөөд урьдчилсан байдлаар үзвэл, тэдгээр нь дээрх Хулхын ам, Өвөр хавцалын ам, Хундын хоолой, Хиргсүүрийн амны дөрвөлжингүүдтэй нэг үед холбогдох бололцоотой байна.

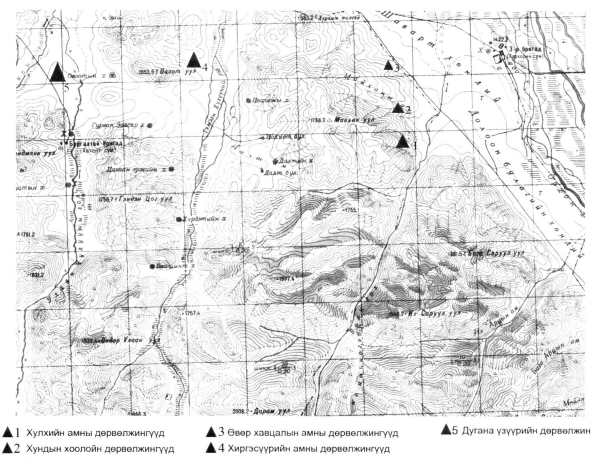

▲1 Хулхийн амны дөрвөлжингүүд   ▲3 Өвөр хавцалын амны дөрвөлжингүүд   ▲5 Дугана үзүүрийн дөрвөлжин

▲2 Хундын хоолойн дөрвөлжингүүд   ▲4 Хиргэсүүрийн амны дөрвөлжингүүд

(1). А.Очир, А.Энхтөр, Б.Анхбаяр, Ц.Одбаатар. Дөрвөлжингүүд хэмээх дурсгалын тухай. //Nomadic studies №11. УБ., 2005 он. тал 37-39.

II. Дөрвөлжингүүдийн тодорхойлолт

Нэг. Хулхийн амны дөрвөлжингүүд

Архангай аймгийн Хотонт сумын төвөөс зүүн урагш 30 орчим км, Өвөрхангай аймгийн Хархорин сумын төвөөс баруун хойш 10 гаруй км-т буй нэгэн жижиг амыг Хулхийн ам гэнэ. Хулхийн ам нь Баянголын ам хэмээх том ам руу баруун талаас нь нийлсэн ам юм. Хулхийн амны дээд хэсэгт хоёр жалгын дундах цагаан дэвсэг дээр 2 дөрвөлжин байгууламж байна. Тэдгээр байгууламжуудыг нутгийнхан Хулхийн амны дөрвөлжингүүд хэмээнэ. Эдгээр дөрвөлжингүүдийг баруун хойд талаас нь эхлэн дугаарлаж тодорхойлолтыг үйлдэв. [Зур.2а,б]

1.1. Нэгдүгээр дөрвөлжин. Хойд өргөрөгийн 47⁰ 17' 012'', зүүн уртрагийн 102⁰ 41' 824'' хэмийн солбицолд, далайн түвшнээс дээш 1512 м өндөрт оршино.

Байгууламж нь гадуураа тэгш өнцөгт хэлбэрийн шороон далантай. Далангийн төв дунд нь чулуу шороо хольж босгосон овгортой. Даланг тойруулсан шуудуугүй. Далангийн зүүн, баруун тал тус бүр 40 м, өмнөд, хойд тал тус бүр 47 м урттай.

Зүүн өмнө зүгт харуулсан үүдэвчтэй, түүний өргөн нь 1,0 м. Уг овгорын орой болон далангийн ойролцоо сайн шатаасан цайвар шаргал, хөх, улаан өнгийн тоосгоны хагархайнууд, хөх саарал, цайвар шаргал, улаан өнгөтэй дээврийн ваарын хэлтэрхийнүүд элбэг байна. Дөрвөлжин далангийн дундах овгорын диаметр 25 м, өндөр нь 2,0 м орчим аж. Энэ овгорын зүүн хойд талд 3,0 м орчмын зайд 2,0 м голч той нэгэн жижиг овгортой. Уг байгууламжийн зүүн өмнө арваад метр зайд хөх саарал өнгийн чулуун дараастай дөрвөлжин хэлбэртэй булшууд байна. Түүнчлэн баруун талын далангийн гадуур хөх өнгийн чулууг олноор эгнүүлэн газарт шигтгэсэн байна. Энэ нь тахилын байгууламж бололтой.

1.2. Хоёрдугаар дөрвөлжин. Хойд өргөрөгийн 47⁰ 17' 997'', зүүн уртрагийн 102⁰ 41' 859'' хэмд, далайн түвшнээс дээш 1478 м өндөрт оршино. Энэ байгууламж нь маш бүдэг дөрвөлжин шороон далантай, түүний гадуур шуудуу байсан бололтой. Далангийн зүүн, баруун тал тус бүр 18 м, өмнөд тал 10 м, хойд тал 20 м орчим урттай. Зүүн болон өмнөд талын далан бусдаас илүү бүдгэрсэн. Далангийн өргөн дунджаар 2,0 м, өндөр 40 см орчим. Шуудууны өргөн дунджаар 1,5 м, гүн нь 0,4 м орчим юм. Дөрвөлжин дундах овгорын диаметр 15 м, өндөр нь дунджаар 0,7 м. Овгорын орчмоор сайтар шатаасан саарал, улаан өнгийн дээврийн ваарны хагархайнууд, цайвар шаргал, хөх тоосгоны хэлтэрхийнүүд байна.

N

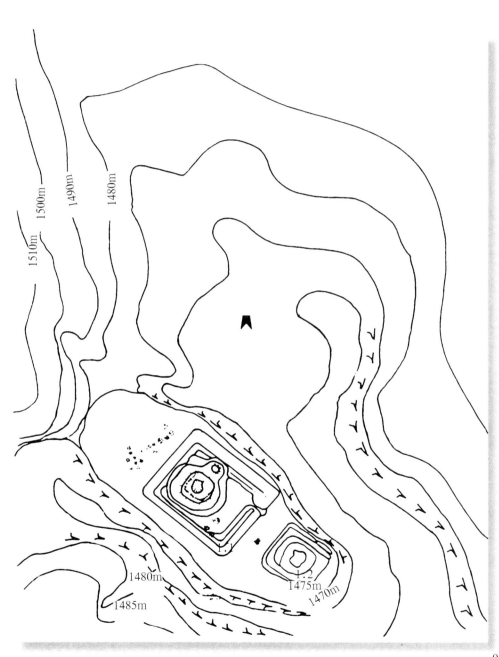

1510m
1500m
1490m
1480m

1480m
1475m
1470m
1485m

Зураг 2a. Хулхийн амны дөрвөлжингүүдийн дэвсгэр зураг

0 10 20m

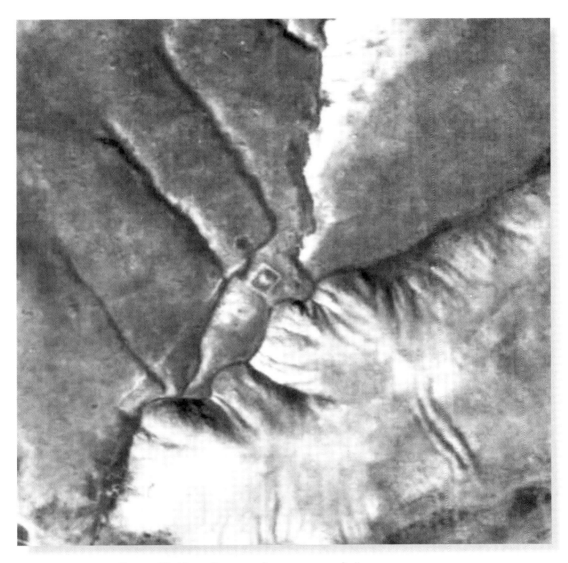

Зураг. 2б. Хулхийн амны дөрвөлжингүүдийн агаарын зураг

Хоёр. Хундын хоолойн дөрвөлжингүүд

Архангай аймгийн Хотонт сумын төвөөс зүүн урагш 30 гаруй км, Өвөрхангай аймгийн Хархорин сумын төвөөс баруун хойш 12 км орчимд Хундын хоолой хэмээх газар байна. Хундын хоолой нь Хутаг уулын салбар Майхан уулнаас буусан нэгэн жижиг ам юм. Хундын хоолойд 7 дөрвөлжин байгууламж байна. Дөрвөлжингүүдийн хагас дугуйрсан байршлыг харгалзан, газрын дээд тал буюу өмнөд талаас нь эхлэн дугаарлаж тодорхойлолтыг нь үйлдэв. [Зур.3а,б]

2.1. **Нэгдүгээр дөрвөлжин.** Хойд өргөрөгийн 47^0 17' 964'', зүүн уртрагийн 102^0 41' 394'' хэмд, далайн түвшнээс дээш 1494 м өндөрт оршино. Энэ байгууламж гадуураа тэгш өнцөгт хэлбэрийн дөрвөлжин шороон далантай, түүнийг тойруулан татсан шуудуутай. Далангийн голд шороо, чулуу хольж босгосон овгортой юм. Зүүн урагш харсан үүдэвчтэй, түүний өргөн нь 3,0 м. Далангийн өмнөд, хойд тал тус бүр 40 м урт, баруун, зүүн тал тус бүр 37 м урттай. Далангийн өргөн сууриараа 3,0 м, дээгүүрээ 2,0 м, өндөр 1,0 м орчим. Шуудууны өргөн дунджаар 2,0 м, гүн 0,5 м ажээ. Далан дундах овгорын диаметр 15 м, өндөр 1,0 м. Овгорын оройд 5,0 м орчим урттай, 1,0 м орчим гүн хонхор үүссэн. Оройн орчмоор сайн шатаасан улаан тоосгоны хагархайнууд байна.

2.2. **Хоёрдугаар дөрвөлжин.** Хойд өргөрөгийн 47^0 17' 724'', зүүн уртрагийн 102^0 41' 362'' хэмд, далайн түвшнээс дээш 1498 м өндөрт оршино. Уг байгууламж гадуураа тэгш өнцөгт хэлбэрийн шороон далантай, түүнийг тойруулсан шуудуутай. Далангийн голд шороо чулуу хольж босгосон овгортой юм. Далан нь зүүн урагш харсан 3,0 м өргөн үүдэвчтэй. Далангийн 4 тал ойролцоогоор тус бүр 32 м урттай. Түүний өргөн нь сууриараа 7,0 м, дээгүүрээ 3,0 м орчим, өндөр нь 1,2 м байна. Харин даланг тойруулсан шуудууны өргөн 1,0 м, гүн 0,5 м ажээ. Эл байгууламжийн зүүн хойд хэсэгт далан болон шуудуу нь мэдэгдэхгүй болтлоо балархай болсон байна. Далангийн дундах овгорын диаметр 12 м, өндөр 2,0 м орчим. Овгорын оройд 0,5 м гүн дугуй хонхор үүссэн.

2.3. **Гуравдугаар дөрвөлжин.** Хойд өргөрөгийн 47^0 17' 782'', зүүн уртрагийн 102^0 41' 349'' хэмд, далайн түвшнээс дээш 1497 м өндөрт оршино. Эл байгууламж гадуураа тэгш өнцөгт хэлбэрийн шороон далантай, түүнийг тойруулсан шуудуутай. Далангийн голд шороо чулуу хольж босгосон овгортой юм. Зүүн зүгт харсан үүдэвчтэй. Үүдэвчний өргөн нь 5 м байна. Далангийн 4 тал тус бүр 27 м урттай, өргөн нь сууриараа 3,0 м, дээгүүрээ 1,0 м, өндөр 1,5 м орчим ажээ. Харин даланг тойруулсан шуудууны өргөн 2,0 м, гүн 0,7 м. Далангийн үүдэвчний зүүн хойд өнцөг орчмын хэсэг бараг мэдэгдэхгүй болжээ. Далан дундах овгорын диаметр 15 м, өндөр 1,5 м орчим юм. Хойд талын далангийн дээгүүр сайтар шатаасан цайвар шаргал, хар саарал өнгийн тоосгоны хагархайнууд байна.

2.4. **Дөрөвдүгээр дөрвөлжин.** Хойд өргөрөгийн 47^0 17' 814'', зүүн уртрагийн 102^0 41' 390'' хэмийн солбицолд, далайн түвшнээс дээш 1495 м өндөрт байрлана. Байгууламж нь гадуураа тэгш өнцөгт хэлбэрийн шороон далантай, түүнийг тойруулсан шуудуутай. Далангийн дотор шороо чулуу хольж босгосон овгортой. Эл овгорыг баруун талын даланд бараг тулгаж байрлуулжээ. Далан нь зүүн урагш харсан үүдэвчтэй, түүний өргөн 2,5 м.

Далангийн зүүн, хойд тал тус бүр 32 м, өмнөд тал 33 м, баруун тал 28 м урттай. Далангийн өргөн нь сууриараа 4,0 м, дээгүүрээ 2,0 м, өндөр 1,5 м орчим байна. Дөрвөлжингийн шуудууны өргөн дунджаар 1,5 м, гүн 60 см. Овгорын диаметр 13 м, өндөр 1,8 м орчим. Овгорын оройд 0,5 м орчим гүн 2 хонхор үүссэн. Тэнд цайвар хөх өнгийн хавтгай чулуунууд харагдана.

2.5. Тавдугаар дөрвөлжин. Хойд өргөрөгийн 47⁰ 17' 899'', зүүн уртрагийн 102⁰ 41' 530'' хэмд, далайн түвшнээс дээш 1492 м өндөрт оршино. Хундын хоолойн дөрвөлжинг үүдээс хамгийн том нь 5-р дөрвөлжин юм. Уг байгууламж нь гадуураа тэгш өнцөгт хэлбэрийн шороон далантай, түүнийг тойруулсан шуудуутай.түүнийгээ баруун талын даланд бараг тулгаж байрлуулжээ.

Далангийн зүүн, баруун тал нь тус бүр 34 м, өмнөд, хойд тал тус бүр 51 м урттай. З үүн урагш харсан үүдэвчтэй. Шороон далангийн өргөн сууриараа 4,0 м, дээгүүрээ 2,0 м, өндөр нь 2,0 м орчим. Овгорын диаметр 15 м, өндөр 4 м орчим юм. Овгорын орчмоос сайн шатаалттай шар саарал өнгийн тоосгоны болон цайвар хөх өнгийн дээврийн ваарын хагархайнууд, цайвар шаргал өнгийн шаазан савны болоод, дусал хээтэй ваар савны хагархай олдож байна. Овгорын баруун хойноос хавтгай чулуун өрлөг мэдэгдэж буйг харахад эрт цагт нурсан бололтой. Энэ байгууламжийн өмнөд далангаас залгуулан 6,0 м орчим голчтой багавтар овгор мэдэгдэж байна.

2.6. Зургадугаар дөрвөлжин. Хойд өргөрөгийн 47⁰ 17' 913'', зүүн уртрагийн 102⁰ 41' 533'' хэмийн солбицолд, далайн түвшнээс дээш 1480 м өндөрт оршино. Байгууламж нь гадуураа дөрвөлжин шороон далантай, түүнийг тойрсон шуудуутай. Даланд үүдэвч гэхээр зүйл мэдэгдэхгүй байна. Далангийн 4 тал тус бүр 21 м орчим урттай. Шороон далангийн өргөн сууриараа 2,0 м, дээгүүрээ 1,0 м, өндөр 0,5 м орчим. Даланг тойруулсан шуудууны өргөн 1,0 м, гүн 0,5 м. Далан дунд намхан шороон овгортой. Овгорын диаметр 8,0 м, өндөр нь 0,6 м ажээ.

2.7. Долдугаар дөрвөлжин. Хойд өргөрөгийн 47⁰ 17' 836'', зүүн уртрагийн 102⁰ 41' 403'' хэмийн солбицолд, далайн түвшнээс дээш 1485 м өндөрт байрлана. Энэ байгууламж дөрвөлжин хэлбэрийн шороон далантай, далан дунд баруун далан тийш бараг тулган, шороо чулуу холбж босгосон овгортой. Далангийн зүүн, баруун тал 35 м, өмнөд тал 45 м, хойд тал 37 м урттай. Далан зүүн хойш харсан 2,0 м өргөн үүдэвчтэй. Харин далангийн өргөн сууриар 2,5 м, дээгүүрээ 1,0 м, өндөр 1,5 м орчим байна. Баруун болон өмнөд талын далангийн гадуур өргөн шуудуутай, бусад хоёр талдаа шуудуу гэхээр зүйл мэдэгдэхгүй bymain

байна. Тэр шуудууны өргөн дунджаар 6,0 м, гүн нь 0,7 м юм. Овгорын диаметр 13 м, өндөр нь 1 м ажээ. Эл байгууламжийн ойролцоогоос сайн шатаасан цайвар шаргал өнгийн тоосгоны, хөх саарал, цайвар шаргал өнгийн дээврийн ваарын хагархайнууд олдож байна.

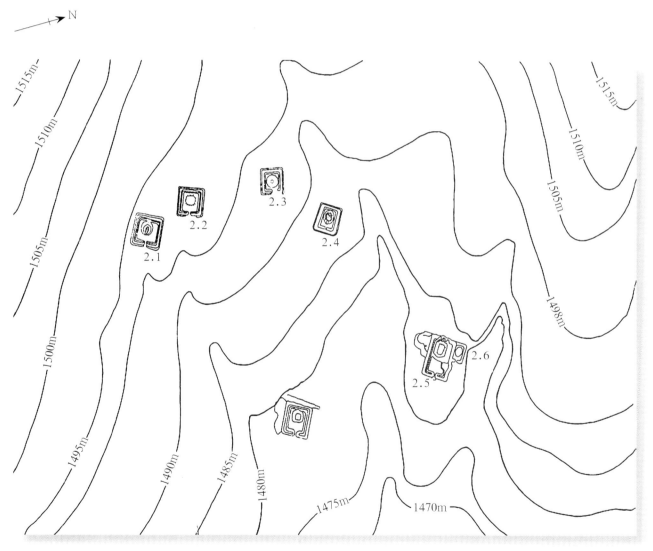

Зураг 3а. Хундын хоолийн дөрвөлжингүүдийн дэвсгэр зураг   0   40m

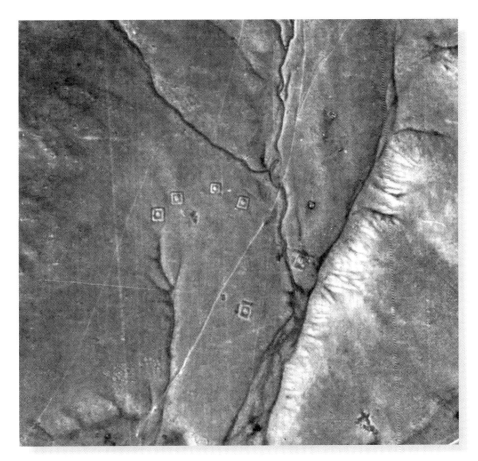

Зураг. 3б. Хундын хоолойн дөрвөлжингүүдийн агаарын зураг

Гурав. Өвөр хавцалын амны дөрвөлжингүүд

Архангай аймгийн Хотонт сумын төвөөс зүүн урагш 20 гаруй км, Өвөрхангай аймгийн Хархорин сумын төвөөс баруун хойш 17 км орчимд Өвөр хавцалын ам хэмээх газар байна. Өвөр хавцал нь Майхан уулын араас зүүн тийш буусан ам юм. Энэ аманд хоёр салаалсан жалгатай. Өвөр хавцалын аманд 9 дөрвөлжин байгууламж байна. Өвөр хавцалын амны дөрвөлжингүүдийг газрын дээд тал буюу баруун талаас нь эхлэн дугаарлаж тодорхойлолтыг үйлдлээ. [Зур.4а,б]

3.1. Нэгдүгээр дөрвөлжин. Хойд өргөргийн 47⁰ 18' 780'', зүүн уртрагийн 102⁰ 40' 248'' хэмийн солбицолд, далайн түвшнээс дээш 1485 м өндөрт оршино. Энэ байгууламж гадуураа тэгш өнцөгт хэлбэртэй шороон далантай, түүнийг тойруулан шуудуу татсан. Далангийн дунд яльгүй баруун тийш, чулуугаар голчлон босгосон овгортой. Уг далангийн өргөн сууриар 5,0 м, дээгүүрээ 2,0 м орчим, өндөр дунджаар 1,0 м. Далангийн 4 тал тус бүр 40 м орчим урттай. Далан нь зүүн зүг харсан үүдэвчтэй, түүний өргөн 4,0 м орчим. Даланг дагасан шуудууны өргөн дунджаар 3,0 м, гүн дунджаар 0,5 м. Дөрвөлжингийн дундах овгорын голч нь 16 м, өндөр 1,5 м орчим ажээ.

3.2. Хоёрдугаар дөрвөлжин. Хойд өргөргийн 47⁰ 18' 727'', зүүн уртрагийн 102⁰ 40' 343'' хэмийн солбицолд, далайн түвшнээс дээш 1483 м өндөрт оршино. Энэ байгууламж гадуураа тэгш өнцөгт хэлбэртэй шороон далантай, түүнийг тойруулан шуудуу татсан. Далангийн төв дунд нь овгортой. Далангийн өргөн дунджаар 4,0 м орчим, өндөр дунджаар 0,8 м байна. Далангийн

дөрвөн тал тус бүр 21 м орчим урттай. Далан нь зүүн зүгт харсан 3,0 м өргөн үүдэвч тэй. Шуудууны өргөн дунджаар 2,5 м, гүн дунджаар 0,4 м. Дөрвөлжингийн дундах овгорын голч нь 9,0 м, өндөр нь 1,0 м орчим байна.

3.3. Гуравдугаар дөрвөлжин. Хойд өргөргийн 47⁰ 18' 682'', зүүн уртрагийн 102⁰ 40' 381'' хэмд, далайн түвшнээс дээш 1483 м өндөрт оршино. Энэ байгууламж гадуураа дөрвөлжин шороон далантай, түүнийг тойруулан шуудуу татсан. 3, 4-р дөрвөлжинг нэг дор зэрэгцүүлэн байгуулж хамтад нь тойруулж шуудуу татжээ. Далангийн дунд овгортой, түүнийг баруун даланд ойртуулан байгуулжээ.

Шороон далангийн өргөн сууриараа 6,0 м орчим, дээгүүрээ 2,0 м, өндөр нь 1,0 м орчим. Далангийн зүүн, баруун тал тус бүр 31 м, өмнөд, хойд тал тус бүр 34 м орчим урт. Шороон далан зүүн зүгт харсан 3,0 м өргөн үүдэвчтэй. Шуудууны өргөн дунджаар 1,0-2,0 м, гүн нь 0,8 м орчим. Дөрвөлжингийн дундах овгорын голч 12 м, өндөр 1,5 м орчим юм. Хар саарал өнгийн хүрмэн чулуугаар овгорын оройг хоёр үе шатлан өрсөн. Түүнчлэн овгор дээр цөөн сайтар шатаасан цайвар саарал өнгийн тоосгоны хагархайнууд, хөх, шаргал өнгөтэй дээврийн ваарны хэлтэрхийнүүд харагдаж байна.

3.4. Дөрөвдүгээр дөрвөлжин. Хойд өргөргийн 47⁰ 18' 670'', зүүн уртрагийн 102⁰ 40' 002'' хэмд, далайн түвшнээс дээш 1484 м өндөрт оршино. Уг байгууламж гадуураа тэгш өнцөгт хэлбэртэй шороон далантай, түүнийг тойруулан шуудуу татсан. Далан нь дундаа бага зэрэг баруунш байрлалтай овгортой юм. Далангийн зүүн, баруун тал тус бүр 31 м, өмнөд болон хойд тал нь тус бүр 36 м урттай. Далан зүүн зүгт харсан 3,0 м өргөн үүдэвчтэй. Далангийн өргөн сууриар 5,0 м, дээгүүрээ 2,0 м, өндөр нь дунджаар 1,0 м байна. Овгорын ойр орчимд хөх саарал өнгийн хүрмэн болон хавтгай чулуунууд, зүүн урд далан орчимд сайн шатаасан хөх саарал, саарал, улаан тоосгоны хагархайнууд байна.

3.5. Тавдугаар дөрвөлжин. Хойд өргөрөгийн 47⁰ 18' 696'', зүүн уртрагийн 102⁰ 40' 575'' хэмийн солбицолд, далайн түвшнээс дээш 1471 м өндөрт байна. Өвөр хавцалын аманд байгаа дурсгалуудаас хамгийн том нь 5-р дөрвөлжин юм. Амны эхээс уруудан хойд зүг рүү чиглэсэн жалгын өмнөд дэвсэг дээр уг дурсгал оршино. Энэ байгууламж гадуураа дөрвөлжин шороон далантай, түүнийг тойруулан шуудуулсан. Далангийн төв дунд орчимд шороо, чулууг хольж босгосон том овгортой. Далангийн 4 талын урт тус бүр ойролцоогоор 74 м.

Далангийн өргөн сууриар 10 м, дээгүүрээ 3,0 м орчим, өндөр 2,0 м орчим. Шороон далан нь зүүн зүгт харсан үүдэвчтэй, түүний өргөн нь 2,0 м байна. Даланг тойруулсан шуудууны өргөн 3,0 м, гүн 1,5 м орчим юм. Дөрвөлжингийн дундах овгорын голч нь 30 м, өндөр 2,0 м орчим. Овгорын оройд 1,0 м гүн хонхор үүссэн, тэр хонхороос өрлөг байсан бололтой хавтгай хөх саарал өнгийн чулуунууд, сайн шатаасан хөх, саарал, шаргал, улаан тоосгоны хагархайнууд харагдана. Түүнчлэн овгороос зүүн хойно, зүүн урд 25 м орчимд хоёр жижиг шороон овгортой. 1-р овгорын голч нь 6,0 м, өндөр нь 0,7 м орчим, 2-р овгорын голч 3,0 м байна.

3.6. Зургаадугаар дөрвөлжин. Хойд өргөрөгийн 47⁰ 18' 730'', зүүн уртрагийн 102⁰ 40' 625'' хэмийн солбицолд, далайн түвшнээс дээш 1466 м өндөрт оршино. Энэ байгууламж нь мөн л гадуураа шороон далантай, түүнийг тойруулсан шуудуутай. Далангийн төвд шороо чулуу хольж байгуулсан овгортой. Далангийн зүүн тал 54 м, бусад 3 тал нь 53 м тус бүр урттай. Зүүн зүгт харсан 3,0 м өргөн үүдэвчтэй, далангийн өргөн сууриараа 7,0 м, дээгүүрээ 2,0 м орчим, өндөр 1,5 м байна. Далангийн дундах овгорыг баруун талын даланд ойрхон шахаж байгуулсан. Овгорын орчим болон далангийн зүүн хойд, баруун хойд, зүүн урд орчмоор сайтар шатаасан цайвар шаргал, цайвар хөх, цайвар саарал өнгийн тоосгоны хагархайнууд, цайвар хөх, улаан өнгийн дээврийн ваарны хэсгүүд олон харагдаж байна. Овгорын голч 15 м, өндөр 1,5 м орчим байна.

3.7. Долоодугаар дөрвөлжин. Хойд өргөрөгийн 47⁰ 18' 750'', зүүн уртрагийн 102⁰ 40' 575'' хэмийн солбицолд, далайн түвшнээс дээш 1468 м өндөрт оршино. Энэ байгууламж нь гадуураа тэгш өнцөгт хэлбэрийн шороон далантай, түүнийг тойруулсан шуудуутай. Далангийн дотор баруун далан тийш шахсан том жижиг хоёр овгортой. Далангийн 4 тал тус бүр дунджаар 42 м урттай.

Далан нь зүүн зүгт харсан үүдэвчтэй, түүний өргөн нь 5,0 м юм. Далангийн өргөн дунджаар 2,0 м, өндөр 1,0 м орчим. Харин даланг тойруулсан шуудууны өргөн 2,0 м, гүн нь 0,4 м ажээ. Том овгорын голч 8,0 м, өндөр 1,0 м орчим. Жижиг овгорын диаметр 5 м, өндөр 40 см орчим. Далангийн ойр орчмоос сайтар шатаасан цайвар шаргал өнгийн тоосгоны хагархайнууд олдож байв.

3.8. **Наймдугаар дөрвөлжин.** Өвөр хавцалын амны хойд дэнж дээр хойд өргөрөгийн 47⁰ 18' 725'', зүүн уртрагийн 102⁰ 40, 643'' хэмийн солбицолд, далайн түвшнээс дээш 1480 м өндөрт оршино.

Энэ байгууламж нь гадуураа тэгш өнцөгт хэлбэрийн шороон далантай, түүнийг тойруулсан шуудуутай. Далангийн дунд шороо, чулуу хольж байгуулсан овгортой. Далангийн 4 тал тус бүр ойролцоогоор 52 м урттай. Далан нь зүүн зүгт харсан үүдэвч тэй, түүний өргөн 7,0 м юм. Далангийн өргөн дунджаар 6,0 м, өндөр 1,5 м орчим. Харин даланг тойруулсан шуудууны өргөн 2,0 м, гүн нь 0,8 м орчим ажээ. Овгорыг баруун далан тийш шахаж үйлдсэн. Түүний голч нь 15 м, өндөр нь 1,5 м орчим юм. Овгорын оройд 1,0 м гүн дугуй хонхор үүссэн. Энэ орчмоор хар хөх, бор хүрэн өнгөтэй том хүрмэн чулуунуудтай. Далангийн үүдэвчний орчмоор сайтар шатаасан цайвар шаргал өнгийн тоосго, хөх саарал, цайвар шаргал өнгийн дээврийн ваарны хэлтэрхийнүүд байна. Түүнчлэн овгороос зүүн зүгт 20 м зайд цайвар хөх өнгийн хэдэн хүрмэн чулуутай.

3.9. **Есдүгээр дөрвөлжин.** Хойд өргөрөгийн 47⁰ 18' 916'', зүүн уртрагийн 102⁰ 40' 612'' хэмийн солбицолд, далайн түвшнээс дээш 1477 м өндөрт оршино.

Энэ байгууламж гадуураа тэгш өнцөгт хэлбэрийн шороон далантай, далангийн дотор ямар нэгэн байгууламжгүй, даланг тойруулан татсан шуудуутай. 2,0 м өргөн үүдэвчтэй. Далангийн 4 тал тус бүр дунджаар 32 м урттай. Далангийн өргөн 1,0 м, өндөр 0,5 м орчим. Дөрвөлжин шуудууны өргөн дунджаар 1,5 м, гүн 0,4 м ажээ.

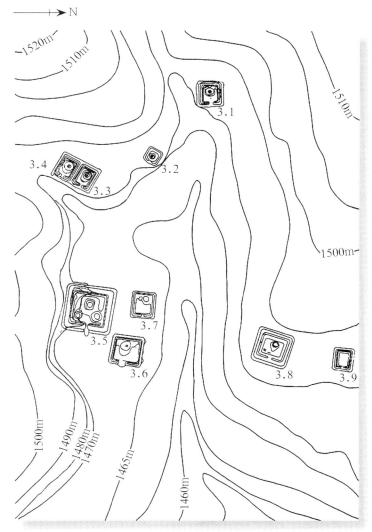

Зураг 4а. Өвөр хавцалын амны дөрвөлжингүүдийн сэвсгэр зураг

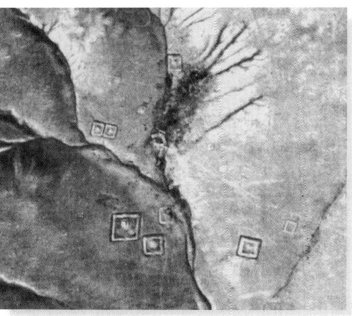

Зураг 4 б. Өвөр хавцалын амны дөрвөлжингүүдийн агаарын зураг

Дөрөв. Хиргэсүүрийн амны дөрвөлжингүүд

Архангай аймгийн Хотонт сумын төвөөс зүүн урагш 20 км, Өвөрхангай аймгийн Хархорин сумын төвөөс баруун хойш 20 орчим кмт Хиргисүүрийн ам хэмээх газар байна. Хиргисүүрийн ам нь Хангайн нуруунны Хутаг уулын салбар Овоот уулын хойд бэлээс буусан Тэмээн хүзүүний голын хөндий рүү баруун талаас нь нийлсэн жижиг ам юм. Хиргисүүрийн аманд 7 дөрвөлжин байгууламж байна. Хиргисүүрийн амны дөрвөлжингүүдийг газрын дээд тал буюу баруун хойд талаас нь эхлэн дугаарлаж, тэдний тодорхойлолтыг үйлдэв. [Зур. 5а,б]

4.1. **Нэгдүгээр дөрвөлжин.** Хойд өргөрөгийн 47° 16' 994'', зүүн уртрагийн 102° 34' 789'' хэмд, далайн түвшнээс дээш 1548 м өндөрт оршино. Энэ байгууламж гадуураа тэгш өнцөгт хэлбэрийн шуудуутай, шороон далангүй. Шуудууны төв дунд чулуу шороо хольж босгосон овгортой. Уг овгорын оройн хэсэгт хөх саарал, цагаан саарал өнгөтэй маш сайн шатаасан тоосгоны хагархайнууд, хөх саарал өнгөтэй дээврийн ваарны хэлтэрхийнүүд харагдана.

Шуудуунд үүдэвч гэхээр зүйл мэдэгдэхгүй байна. Шуудууны зүүн, баруун тал тус бүр 30 м, өмнөд, хойд тал тус бүр 35 м урттай байна. Шуудууны гүн дунджаар 0,6 м, өргөн нь 2,0 м. Уг шуудууны өмнөд болон хойд талд 13 ба 17 метрийн зайнд тусгайлан 2 шуудуу татсан нь үерийн уснаас хамгаалсан бололтой. Өмнөд талын шуудуу 47 м, хойд талын шуудуу нь 51 м урт. Тэдгээр шуудууны өргөн дунджаар 2,0 м, гүн нь 1,0 м орчим юм. Дөрвөлжин шуудууны дундах овгорын диаметр 15 м, өндөр нь 3,0 м орчим аж.

4.2. **Хоёрдугаар дөрвөлжин.** Хойд өргөрөгийн 47° 18' 538'', зүүн уртрагийн 102° 34' 958'' хэмд, далайн түвшнээс дээш 1531 м өндөрт оршино.

Энэ байгууламж гадуураа дөрвөлжин шуудуутай, түүний дотуур мөн л дөрвөлжин хэлбэрийн шороон далантай. Төв дунд чулуу шороо хольж босгосон овгортой. Уг овгорын оройн хэсэг орчмоор хөх саарал өнгийн тоосгоны хагархай дээврийн ваарны хэлтэрхийнүүд байна.

Шороон далан нь зүүн урагш харсан 3,0 м орчим өргөн үүдэвчтэй. Харин шуудуунд үүдэвч гэхээр зүйл мэдэгдэхгүй. Шороон далангийн зүүн тал 27 м, өмнө болон баруун тал нь 26 м, хойд тал 30 м тус тус урттай. Шуудууны гүн дунджаар 0,5 м, өргөн нь 2,0 м. Дөрвөлжин далангийн дундах овгорын голч 15 м, өндөр нь 2,0 м орчим байна.

4.3. **Гуравдугаар дөрвөлжин.** Хойд өргөрөгийн 47° 18' 846'', зүүн уртрагийн 102° 35'

149'' хэмийн солбицолд, далайн түвшнээс дээш 1522 м өндөрт оршино. Энэ байгууламж тэгш өнцөгт хэлбэрийн шороон далантай, түүнийг тойруулсан шуудуутай. Далангийн төв дунд чулуу, шороо хольж босгосон овгортой. Уг овгорын оройн хэсэгт сайтар шатаасан саарал өнгийн тоосгоны хагархай, дээврийн ваарны хэлтэрхийнүүд харагдана. Далангийн дөрвөн тал тус бүр 40 м урттай.

Шороон далангийн өргөн сууриараа 3,0 м орчим, дээгүүрээ 2,0 м орчим байна. Уг далан нь зүүн урагш харсан 4,0 м урт үүдэвчтэй. Дөрвөлжин шуудууны гүн дунджаар 0,8 м, өргөн нь 3,0 м. Тэр шуудуу нь далангийн зүүн хойд булангийн срчмоор нарийсан, зүүн тийш 4-р дөрвөлжингийн давхар шуудуутай нийлж байна. Дөрвөлжин далангийн дундах овгорын голч 20 м, өндөр 3,0 м орчим аж. Уг овгор эрт цагт тоногдсон, эсвэл чулуугаар өрсөн өрлөг байгаад нурсан байж болохоор оройдоо гүн хонхор үүссэн.

4.4. Дөрөвдүгээр дөрвөлжин. Хойд өргөрөгийн 47⁰ 18' 839'', зүүн уртрагийн 102⁰ 35' 232'' хэмийн солбицолд, далайн түвшнээс дээш 1520 м өндөрт оршино. Энд буй дөрвөлжингүүдээс хамгийн том нь 4-р дөрвөлжин юм. Энэ байгууламж тэгш өнцөгт хэлбэрийн шороон далантай, түүнийг тойруулсан шуудуутай. Шуудууны төв дунд чулуугаар босгосон овгортой. Шороон далангийн өргөн 3,0-7,0 м, өндөр 4,0 м орчим. Далангийн зүүн, баруун тал тус бүр 47 м, өмнөд, хойд тал тус бүр 52 м урт. Далангийн үүдэвч зүүн урагш харсан. Тэр нь 7,0 м өргөн.

Дөрвөлжин шуудууны гүн дунджаар 1,0 м, өргөн нь 2,0 м. Байгууламжийн баруун талд 35 метрийн зайнд тусгайлан 55 м урт шуудуу татсан нь үерийн уснаас хамгаалсан бололтой. Тэр шуудууны өргөн дунджаар 5,0 м, гүн 1,0 м орчим юм. Дөрвөлжин далангийн дундах овгорын диаметр сууриараа 25 м, оройгоор 10 м, өндөр нь 4,0 м орчим байна. Тэр нь чулуун өрлөгтэй байгаад нурсан байж болохоор дээгүүрээ гүн хонхор үүсчээ. Уг овгорын дээд хэсэгт сайн шатаасан саарал өнгийн тоосгоны хагархай, дээврийн ваарны хэлтэрхийнүүд элбэг байна.

4.5. Тавдугаар дөрвөлжин. Хойд өргөрөгийн 47⁰ 18' 901'', зүүн уртрагийн 102⁰ 35' 239'' хэмийн солбицолд, далайн түвшнээс дээш 1522 м өндөрт оршино. Энэ байгууламж мөн л тэгш өнцөгт хэлбэрийн шороон далан, түүнийг тойруулсан шуудуутай. Шороон далан болон шуудуу нь зүүн урагш харсан 5,0 м өргөн үүдэвчтэй. Далангийн 4 тал тус бүр 46 м урттай. Шуудууны гүн дунджаар 0,7 м, өргөн нь 2,5 м. Дөрвөлжин далангийн дундах овгорын голч 10 м, өндөр нь 1,5 м орчим байна. Овгорын оройд 4,0 м голчтой, 1,0 м гүн дугуй хонхор үүссэн байна. Овгорын орчмоос нь улаан, хөх саарал, цайвар шаргал өнгийн тоосгоны хагархайнууд болон хавтгай хөх өнгийн чулуунууд олон харагдана.

Энэ дөрвөлжингийн баруун талд 25 м зайд үер уснаас сэргийлсэн залгаа хоёр шуудуу татжээ. Уг шуудууны баруун талынх нь 9,0 м өргөн, 86 м урт, 0,8 м гүн, хойд талынх нь 3,0 м өргөн, 72 м урт, 0,5 м гүн юм. Хойд талын давхар шуудуу нь баруун талын шуудуу даган ирэх усыг гадагшлуулахаас гадна жалганаас ирэх усыг зайлуулах зориулалттай байжээ.

4.6. Зургаадугаар дөрвөлжин. Хойд өргөрөгийн 47⁰ 18' 913'', зүүн уртрагийн 102⁰ 35' 198'' хэмийн солбицолд, далайн түвшнээс дээш 1578 м өндөрт оршино. Энэ байгууламж нь шороон далангүй, шороо, чулуугаар голлон босгосон овгор юм. Харин овгорыг тойруулан татсан шуудуу нь дөрвөлжин бус ялимгүй дугуйруулсан ажээ. Шуудууны дөрвөн тал тус бүр ойролцоогоор 22 м урттай. Шуудууны зүүн зүгт үүдэвч гаргасан нь 2,0 м өргөн. Овгорын голч нь 8,0 м, дээгүүрээ халцархай, харин орчин тойронд нь хөх саарал өнгийн хүрмэн чулуунууд үзэгдэнэ. Мөн шороон овгорын орой орчмоор цөөн сайтар шатаасан цагаан шаргал өнгийн тоосгоны хагархайнууд, хөх саарал өнгийн дээврийн ваарны хэлтэрхийнүүд байна.

4.7. Долоодугаар дөрвөлжин. Хойд өргөрөгийн 47⁰ 19' 001'', зүүн уртрагийн 102⁰ 35' 101'' хэмд, далайн түвшнээс дээш 1530 м өндөрт оршино. Дурсгалын баруун хойноос орж ирсэн жалгатай. Энэ байгууламж нь шороог цайвар хөх, бор хүрэн өнгийн хүрмэн чулуунуудтайхольж босгосон том овгортой юм. Уг овгорын ёроолоор баруун хойноос зүүн тийш хандуулан татсан шуудуутай. Шуудууны өргөн дунджаар 4,0 м, гүн 0,7 м орчим. Эрт цагт тонуулчдын гарт өртөж нэлээд сүйдсэн бололтой. Уг овгорын дээр 2,0 м гүнзгий хонхор үүссэн байна. Түүнчлэн овгорын баруун хойд хэсэгт нь нимгэн хавтгай, бөөрөнхийвтөр чулууг давхарлан өрсөн өрлөг байсны үлдэгдэл харагдана. Овгорын өмнө нь чулуугаар дөрвөлжлөн өрсөн байгууламж байгаад хожим гадны нөлөөгөөр нурж хэлбэрээ бүрэн алдсан бололтой. Овгорын голч 30 м. Энэ орчмоос сайтар шатаасан цайвар шаргал өнгийн зузаан тоосгоны хагархайнууд олдож байна. Харин 7-р дөрвөлжингийн зүүн өмнө талд 15 м зайд цагаан саарал, хөх саарал өнгийн том чулуунууд болон хар хөх өнгийн хүрмэн чулуудыг газарт шигтгэсэн нь тахилын байгууламж бололтой.

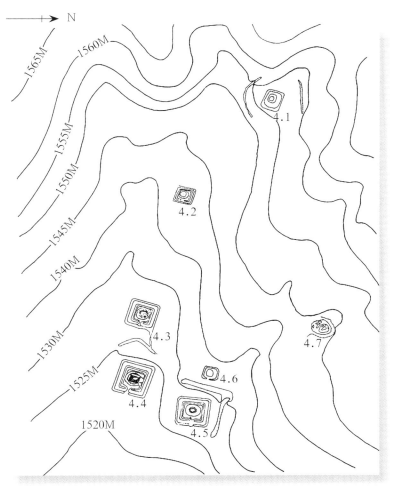

Зураг 5 а. Хиргэсүүрийн амны дөрвөлжингүүдийн дэвсгэр зураг

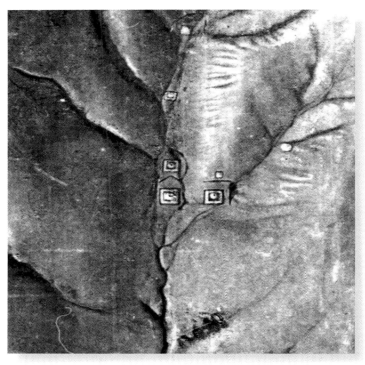

Зураг 5б. Хиргэсүүрийн амны дөрвөлжингүү дийн агаарын зураг

Тав. Дугана үзүүрийн амны дөрвөлжин

Архангай аймгийн Хотонт сумын төвөөс зүүн урагш 15 км, Өвөрхангай аймгийн Хархорин сумын төвөөс баруун хойш 30 км орчим Дугана үзүүр хэмээх уулын зүүн хойно, Улаан чулууны голын хөвөөн дэхь тэгш дэвсэг дээр нэгэн байгууламж байна. Бид уг байгууламжийн дэвсгэр зураг болон товч тодорхойлолтыг үйлдэв. [Зур. 6]

5.1. Нэгдүгээр дөрвөлжин. Хойд өргөрөгийн 47⁰ 18’ 069’’, зүүн уртрагийн 102⁰ 32’ 250’’ хэмийн солбицолд, далайн түвшинөөс дээш 1502 м өндөрт оршино. Энэ байгууламж нь гадуураа зуйван хэлбэрийн шороон далантай, дундаа дөрвөлжин хэлбэртэй шороо, чулуу хольж босгосон овгортой юм. Далангийн хойд өмнөд тал нь тус бүр 35 м, зүүн баруун тал нь тус бүр 30 м урттай. Харин далангийн өргөн сууриараа 5,0 м, дээгүүрээ 1,0 м, өндөр нь 0,3-0,4 м. Далан нь зүүн урагш харсан үүдэвчтэй. Түүний өргөн 4,0 м. Далангийн дотор талын шороог ухаж даланг байгуулсны улмаас далангийн дотуур нь жижиг шуудуу үүсчээ. Уг шуудууны өргөн 1,5 м, гүн нь 0,3 м байна. Далангийн дундах овгорын диаметр 12 м, өндөр нь 0,5 м ажээ. Энэ овгор байгууламжийг чулуугаар үйлджээ.

Дээр бидний тодорхойлсон дөрвөлжингүүд хэмээх дурсгалууд нь гадаад зохион байгуулалт, байрласан газрын байдал, ерөнхий бүтэц зэргээрээ бүгд адил буюу ойролцоо байна. Энэхүү байдал нь уг дурсгалууд ойролцоо баг үед бүтээгдсэн бөгөөд тодорхой нэг төр улс буюу угсаатны түүх, соёлд хамаарагдах ижил хэв шинж бүхүй байгууламжууд байж

Зураг 6. Дугана үзүүрийн дөрвөлжингийн дэвсгэр зураг

ХОЁРДУГААР БҮЛЭГ. ДӨРВӨЛЖИНГҮҮДИЙН МАЛТЛАГА СУДАЛГАА

I. Өвөр хавцалын амны дөрвөлжингийн малтлага судалгаа

Монгол улсын Архангай аймгийн Хотонт сумын нутаг, Орхон голын баруун талд, Дунд Хутаг уулын ар салбарын уулсаас хойш буусан аманд хэдэн дурсгал байгааг 1998 онд А.Очир нарын судлаачид илрүүлэн олсон аж. Ийм төрлийн дурсгалыг монгол нутаг урьд өмнө малтан судалсан нь үгүй бөгөөд тэдгээрийн үүрэг, зориулалт, бүтэц зохион байгуулалт, он цагийн хамаадал нь тодорхой бус байсан юм. Иймээс эдгээр дөрвөлжинг үүд хэмээх дурсгал нь урьд олдож, судлагдаж байгаагүй өвөрмөц дурсгал болохын хувьд бидний сонирхолыг ихэд татсан юм. Иймд 2006 оноос эхлэн Монгол улсын Үндэсний музей, Нүүдлийн соёл иргэншлийг судлах олон улсын хүрээлэн, БНХАУ-ын Соёлын өв, археологи судлалын хүрээлэнтэй хамтран уг дурсгалуудад малтлага судалгааны ажлыг эхлүүлсэн юм.

Бидний 2006 оны малтлага судалгаа Өвөр хавцалын амны нэгэн дөрвөлжинг малтсанаар эхлэв. Уг дурсгал нь Архангай аймгийн Хотонт сумын төвөөс зүүн урагш 20 гаруй км, Өвөрхангай аймгийн Хархорин сумын төвөөс баруун хойш 17 км орчимд Өвөр хавцалын ам хэмээх газар байна. Өвөр хавцалын ам нь Майхан уулын араас зүүн тийш буусан ам юм. Энэ аманд 9 дөрвөлжин байгууламж байна. Өвөр хавцалын амны дөрвөлжингүүдийг газрын дээд талаас буюу баруун талаас нь эхлэн дугаарлаж дэвсгэр зургийг үйлдсэн билээ. [зураг.4а,б]

Бидний малтсан дурсгал бол 3-р дөрвөлжин юм. Энэхүү дөрвөлжин нь 2-р дөрвөлжингөөс зүүн өмнө зүгт 115 м зайтай, хойд өргөрөгийн 47^0 18' 682'', зүүн уртрагийн 102^0 40' 381'' хэмийн солбицолд, далайн түвшинөөс дээш 1483 метрийн өндөрт оршино. Уг байгууламж гадуураа дөрвөлжин шороон далантай бөгөөд 3, 4-р дэрвөлжинг нэг дор зэрэгцүүлэн хамтад нь байгуулж, түүнийг тойруулан шуудуу татжээ. Далангийн дунд ч улуу шороо хольж барьсан овгортой. Түүнийг баруун даланд нь бага зэрэг ойртуулан байгуулжээ. Шороон далангийн өргөн сууриараа 6,0 м орчим, дээгүүрээ 2,0 м, өндөр нь 1,0 м, шороон далангийн зүүн, баруун тал тус бүр 31 м, өмнөд хойд тал тус бүр 34 м урт. Шороон далан зүүн зүгт 120 хэмд хандсан 3,0 м өргөн үүдэвчтэй. Шуудууны өргөн дунджаар 1-2 м, гүн нь 0,8 м орчим.

Дөрвөлжингийн дундах овгорын диаметр 12 м, өндөр 1,5 м орчим юм. Хар саарал өнгийн хүрмэн чулууг овгорын оройд 3 үелүүлэн давхарлан өржээ. Энэхүү овгор дээрээс сайтар шатаасан цайвар, саарал өнгийн тоосгоны хагархайнууд, хөх шаргал өнгөтэй дээврийн ваарны хэлтэрхийнүүд олдож байжээ.

Бид малтлагын ажлаа дурсгалын дээр ургасан өвс ногоог цэвэрлэх ажлаар эхлүүлсэн юм. Ингэхдээ малтлагын талбайг дурсгалын байршлын дагуу хойноос урагш 35 м, баруунаас зүүн тийш 40 м хэмжээгээр дурсгалын тойрсон шороон даланг хамруулан тэгийг татсан юм. Уг талбайгаа дотор нь 4 x 4 м хэмжээ бүхий хэсгүүдэд хувааж өгөв. Нийт талбайг өргөрөгийн дагуу үсгээр, уртрагийн дагуу тоогоор тэмдэглэн нарийвчлав. Ингэхдээ дурсгалын талбайг нийтэд нь буюу гадуурх дөрвөлжин шороон далан, түүний гадуур татсан шуудууг бүхэлд нь малтлагын талбайд хамруулсан юм. Эхний үейиг 5 см гүнтэйгээр малтсан бөгөөд ингэхэд дурсгалын хөрс нь гол хэсгээрээ шаргал өнгийн шар шавар бүхий, түүнийг тойрсон хар хүрэн хөрс мэдэгдэж байв. Дөрвөлжингийн гол овгор нь эхлээд шар шавар овоолон дагтаршуулаад, түүний дээр нь томхон хүрмэн чулуудыг өрж хийсэн зохион байгуулалттай болох нь эхнээсээ мэдэгдэж байв. Бид голын овгорыг тахилгын шинжтэй барилгын суурийн хэсэг бололтой хэмээн таамаглав.

Эхний үейин цэвэрлэгээний дараах байдлаар гол овгорын өмнө болон зүүн урд талын XLIX, LVIII, LIX, LXVIII, LX, LXIX, XXXI, XL, XLI хэсгүүдээс эмх замбараагүй бөөгнөрсөн шар, хөх тоосго, дээврийн ваарны хагархай илрэв.

I-3-р үейин малтлага ба хөрсний тодорхойллого

Бид дурсгалын 1-3-р үейин малтлагыг дурсгалын бүх талбайг хамруулан зарим тохиолдолд хэсэгчилсэн байдлаар хийж гүйцэтгэв. Ингэхэд 1-р үейин цэвэрлэгээний явцад газрын хөрсөн дээр илээр цөөн тоотой олдож байсантай ижил тоосго, дээврийн болон сав суулганы ваарны хагархай, шавардлагын шохой, барилгын чимэглэлийн зүйлс илрэв. Малтлагын талбайн төв буюу гол овгорыг хамарсан XLI, XLII, L, LI хэсгийн малтлагыг түр зогсоож түүнийг тойрсон хэсгүүдэд малтлагыг үргэлжлүүлсэн юм.

Бид малтлагыг эхлэхдээ 4 x 4 м бүхүй хэсэг бүрийн дунд нь хөрсний бүтэц, давхаргын зүсэлтийг мэдэх зорилгоор 50 см өргөн далан үлдээж малтсан билээ. Ийнхүү 3-р үе хүртэл малтаад зүсэлтийн зургийг зурж, баримтжуулсаны дараа бүх талбайд үлдээсэн далангуудыг малтлагын нэг түвшинд хүртэл нь доош малтан нийт талбайгаас гарч буй олдвор, барилгын хэрэглэгдэхүүний тархалтыг үзэхийг зорьсон юм. Чингэхдээ хөндлөн ба тууш зүсэлтийг харах зорилгоор баруунаас зүүн тийш, өмнөөс хойш чиглэн гол огтлолцсон гол хоёр даланг үлдээж бусдыг нь малтсан юм. Ингэж бүх далангуудыг малтсанаар гол овгорыг тойрсон маягтай хөглөрөх барилгын хэрэглэгдэхүүнийг ил гарган дурсгалын нурангийн тархалт, зохион байгуулалтыг нь харах бололцоотой болов.

алтлагын эхний үеүдийг цэвэрлэсэний дараа ажиглахад хэрмийн доторх том овгор нь шар шавар, чулуунаас голчлон бүтсэн бөгөөд овгорын орчин тойрныг түүний дээр нь байсан бололтой барилгын хэрэглэгдэхүүн бүхэлд нь бүрхжээ. Мөн гол овгорын шар шавар нь он цагийн уртад бороо усанд элэгдэн овгороо тойрон тарж урссан байдал ажиглагдана.

3-р үеийн малтлагаас LIX хэсэгт тоосго, дээврийн ваарны хагархай маш их хэмжээгээр бөөгнөрсөн байдалтай илэрсэн бөгөөд түүний өмнө талын даланг цэвэрлэх явцад мөн адил барилгын хэрэглэгдэхүүн үргэлжлэн гарлаа. Гэтэл түүнтэй залгаа LVIII хэсгийн малтлагын энэ үеэс цөөн хэрэглэгдэхүүн илэрсэн юм. Ер нь малтлагын явцад уг дурсгал дахь барилгын материалын тархац нь гол овгорын хормойгоос өмнө тийш 4,0 м орчим газар, баруун тийш 5,1 м, хойд тал руу нь 4,2 м, зүүн тийш 2,5 м орчим талбайд өргөн тархжээ.

XXXI хэсгийн 1-3-р үеийн малтлагын дараах байдлаар олдвор бараг илэрсэнгүй. Хар хүрэн хөрсний давхаргын дороос шаргал элсэрхэг хөрс илрэв.

Харин XXXII хэсгийн малтлагаас барилгын хэрэглэгдэхүүн олон тоогоор илрэв. Тэдгээрийн дунд барилгын дээврийн шавар чимэглэл хэд хэд илэрч олдсон юм. Мөн дээврийн нүүр ваарны хэд хэдэн бүтэн хэсгүүд гарав.

XXXIII хэсгээс мөн л барилгын хэрэглэгдэхүүн голчлон гарлаа. Гэсэн хэдий ч бусад хэсгүүдтэй харьцуулбал олдвор цөөвтөр олдож байлаа.

XXXIV секторын малтлагаас цөөн тооны тоосгоны хагархайгаас өөр эд өлгийн зүйлс илэрсэнгүй. Талбай бүхэлдээ бага зэргийн шаргал шавар холилдсон бор хүрэн хөрснөөс бүрэлдэнэ.

Бид малтлага судалгааны 3-р үеийг хүртэл дурсгалыг нийт талбайгаар нь малтан цэвэрлэж байгууламжийн гаднах ерөнхий зохион байгуулалтын талаар багагүй төсөөлөл авсаны үндсэн дээр дараагийн үеэс эхлэн уг байгууламжийн төв хэсгийн зохион байгуулалтыг үзэх зорилгоор хэсэгчилсэн байдлаар малтлагыг үргэлжлүүлэв. Харин захын хэсгүүд нь зарим хэсэгтээ эх газрын хөрсөнд тулсан учир цаашид малтах шаардлагагүй гэж үзлээ. Басхүү төвийн буюу гол овгорыг багтаасан XLII, LI, XLI, L хэсгүүдэд малтлагыг түр зогсоож голын үелсэн чулуу бүхий овгорын зохион байгуулалтын бүтцийг үзэхийг зорив. Өөрөөр хэлбэл байгууламжийн захаас төврүү чиглэсэн байдлаар малтаж эхэлсэн юм.

Малтлагын явцад эдгээр хэсгүүдийн эхний үеүдээс маш их хэмжээний тоосго, дээврийн ваарны хэлтэрхий, цөөн тооны хээтэй, хээгүй ваар савны хагархай, малын болон хүний ясны хэсгүүд олдож байлаа. Малтлагаар олдож байсан тоосгс, дээврийн нөмрөг болон тосгуур ваарны хэсгүүд нь хэмжээний хувьд маш жижиг учир тэдгээрийн хэлбэр хэмжээг бүрэн тодорхойлох боломжгүй байв. Малтлагаас олдож байсан ваар савны хагархайнууд нь ихэвчлэн уйгур хээтэй, зузаан бөөртэй, хар хөх өнгөтэй байв. Харин малтлагын 3-р үеэс XLIX болон LYIII хэсгээс 3 ш бүтэн тоосго илэрч олдсон нь бидэнд уг барилгыг барьсан тоосгоны талаарх багагүй мэдээллийг авах боломжтой болсон. Малтлагаар гарсан 3 ш тоосгыг тодорхойлбол;

1-р тоосго нь 31 см урт, 14 см өргөн, 5,5 см зузаан,

2-р тоосго нь 27,5 см урт, 13 см өргөн, 5,6 см зузаан,

3-р тоосго нь 30 см урт, 14 см өргөн, 6,3 см зузаан. Эдгээрийг хөх болон шар шавраар хийж сайтар шатаажээ. Тоосгудын нэг тал нь толигор тэгш бол нөгөө тал нь тууш гаргасан олсон хээтэй аж.

Ер нь малтлагаас гарч буй тоосгоны хэмжээ, шатаалт болон шаврын бүтцийг харьцуулахад төдийлөн их зөрөө ялгаа багатай байна. Эдгээр тоосгууд нь бүгд хар хөх өнгөтэй нарийн ширхэгтэй шавраар хийж сайтар шатаажээ. Түүнчлэн малтлагаас цөөн тооны улаан тоосгоны хагархай илэрсэн билээ.

4-6 үеийн малтлага ба хөрсний тодорхойллого

Бид дээр өгүүлсэн гол хэсгүүдэд 1-3-р үеийн малтлагыг дуусгаад 4-р үеийн малтлагыг эхлүүлэв. Дөрөвдүгээр үеийн малтлагаас онцлог олдвор төдийлөн бага байлаа. Хөрсний бүтэц нь өмнөх үеүдтэй ижил шаргал өнгийн шаварлаг хөрс зонхилж, түүний дундаас цөөн тооны ямар нэгэн зохион байгуулалтгүй чулуунууд илрэв.

4-р үеийн дараах байдлаар;

XXXI хэсгийн хөрс нь бүхэлдээ бор хүрэн, зарим газраар бага зэрэг шаргал шавар холилдсон байдалтай байв. Тус хэсгийн эхний үеүдээс нэг дор бөөн байдалтай барилгын хэрэглэгдэхүүн илэрч байсан бол 4-р үед эрс багасаж цөөн тооны дээврийн ваарны хагархай л илрэв.

XXXII хэсгийн 4-р үеэс маш олон тооны хөх тоосгоны хагархай, дээврийн ваарны хагархай замбараагүй бөөн байдлаар илрэв. Уг хэсэг нь байгууламжийн гол овгорын баруун хормойн хэсэгт байрлах учир барилгын нурангид ихээр дарагдсан бололтой. Гэхдээ энэ хэсэгт ажиглагдсан нэг зүйл бол гол овгор тийш ойртох тусам тоосгоны хэлтэрхий олон тоотой, бөөн маягтай байгаа бол захаар нь дээврийн нөмрөг болон тосгуур ваарны хэсгүүд олон тоотой байв. Хөрс нь ерөнхийдөө хатуу, шаргал өнгөтэй. баруун захаараа бор хүрэн элсэрхэг.

XXXIII хэсгийн зүүн, зүүн урд хэсэг буюу U-15, 16, V-15, 16-р өргүүдэд их хэмжээний тоосго дээр дээрээсээ давхарласан байдалтай илэрлээ. Энэ нь ямар нэгэн барилгын хана байгаад хожим нуран унасан үлдэгдэл бололтой. Харин эдгээр өргүүдийн баруун хойд захаар барилгын хэрэглэгдэхүүн цөөвтөр дээврийн ваарны хагархайнаас өөр олдвор илэрсэнгүй. Хөрсний бүтцийг нь ерөнхийдөө хоёр хувааж болохоор байна. Талбайн баруун, баруун хойд орчмоор хар, хар хүрэн ялзмагжсан хөрстэй бол зүүн, зүүн урд булангаар хатуу шаварлаг шар хөрс зонхилно. Дээр өгүүлсэн өргүүдээс олон тооны бүтэн болон тал тоосго илэрсэн бөгөөд тэдгээрийн хэмжээ нь ерөнхийдөө ойролцоо, дунджаар 13-14х4,5-5,5х30-31 см байна. Харин энэ хэсгээс илэрсэн дээврийн ваарны хэсгүүд маш жижиг хэмжээтэй учир тэдгээрийн хэмжээг тодорхойлох боломжгүй байлаа.

XXXIV хэсэг нь 4-р үеийн дараах байдлаар бор хүрэн элсэрхэг хөрс, бага зэрэг шар шавар хольцолдсон байдалтай, тэдгээрийн дундаас цөөн тооны дээврийн ваарны хагархай, тоосгоны хэлтэрхий илрэв. Барилгын хэрэглэгдэхүүн голчлон Y, Z, AA, BB өрөг буюу талбайн зүүн урд хэсгээр илэрч байв. Үүний дээд талын 3-р үеэс маш олон тооны барилгын хэрэглэгдэхүүн илэрч байсан бол доошлох тусам багасаж байлаа. XXXIV хэсгийн зүүн урд булан буюу Y-16 өрөгт дээр дээрээс давхаралдсан хэдэн тооны тоосго илрэв. Гэвч ямар нэгэн өрлөг болон зохион байгуулалт үл мэдэгдэнэ.

XL хэсгийн 4-р үеийн малтлагаар олон төрлийн өнгө, бүтэц бүхий хөрс хольцолдон илрэв. Талбайн баруун хэсэг O, P-17-р өргүүдэд шаргал, хатуу шаварлаг хөрс зонхилж байсан бол хойд талын P-17-20-р өрөг, голын овгорын хормойн хэсгээр бага зэргийн чулуутай дагтаршсан шар шавар хөрс илрэв. Харин XL хэсгийн өмнөд өргүүдэд хар саарал хөрс толбо маягтай илрэв. Мөн зүүн хойд өнцөгт 3-4 ш хүрмэн чулуу эмх замбараагүй хэвтэнэ. Эдгээр чулуу нь голын овгорын дээрх үеэлүүлэн өрсөн чулуун өрлөгнөөс нуруж унасан боллтой. Талбайн зүүн урд буланд бага зэрэг хайрга холилдсон дагтаршсан улаан шавар илрэв.

XLI хэсэгт бид голын овгорыг төдийлөн хөндөлгүй малтав. Ингэхэд талбайн баруун хэсэг буюу Q, R, S, T-17 өргийг бүхэлд нь бүрхсэн байдалтай барилгын хэрэглэгдэхүүн илэрлээ. Уг хэсгийн зүүн урд буланд голын овгорын чулуун өрлөгөөс нурсан боллтой хэдэн тооны хүрмэн чулуу хэвтэнэ.

XLII хэсэг нь XLI хэсэгтэй ижил голын чулуун овгорын зүүн хэсгийг эзлэн байрлах учир бид гол чулуун байгууламж бүхий хэсгийг хөндөлгүй хормойн хэсгээр нь цэвэрлэгээг үргэлжлүүлэв. Ингэхэд талбайн баруун хэсэг буюу U, V-13 өргөөс бөөн байдалтай хэвтэх тоосгоны хэлтэрхийнүүд илэрлээ. Харин бусад өргүүдээс ямар нэгэн олдвор хэрэглэгдэхүүн илэрсэнгүй.

XLIII хэсгийн өмнө талаар буюу Y-17, Y-20 өргүүдээс их хэмжээний барилгын хэрэглэгдэхүүн илрэв. 3-р үеэс ийм их хэмжээний барилгын хэрэглэгдэхүүн илрээгүй билээ. Мөн голын овгор чулуун өрлөгөөс нурсан боллтой хэдэн том хүрмэн чулуу талбайн голд хэвтэнэ. Эндээс гол төлөв тоосгоны хагархай олдов. Хөрсний өнгө нь тийм ч их ялгаатай бус бор хүрэн ялзмагжсан элсэрхэг хөрс зонхилно. Харин A, B 17-20-р өргүүдээс олдвор олдсонгүй.

XLIX хэсгийн малтлагаар голын овгор руу шахсан хэсэг буюу N, O, P-21-24-р өрөг бүхэлдээ дагтаршсан шар шавраас бүрэлдэж байлаа. Харин малтлагын талбайн өмнө хэсэг буюу M-21-24-р өрөгт хар хүрэн өнгийн хөрс зонхилж байв. Түүнчлэн голын чулуун өрлөгөөс нурсан бололтой 2 том чулуу талбайн голын овгортой шахсан хэсэгт буюу P-21 өрөгт илрэв. Энэ үеийн малтлагаас голчлон тоосгоны хэлтэрхий олдсон юм.

L хэсэгт бид дурсгалын голын чулуун хүрээг тойрон дагтаршсан шар шаврыг болгоомжтой цэвэрлэсэн юм. Ингэхэд хөрсний ялгарал сайн мэдэгдэхгүй, голчлон нунтаг шар шавар түүний дундаас цөөн тооны тоосгоны хэлтэрхий, хээгүй ваар савны хагархай илэрлээ.

LI хэсгээс голын даланг цэвэрлэх явцад олдсон цөөн тооны тоосгоны хагархайг эс тооцвол олдвор илэрсэнгүй. Хөрс нь бор хүрэн, шаргал өнгийн элсэрхэг.

LII хэсгийн А, В-21-24-р өрөгт голчлон хар хүрэн элсэрхэг хөрс зонхилно. Харин өмнө талаар байгууламжийн гол овгорын дагтаршсан шар шаврын үргэлжлэл эсвэл урссан хэсэг бололтой ижил шар хөрс илрэв. Энэ хөрсний давхаргаас цөөн тооны шатаалт сайтай хөх болон шар тоосгоны хэлтэрхий олдлоо.

LVIII хэсгийн 4-р үеийн малтлагын дараах байдлаар талбайн O, P 25-28-р өрөгт шаргал өнгийн шавар илэрсэн бол өмнө талын M-25-28, N-25, 26-р өргийн гол хэсгээр хар хүрэн хөрс зонхилж байв. Талбайн хойд хэсэг буюу О, Р-25-28-р өргөөс барилгын хэрэглэгдэхүүн олон тоотой олдов. Олдворууд нь ихэвчлэн тоосгоны хагархай зонхилно. Харин өмнө талын хар хөрстэй хэсгээс цөөн дээврийн ваар, хэд хэдэн бүтэн тоосго илэрлээ.

LIX хэсгээс хөрсний бүтэц нь ихээхэн ялгаатай болж ирэв. Талбайн баруун хойд хэсэг буюу Q-25 өрөгт (голын овгор руу шахсан хэсэг) шар шавран хөрсний давхарга илэрсэн нь бусад хөрснөөс ихээхэн ялгарч байна. Харин талбайн гол хэсгээр хар саарал хөрсний толбо R-25, S-25, S-26 өрөгт тод илрэв. Хэсгийн зүүн, зүүн урд хэсгээр шар шаргал шавар бүхий бага зэргийн овгор илэрсэн нь бусад хөрсний өнгөөс ялгарч байв. Малтлагаас их хэмжээний тоосгоны хагархай, цөөн тооны дээврийн ваарны хагархай илэрлээ. 1ш бүтэн нүүр ваар олдлоо.

LX хэсэг нь голын чулуу үелүүлэн өрж байгуулсан овгорын зүүн хойд буланг дайран өнгөрч буй учир V, W, X 25-28-р өрөг бүхэлдээ хатуу дагтаршсан шар шавраас бүрэлджээ. Харин талбайн зүүн урд булангаар U-28 өрөгт бага зэргийн чулуулагтай шаргал өнгийн хөрс илрэв. Энэ үеийн малтлагаас дээврийн ваарны хагархай хэсгүүд олноор олдож байсан бол голын чулуун овгор руу ойртсон хэсэгт тоосго олон тоотой байв.

LXI хэсгийн 4-р үеэс олон тооны тоосгоны хагархай илрэв. 3-р үеэс ийм их хэмжээний тоосгоны хагархай илрээгүй учир ихээхэн сонирхолтой байна. Хөрс нь ерөнхийдөө ялгаа багатай, хар хүрэн хөрс зонхилох боловч талбайн баруун урд булан буюу Y-25, 26-р өргийн орчмоор шаргал шар шавран хөрс тодорхой мэдэгдэнэ. Дээврийн ваарны хагархай харьцангүй цөөн тоотой олдов.

LXVII хэсгийн 4-р үеийг бид бусад хэсгүүдээс гарсан хөрсний бүтцийг харьцуулах зорилгоор малтав. Чингэхэд зэргэлдээ баруун талын LVIII хэсгээс илэрсэн дагтаршсан шар шавар үргэлжилж байснаас гадна уг хэсгийн өмнө талд мэдэгдсэн хайрган хөрс энд мөн илрэв. Олдвор хэрэглэгдэхүүн голчлон малтлагын талбайн баруун хойд булангаас илэрч байсан бол өмнө болон зүүн талын бага зэрэг шаргал элстэй хар шороон хөрснөөс олдвор гарсангүй. Хөрсний байдал бусад хэсгүүдийн хөрстэй харьцуулан үзвэл бага зэрэг ялгаатай байна. Байгалийн хөрс болов уу хэмээн бид таамаглав.

LXVIII хэсгийн малтлагаар талбайн төв болон баруун хэсгээр нь зэргэлдээ хэсгүүдээс гарсантай ижил дагтаршсан шар хөрс илэрсэн бол зүүн талаар бор хүрэн зөөлөн хөрс зонхилно. Шаргал, нунтаг шавар бүхий давхаргаас цөөн тооны тоосго дээврийн ваарны хагархай илрэв.

LXIX хэсгийг өмнө талын бусад дөрвөн хэсгүүдтэй харьцуулбал олон олдвор илэрсэн бөгөөд тэдгээрт барилгын хэрэглэгдэхүүн зонхилно. Энэ хэсэг нь голын овгор байгууламжийн зүүн талыг эзлэн байрлаж буй учир мэдэгдэхүйц ялгаатай овгор харагдана. Талбайн баруун болон төв хэсэг бүхэлдээ хатуу дагтаршсан шавраас бүрэлдэх бөгөөд харин зүүн талаар нь нарийн зурвас хар хөрс илрэв. Энэ нь зэргэлдээ хэсэгт илэрсэн хар хүрэн хөрсний үргэлжлэл болж байна.

LXX хэсгийн хойд буюу хэрэмтэй шахсан хэсэгт хатуу дагтаршсан шар шавар илрэв. Энэ шавар нь малтлагын талбайг бүхэлд нь хамраагүй харин хойд талын хэрэмтэй залгасан хэсэгт байгаа нь хэрмийн шар шавар урссанаас үүссэн хэмээн үзэхэд хүргэв. Нөгөө талаар энэхүү дагтаршсан шавар нь тийм ч зузаан биш байв. Олдвор цөөн тоотой олдсон ба ихэвчлэн тоосгоны хэлтэрхий байлаа.

XXXI хэсгийн 5-6-р үеэс олдвор хэрэглэгдэхүүн гарсангүй. Талбайн хөрсний түвшин 0 цэгээс доош 70 см орчим яваад маш дагтаршуулсан шар шаварт тулав. Гэхдээ уг дагтаршсан шар шавар бүх түвшинд бус зөвхөн баруун хэсгийг эзлэн байрлаж байв. Баруун хойд хэсгээрээ 2,30 см, урд хэсгээр нь 2,60 см өргөнтэй байна. Харин талбайн зүүн хэсэг ерөнхийдөө шаргал, бага зэрэг ялзмагжсан хар өнгийн хөрс холилдсон байлаа.

XXXII хэсгээс илэрсэн олдворууд нь өмнөх үеүдтэй харьцуулбал харьцангүй бага боловч гол онцлог нь дээврийн нөмрөг болон тосгуур, нүүр ваарны бүтэн хэсгүүд зонхилж байсан юм. Эдгээр олдворууд малтаж буй талбайд бүрэн тархаагүй гагцхүү зүүн хойд өнцөгт 84 см өргөн, 3,5 м газарт бөөндүү маягтай олдлоо. Харин хэсгийн зүүн хойд булангаас нэг ширхэг бүтэн товгор хээтэй, дугуй хэлбэртэй, нөмрөг ваарандаа залгаатай нүүр ваар илэрсэн юм. Үүнээс бусад дээврийн ваарууд нь ихэд хагарч хэмхэрчээ. Талбайн баруун болон урд өргүүдээр шар шавартай холилдсон ялзмагжсан бор хүрэн зөөлөн хөрс зонхилно.

XXXIII хэсгийн олдворууд ихэвчлэн дээврийн ваарны хагархай, цөөн тооны тоосго зонхилно. Талбайн зүүн урд буланд 1ш бүтэн нөмрөг ваар дээш харсан байдалтай илрэв. Мөн 2ш барилгын чимэглэл хэсэг гарлаа. Хүний дунд чөмөгний яс гарсан нь сонирхол татаж байна. Хөрс нь бага зэрэг шар шавар холилдсон бор хүрэн өнгөтэй бөгөөд байгалийн хөрснөөс ялгаатай аж.

XXXIV хэсэг нь 4-р үеэс эхлээд ямар нэгэн олдвор илрээгүй бөгөөд хөрс нь шаргал өнгөтэй ажээ. 6-р үеийн дараагаас тус хэсгийн ул хэсэгт дагтаршуулсан маягтай шар шавар бүх талбайд жигд тархжээ.

XL хэсгийн 4-6-р үеийн малтлагаар талбайн өмнө талын хэсэгт 1,1x1,9 м хэмжээ бүхий дагтаршсан шар шавар илрэв. Мөн зүүн урд өнцөгт 35x40 см бүхий том хүрмэн чулуу илрэв. Малтлагаар олдвор хэрэглэгдэхүүн цөөн тоотой, голчлон тоосгоны хагархай, чулуу байлаа. Тодорхой зохион байгуулалт илэрсэнгүй. Хөрсний бүтэц нь өмнө талаараа дагтаршсан шар шавар, бага зэрэг улаан шавартай холилдсон бол хойд талаар нь бага зэрэг шаргал элс холилдсон бор хүрэн өнгийн хөрс зонхилно.

XLII хэсэг нь дурсгалын голын овгор хэсгийг дайрч буй бөгөөд бид голын чулуу үелүүлсэн өрлөг болон түүний доор дэвссэн улаан шавран хөрс бүхий байгууламжийг хөндөлгүй тойруулан малтлага хийв. Улаан өнгөтэй дагтаршуулсан шаврын баруун захаар 6-р үе хүртэл малтахад барилгын баруун талын тоосгон ханын суурийн хэсэг илэрлээ. Шар, хөх тоосгыг давхарлан өрсөн 2 үе өрлөг илэрсэн бөгөөд өрлөг нь ихэд нуржээ. Тойроод их хэмжээний нуранги, хагархай тоосго илрэв. Тоосгон өрлөг бүхий ханын өргөн урт нь сайн мэдэгдэхгүй байв. Ханын үлдэгдэлээс ажиглахад, голын дагтаршуулсан улаан өнгөтэй шаврын ирмэгээр нь хөвөөлөн өрсөн байдал ажиглагдана.

XLIII хэсэг нь мөн л голын овгорыг тойрон оршиж буй учир бид голын улаан өнгөтэй дагтаршуулсан шаврыг үлдээгээд тойруулан доош малтав. Ингэхэд гол овгорыг тойрсон хэсэг нь тоосгоны хэлтэрхий, нунтаг шар шаварт өвч бүрхэгджээ. Хөрс нь хатуу дагтаршсан шар шавраас бүрэлджээ.

XLIV хэсгийн хувьд 5-6-р үеэс голчлон дээврийн ваарны хагархай, тоосгоны хэлтэрхий илрэв. Малтлагын талбайн хойд талын ханаанд 1,6 м урт, 0.9-1,1 м орчим өргөн, 10 см орчим зузаан дагтаршсан шавар илэрлээ. Хөрсний бүтэц нь ерөнхийдөө шаргал нунтаг шавраас тогтоно. Эдгээр шар шавар хөрс нь барилгын ханын нурангиас үүссэн нь мэдэгдэж байлаа. 4-р үед илэрсэн 2ш том хүрмэн чулуу 6-р үед бүрэн ил гарсан бөгөөд голын овгорын үелүүлсэн чулуун өрлөгөөс нуран унасан боловтой байна.

XLIX хэсгийн 6-р үейн малтлагаар 3 ширхэг том хэмжээтэй хүрмэн чулуу илэрсэн нь мөн л голын чулуун өрлөгөөс нуран унасан байна. Олдворууд нь голчлон дээврийн ваар, тоосгоны хэлтэрхийнүүд зонхилж байлаа. Харин зүүн урд булангаар 1,0-1,6 м өргөн хар шороон хөрс бусад хэсгээсээ ялгарч харагдана. Энэхүү хар шороон хөрснөөс цөөн тооны тоосгоны хэлтэрхийнээс өөр зүйл илэрсэнгүй. Талбайн баруун урд хэсэгт хэсэгхэн маш хатуу дагтаршсан шар шавар илрэв.

L хэсгийн голын овгор болон дагтаршуулсан улаан өнгөтэй шаврын хормойн хэсгийг тойруулан шууж 1,0 м орчим өргөнтэй малтахад цөөн тооны улаан, хөх, шар тоосгоны хагархай л илрэв. Хөрс нь бүхэлдээ шаргал өнгийн шавраас тогтоно. Тодорхой зохион байгуулалт мэдэгдэхгүй байна. Голын дагтаршуулсан улаан шавар доош ихээхэн зузаан үргэлжилж байв.

LI хэсгийн гол овгорыг дороос нь шуусан маягтай тойруулан малтахад олон тооны тоосгоны хагархай талбайн хойд хэсэгт бөөнөөр илрэв. Малтлагын талбайн баруун хойд булан буюу X-21 өргөөс хүний шилбэний хугархай яс, мөн зүүн хойд булан буюу X-24, W-24 өргийн ханын орчмоос ромбо маягийн хээтэй том жижиг 2ш ваар савны хагархай, W-23 өргөөс барилгын дээврийн зурмал хээтэй чимэглэлийн хагархай хэсэг илрэв.

LII хэсгийн хойд ханын хэсэгт 1,4 м урт, 54 см өргөн маш хатуу дагтаршуулсан шар шавар илрэв. Мөн төв болон баруун хойд талаас 2ш том хүрмэн чулуу илэрсэн юм. Эндээс олдож буй олдворууд голчлон төв рүүгээ бөөгнөрсөн байдалтай. Энэ үеүдээс голдуу тоосгоны хагархай олдов. Хөрс нь ерөнхийдөө шаргал өнгийн шавраас тогтжээ. Талбайн АА 23 өргөөс 1ш хээгүй нимгэн ваар савны хагархай олдов.

LVIII хэсгийн 6-р үейг малтахдаа өмнөх үед илэрсэн хар хөрс, түүний дороос гарсан хайрган хөрсийг тэдийлөн хөндөлгүй, харин хойд хэсгийг эзлэж буй 150x170x18 см хэмжээ бүхий дагтаршсан шавар овгорыг бага зэрэг хусаж цэвэрлэв. Энэ шавар нь урд захаараа 18-20 см зузаан урсаж тунасан байдалтай, ба түүний дундаас олон тооны тоосго барилгын хэрэглэгдэхүүн олдсон юм. Мөн шар шавран хөрсний голд буюу хэсгийн зүүн хойд талд 60x80 см хэмжээ бүхий галын ором илрэв. Цэвэрлэн үзвэл шатсан модны үлдэгдэл их хэмжээгээр гарсан юм.

LIX хэсэг нь голын овгор байгууламжийн зүүн тийш унжсан хэсэг бөгөөд малтлагаас өмнөх үеийнг бодвол цөөн боловч бусад хэсгүүдийн энэ үеүдтэй харьцуулбал олон олдвор илэрсэн нь тоосгоны хагархай зонхилно. Малтлагаас 2ш хүний хавирганы яс олдов. Энэ хэсгийг анх малтахад тодорхой мэдэгдэж байсан зүүн урд булан дахь шар шавар бүхий овгор нь өмнө талын LVIII хэсгээс илэрсэн шаргал шавартай нийлэн үргэлжилж байна. Тоосго дээврийн ваарууд нуран тархжээ. Хөрс нь ерөнхийдөө шаргал өнгийн нунтаг шар шавраас тогтоно.

LX хэсгийн энэ үеүдээс өмнөх үейг бодвол олдвор харьцангуй олон олдож байв. Гэхдээ голчлон тоосго зонхилно. Малтлагын талбайн баруун талаас 56х45 см хэмжээ бүхий нэгэн хүрмэн чулуу, мөн хүний ясны хэд хэдэн хэсгүүд олдлоо. Хөрсний өнгө нь бусад залгаа хэсгүүдээс ялгарах зүйлгүй нунтаг шар шавраас тогтож байна.

LXI хэсгийн өмнө талаар цөөнгүй тооны ваар савны хагархай болон тоосгоны хэлтэрхий илэрсэн бол хойд хэсгээс олдвор илэрсэнгүй. Учир нь энэхүү хойд талын хэсэгт хатуу дагтаршсан шавар бүхий хөрс илэрсэн бөгөөд түүний дундаас ямар нэгэн олдвор байсангүй. Малтлагаас 1ш ваар савны амсар илрэв.

6-р үеийн малтлагаар XXXI, XXXIV, LXX хэсгүүдийн малтлага үндсэндээ дуусаж, байгалийн хөрсөндөө хүрсэн нь мэдэгдлээ. 7-р үеийн малтлага эхлэх үед ихэнх хэсгийн малтлага байгалийн хөрсөндөө хүрсэн юм.

Бид малтлагыг явуулахдаа эхний үеүдийг 10-15 см бүхий зохиомол үеэр малтсан бөгөөд үе болгоны хөрсний бүтцэд тодорхой зааг ялгаа бага ажиглагдаж байлаа. Бидний малтлагын 4-6-р үеийн дараах байдлаар XXXI, XXXIV хэсгүүдээс олдвор цөөн илэрсэн бол XXXII, XXXIII хэсгүүдээс өмнөх үеүдийн малтлагатай ижил олон тооны барилгын хэрэглэгдэхүүн илэрлээ. Гэхдээ эдгээр үеүдээс тоосгоны хэлтэрхий хагархай харьцангуй цөөрч, дээврийн тосгуур болон нөмрөг ваарны хагархай олон тоотой олдов.

Эдгээр малтсан хэсгүүдийн 4-6-р үеийн малтлага доошлох тусам олдвор, барилгын хэрэглэгдэхүүн харьцангуй багасаж байна. Зарим захын хэсгүүдээс олдвор гарахгүй, байгалийн эх хөрсөнд тулах явдал гарч байлаа. Гарч буй олдворуудын тархалт захаасаа голын овгор тийш хумигдсан байдал ажиглагдаж байв.

Малтлагаас олдож буй олдворууд XXXI, XLIII, LII, LXI, LX, LIX, LVIII, XLIX хэсгүүдээс голчлон илрэв. Барилгын материалын хэлбэр хийц, шинж чанар төдийлөн өөрчлөгдөхгүй өмнөх үеүдээс гарч байсантай ижил олдворууд илэрсээр байв. Байгууламжийн голд чулууг үелүүлэн завсар хооронд нь шар шавраар хольж өрсөн байгууламжийн чулуун өрлөгөөс унасан бололтой хүрмэн чулууд XLIII, LII, LVIII, XLIX, XL хэсгүүдэд илэрсэн юм. Малтлага доошлох тусам тоосгоны хагархай, дээврийн ваар зэрэг барилгын хэрэглэгдэхүүнүүд харьцангуй бүтэн байдлаар олдож байлаа.

Малтлагын бүх талбайн хөрсний бүтэц нь ерөнхийдөө голын овгорыг тойрсон хэсгээр шар шавраас бүрэлдсэн хатуу хөрс голчилж байсан бол зах хэсгээр нь бор хүрэн элсэрхэг хөрс зонхилж байлаа. Мөн бид голын чулуу өрж хийсэн овгорыг бүрхсэн улаан өнгийн шавар бүхий давхаргыг болгоомжтойгоор малтсан бөгөөд эхний үеийн шар хөрс бүхүй үеийн дороос дагтаршуулсан улаан өнгийн шавар илрэв. Эл үе нь нилээн зузаан бололтой.

4-р үед LVIII хэсгийн О-25 өргөөс 70х30 см өргөн шатсан мод бүхий бөөгнөрсөн нурам илэрсэн юм. Мөн бас нэгэн сонирхолтой зүйл нь энэ хэсгийн өмнөд этгээдээр 137 см, зүүн этгээдээр 177 см өргөн бор хүрэн өнгөтэй зурвас хөрс илэрсэн бөгөөд түүнийг доош 10-15 см хүртэл малтахад дэвссэн мэт хайрган хөрс илэрсэн юм. Эхлээд бид түүнийг байгалийн хөрс болов уу хэмээн таамагласан авч ялгаатай болох нь мэдэгдсэн билээ.

Бид 5-6–р үейийг малтан цэвэрлэснээр дурсгалын голын овгорыг тойрсон тоосгон өрлөг бүхий ханатай байсны ул мөрийг олж чадсан юм. Уг тоосгон өрлөгийн өргөн, өндөр, ханын зузаан гэх мэт мэдээлэлийг энэ үеүдийн малтлагаар бүрэн авч чадаагүй юм. Тиймээс бид үргэлжлүүлэн малтав. Ингэхдээ бид бүх талбайгаар нь бус хэсэгчилсэн байдлаар барилгын хэрэглэгдэхүүн их хэмжээгээр илэрсэн байгаа төвийн хэсгүүдэд малтлагыг үргэлжлүүлэв.

7-р үеийн малтлага ба хөрсний тодорхойллого

7-р үеийн малтлага судалгааны дараах байдлаар XXXII хэсгээс их хэмжээний дээврийн ваарны хагархай нэг дор бөөн байдлаар илэрсэн бөгөөд тэдгээр нь голчлон нөмрөг ваарны хагархай байв. Мөн олон тооны нүүр ваар бүтэн болон хагархай байдлаар олдов. Талбайн зүүн тал буюу гол овгор руу шахсан хэсгээс эдгээр дээврийн ваарууд бөөнөөр илэрсэн бөгөөд энэ хэсгийн хөрс нь барилгын бололтой бага зэрэг чулуулаг болон тоосгоны үйрмэг бүхий шаргал өнгөтэй нунтаг шавраас бүрэлдэж байв. Энэ хэсгээс хэдэн барилгын гоёмсог чимэглэл хэд хэд олдсон нь ихээхэн сонирхолтой. Шавраар хийж сайтар шатаасан сарьсан багваахайн дүрс L-15 өргөөс олдов. Түүний ойролцоогоос мөн л шавраар хийсэн барилгын чимэглэлүүд олон тоотой олдов. Энэхүү барилгын хэрэглэгдэх үүн бүхий хэсэг нь дурсгалын дээд талын барилгын ханын нурангиас үүссэн байх бололцоотой.

XXXIII хэсгийн XXXII хэсэгтэй залгасан зүүн ханын орчимд мөн л их хэмжээгээр бөөгнөрсөн дээврийн ваарууд илэрсэн бөгөөд хэд хэдэн бүтэн үлдсэн дээврийн нөмрөг болон тосгуур ваар олдов. Мөн нүүр ваартай залгаатай нөмрөг ваар цөөнгүй илрэв. Тэрчлэн хэдэн тооны барилгын чимэглэлийн шавар эдлэл, шавраар хийсэн сарьсан багваахайн хэсэг энэ үейийн малтлагаас олдов. Энэ малтлагаас олдсон бас нэгэн сонирхолтой олдвор нь шавраар бус шохойгоор зуурч хэвэнд цутгаж хийсэн барилгын чимэглэл олдсон явдал байлаа. Энэ олдвор XXXIII хэсгийн W-16 өргөөс олдсон юм.

LXVI хэсэг нь малтлагын талбайн зүүн өмнөд захад оршино. Иймээс тахилын байгууламж болох гол овгороос хол зайтай байрлана. Гэвч барилгын нуранги энэ хэсэгт хүрч байсныг дээврийн ваарны хэд хэдэн жижиг хагархайнууд илэрсэнээс харж болно. Талбай нь бүхэлдээ бор хүрэн хөрсний давхрагаас бүрэлдэх боловч I-30, I-31, I-32 өргөөс цайвар шаргал хөрс зурваслан харагдах ажээ. Учир нь энэ хэсэг малтлагын талбайн захад оршиж буй тул шороо дэлдэн дагтаршуулсан далангийн урд захаас ийнхүү зэрэгцэн харагдаж буй бололтой.

LXVII хэсгийн малтлагыг доош малтахад талбайд бор хүрэн өнгийн хөрс давамгайлж байв. Харин бусад талбайд бөөнөөр илэрч байсан бол барилгын материал энэ талбайд бараг үгүй байна. 7-р үеийн малтлагын явцад М-29-өөс М-32 өргийг даган зурвас нарийвтар ширхэгтэй хайрган хөрс ил гарч эхэлсэн юм. Мөн R-29 өрөгт газрын дээд талаас урссан байдалтай шаварлаг давхрага байсныг бид дагуулан доош цэвэрлэхэд 12 см хүртэл зузаан байгаа нь мэдэгдсэн билээ.

LVIII хэсэг бол хамгийн анхаарал татсан талбай байлаа. Талбайн Р-25, Р-26, Р-27, Р-28, О-25, О-26, О-27, О-28 өргүүдээс баруунаас зүүн зүгт даган хатуу шар шавран давхрага тогтсон байв. Уг шар шавран давхрагатай баруун талаараа нийлсэн томоохон галын орм Р-28 өрөгт илэрсэн юм. Галын оромны диаметр нь 0,90 м, зузаан нь дунджаар 4 см юм.

Дээрх хатуу шар шавран давхрагыг бид 6-р үед илрүүлээд түүнд эсрэг талаас нийлсэн нарийн ширхэгтэй хайрган хөрсийг дагуулан доош 14 см орчим малтахад цааш үргэлжилж байлаа. Ихээхэн сонирхол татсаар байсан дээрх хөрсний үеүд хожим бунхант барилгын орцны хэсэг болох нь тодорхой болсон билээ.

XLIX хэсгийн хөрс нэлээд холимог шинжтэй байв. М-23, М-24 өрөгт бор хүрэн өнгөтэй хөрс ажиглагдана. Харин бусад хэсгээр шар өнгийн шаварлаг хөрс нэлэнхүйд нь бүрхжээ. Энэ талбай нь голын овгор байгууламжийн баруун талд орших тул талбайд барилгын хэрэглэгдэхүүнүүд, ялангуяа цайвар өнгийн тоосгоны хагархайнууд, дээврийн ваарны хагархай, нуранги шавар их хэмжээгээр цацагджээ.

XL хэсгийг бүхэлд нь цайвар шаргал өнгийн хөрс бүрхжээ. Харин N-17-оос N-20 өрөг хүртэл яльгүй хүрэвтэр өнгийн хөрс ялгарч харагдана. Мөн М-20 өрөгт голын чулуун өрлөг бүхий байгууламжийн захаас нурсан гэмээр хэд хэдэн хөх хүрмэн чулууд цэвэрлэгээний явцад илэрсэн. Түүнчлэн N-18, N-19 өргүүдэд шаргал өнгийн тоосгоны хагархайнууд, дээврийн ваарны хагархайнууд олноор бөөгнөрсөн байдлаар илэрч байв.

XLI хэсгийг бид нийт талбайгаар нь малтаж чадаагүй юм. Учир нь тахилын барилгын суурь хэмээн таамагласан чулуун өрлөг бүхий гол овгор хэсэг байрлах дөрвөн талбайгаас хоёрыг нь сонгож хэсэгчилсэн байдлаар малтахаар шийдсэн юм. XLI талбай нь зүсэлт хийхгүй хэсэгт багтсан байлаа. Иймд төв овгорын чулуун өрлөг болон чулуун өрлөгийн доод талд суурь болгон дэлдсэн улаавтар өнгийн хатуу хөрс бүхий давхрагыг үлдээж, тэдний гадуур нь байх барилгын ханын суурийн хэсгийг малтах зорилго тавьсан юм. Чингээд малтлагын төгсгөл болоход гол овгорын хойд талаар, хатуу улаавтар хөрсний гадна талаар 1,3 м урт үргэлжилсэн тоосгон өрлөг бүхий барилгын ханын нэг хэсэг байгааг илрүүлсэн билээ. Энэхүү барилгын ханын өрлөг нь Т-17, S-17, R-17, Q-17 өргүүдэд зурвас байдлаар илэрсэн юм.

L хэсэг нь XLI хэсгийн зүүн талд зэрэгцэн орших учир бидний сонирхолыг ихээхэн татаж байсан юм. Гэвч хөрсний бүтцийн хувьд ялгаатай байлаа. Гол овгорын чулуун өрлөгийн орчим болон түүнийг тойрч байгаа улаавтар хөрс нь маш хатуу байв. Иймд бид XLI талбайн адил эдгээрийн гадуур байгаа зөөлөвтөр бор шаргал хөрсийг дагуулан цэвэрлэж байв. Өөрөөр хэлбэл энэ нь Т-24, S-24, R-24, Q-24 өргүүдийн өмнөөс хойш чиглэсэн хэсэг байсан юм. Эндээс хэд хэдэн цайвар саарал өнгийн тоосгоны хагархайнууд илрүүлэн оллоо.

LIX хэсэг нь L хэсгийн зүүн талд гол овгорын огцом намссан хэсэгт байрлаж байснаараа онцлог юм. Учир нь хүчтэй нуралт явагдсаныг гэрчлэх R-25, S-25, T-25, S-26, T-26 өргүүдэд цагаан саарал шаврын давхрага нэлэнхүйд тогтсон байна. Харин талбайн 2/3 орчимд хүрэн бор өнгийн ялзмагжсан хөрс зонхилж байв. Энд барилгын хэрэглэгдэхүүн нийт талбайд тархсан, ялангуяа S-25 өрөгт маш олон тооны тоосгоны хагархай илэрлээ. Түүнчлэн барилгын дээврийн нүүр ваар, хүний гарын тахилзуур яс 1ш ~ус тус тус олдов.

LXI хэсэг нь малтлага хийгдэж буй талбайн умард этгээдэд оршино. Талбайн хөрс бүхэлдээ бор хүрэн өнгөтэй, олдвор хэрэглэгдэхүүн бараг байхгүй байсан учир цааш малтах шаардлагагүй гэж үзэн малтлагыг зогсоов. Өөрөөр хэлбэл зөвхөн Y-29, Y-30 өргөөс цөөвтөр тооны тоосгоны хагархай, дээврийн ваарны жижиг хэлтэрхийнүүд илэрсэн юм.

LII хэсэг нь дурсгалын хойд хэсэгт оршино. Хөрс нь цайвар шаргал болон бор хүрэн холилдож байлаа. Өмнөх үеэс олдвор цөөрч байв. AB-27, AB-28 өргийн орчимд төвлөрсөн бор хүрэн хөрстэй хэсгээс олдвор огт илэрсэнгүй. Барилгын хэрэглэгдэхүүний дийлэнх хувийг дээврийн ваарны жижиг хэлтэрхийнүүд эзлэж байгаа нь барилгын нурангийн хамгийн хол зайд цацагдсан байна. Мөн цөөнгүй тооны цагаан өнгөтэй, улаан будагтай барилгын шохойн шаваасууд тааралдаж байлаа.

XLIII хэсгийн талбайн хөрс нь 7-р үеийн дараах байдлаар бүхэлдээ бор хүрэн өнгөтэй ажээ. AB-17, AB-18 болон AA-17, AA-18 өргүүдэд барилгын хэрэглэгдэхүүн байхгүй харин талбайн бусад хэсгээр нэлээд шигүү тархжээ. Олдворын олонхи нь дээврийн ваарны хагархайнууд байв.

XXXII хэсгийн хөрс нь бор хүрэн өнгөтэй байв. Харин олдвор хэрэглэгдэхүүн өмнөх үеүдийг бодвол багассан нь барилгын нуранги дуусаж байгааг илтгэнэ. Зөвхөн W-15 өрөгт цөөвтөр дээврийн ваарны хагархай илрэв. Энэ талбайд бидний хамгийн анхаарал татсан зүйл бол цайвар хөх өнгөтэй нунтаг шохой мэт (шаваас?) давхрага бор хүрэн хөрсөн дээр давхралдан талбайн зүүн этгээдээс баруун зүгт тархсан байна. Энэ давхрага нь ханыг шавардан өнгөлж байсан өнгөлгөөний шохойн үлдэгдэл болох нь хожим мэдэгдсэн юм. Ханын өнгөлгөөний шохой нь уг барилга нурсны дараа чийгтэй газар удаан байснаас өнгө нь хувирч ихээхэн бутрамтгай нунтаг болжээ. Тэрчлэн гол овгорыг тойруулан хэд хэдэн газраас их бага хэмжээгээр үзэгдэж эхэлсэний зэрэгцээ барилгын нурангийн дорроос гарч байгаа зэргээс ийн үзэхэд хүргэж байв.

XXXII хэсгийн цэвэрлэгээний явцад нийт талбайд бор хүрэн өнгийн хөрс давамгайлсан хэвээр байлаа. T-16, Q-16 өргүүдээс энэ хэсгийн бүх олдворууд олдож байв. Дээврийн янз бүрийн хэмжээтэй ваарны хагархайнууд олдворын дийлэнх хэсгийг бүрдүүлж байна. Мөн хэд хэдэн нүүр ваарны хагархай илэрсэн юм. Түүнчлэн Q-16, R-16, S-16, T-16 өргүүдэд буюу талбайн зүүн захаар үргэлжилсэн хөх шаваасын нуранги тархсан байв.

XLII хэсгийн талбай нь дурсгалын голын байгууламжийн төв хэсэг төвлөрсөн 4 талбайн нэг нь юм. Иймд бид өмнөх үеүүдэд оройн хэсгийн 2 үе чулуун өрлөг, түүний гадуурх улаавтар өнгөтэй дагтаршуулсан шороог үлдээж тэдгээрийн гадуур буй бор саарал хөрсийг дагуулан доош малтаж байв. Өөрөөр хэлбэл X-17, X-18, X-19, X-20 болон U-17, V-17, W-17, X-17 өргүүдэд малтлага явагдсан юм. 7-р үеийг малтан цэвэрлэх явцад дурдсан өргүүдэд барилгын хэрэглэгдэхүүн цөөнгүй илэрч байв. Ялангуяа U-17, V-17 өрөгт илүү олон байсан юм.

LI хэсэг нь голын овгор байгууламжийг 4 хувааж тэг татсаны нэг юм. Бид энэ хэсгийг гол овгор байрлаж байгаа бусад 3 хэсэгтэй нь ижил буюу гадна талаар нь байх цайвар бор хөрсийг даган тойруулж малтахаар шийдсэн билээ. Олдворын дийлэнх нь мөн л барилгын хэрэглэгдэхүүнүүд байв. X-21, X-22, X-23, X-24 өрөгт олдворын төвлөрөл илүү байна. Энэ талбайн хойд, зүүн талд үлдээсэн далан буюу хамрыг малтаж үзэхэд барилгын материалаар нэн баялаг байв.

LX хэсгийн хөрсний бүтэц нь бор шаргал шавраас бүрджээ. Гэвч зарим хэсгээр тухайлбал, X-25, W-26, U-27 өргүүдийг дайруулан барилгын нуранги даган цайвар шаргал хөрс холилдож байна. Мөн хэд хэдэн нүүр ваарны хагархай, барилгын улаан будагтай шавар чимэглэлүүд, хүний богино хавирганы хугархай 1ш, гарын тахилзуур яс 1ш илэрсэн юм.

8-9-р үеийн малтлага ба хөрсний тодорхойллого

LLIX хэсгийн хөрс бүхэлдээ бор шаргал өнгөтэй. Харин барилгын нуранги энэ үед үргэлжилж байгаа учир талбайн зарим хэсгээр цайвар саарал өнгийн хөрсний давхрагатай. S-25, T-25 өрөг орчимд барилгын хэрэглэгдэхүүн шигүү тархсан байна. Олдворын олонхийг цайвар бор өнгөтэй дээврийн ваарны жижиг хагархайнууд, цайвар шаргал хөх өнгөтэй, шатаалт сайтай тоосгоны хагархайнууд эзлэнэ.

LII хэсгийн 8-р үеийг малтсаны дараах байдлаар хөрсний бүтэц нь өмнөх үеэс өөр члөгдөж байна. Учир нь барилгын нуранги энэ хэсэгт эрс багасаж байгаа юм. Түүнийг даган хөрсний бүтцэд бор хүрэн өнгө давамгайлж ирлээ. Мөн барилгын нуралтын байдал тодорхой харагдаж байна. АА-21, Z-22, Z-23, Y-23, Y-24 өргүүдэд тойрог үүсгэн барилгын хэрэглэгдэхүүн тархсан байна.

LXI хэсэг малтлагын талбайн баруун захад орших учир 8-р үед хүрэхэд хөрсний бүтэц бор хүрэн өнгө зонхилон байгалын хөрсөнд ойртсоныг илтгэнэ. Тэрчлэн олдвор бага болов. Y-26 өрөгт арваад тооны дээврийн ваарны жижиг хэлтэрхийнүүдээс өөр олдвор илрээгүй тул бид цааш малталгүй орхив.

XLIII хэсэг нь дурсгалын баруун хойд хэсэгт оршино. Энэ үеийн малтлагын явцад барилгын нуранги бусад захын талбайтай адил эрс багасан хөрс нь бор хүрэн өнгөтэй болжээ.Харин Y-19, Y-20, Z-19, Z-20 өргүүдийн орчимд буюу зүүн өмнөд булан тойрсон нуранги илэрлээ.

LXIX хэсэг нь малтлагын талбайн зүүн хойд талд оршино. Талбайд бор шаргал хөрс зонхилж байна. Гэвч нуранги, түүнийг дагасан саарал хөрс бага хэмжээгээр ялгарчээ. V-29, W-29, V-30, W-30 өргүүдэд цөөвтөр барилгын хэрэглэгдэхүүн болох тоосго, дээврийн ваарны жижиг хагархайнууд харагдана. Малтлагын талбайн зүүн захад энэ хэсэг орших учир нурангид бага дарагдсан бололтой.

LX хэсэг нь дурсгалын голын байгууламж байрлах LI хэсгийн зүүн талд орших тул 8-р үеийн малтлагын явцад ч олдвор хэрэглэгдэхүүнээр нэн баялаг байлаа. Талбайн хөрс бүхэлдээ нурангийн цайвар саарал өнгөтэй шаварлаг хөрснөөс бүрэлдэж байлаа. Мэдээж энд барилгын хэрэглэгдэхүүн ихэнх хувийг эзлэж байна. Мөн хүний гарын тахилзуур яс, хэд хэдэн бүтэн нүүр вааран чимэглэл олдсон юм. Хамгийн сонирхолтой нь энэ үед W-27 өргөөс Хятан улсын үед дэлгэрсэн гэж үздэг эргэх хүрдний хээтэй цайвар хөх өнгийн жижиг ваар савны хагархай илэрсэн юм. Ийм төрлийн ваар савны хагархай өөр илэрсэнгүй.

LXVIII хэсэг нь малтлагын талбайн зүүн зүгт үүдэвчний ойр оршино. Тиймээс ч олдвор хэрэглэгдэхүүн бага илэрсэн. Талбай бор хүрэн, хайрган давхрагатай. Харин Q-29 өрөгт олдворууд бөөнөөр илрэв. Тэрчлэн барилгын 7 ширхэг бүтэн тоосго, 3 ширхэг улаан будаг бүхий хэрчлээстэй чимэглэл, бор шаргал өнгөтэй хэд хэдэн зузаан ваар савны хагархай, хүний эрүүний яс, хуруны үений яс зэрэг олдворууд илэрсэн юм.

LIX хэсэг нь бор хүрэн хөрс болон нурангийн цагаан саарал хөрс холилдсон ажээ. Өмнөх үеэс олдворын хэмжээ тархалт багассан нь илт байна. Гэвч гол овгор байрлах L хэсгийн зүүн талд зэрэгцэн байрлах тул олдвор хэрэглэгдэхүүн илэрсээр байв. T-26, T-27, T-28, S-26 өргүүдэд олдвор илүүтэй төвлөрчээ. Хүний гарын тахилзуур яс, хэрчлээстэй шавар чимэглэл, нүүр ваарны хагархайнууд тааралдаж байна.

LI хэсгийг бид өмнөх үед малтаж байсан аргаар цааш үргэлжлүүлэн 8-р үед хүргэсэн билээ. Хөрс нь бор хүрэн болон цагаан саарал шаварлаг холилдсон хэвээр байлаа. Сонирхолтой нь дээврийн нүүр ваарны элдэв хагархай хэсгүүд голын 4 хэсгээс бараг илрэхгүй байсан юм. Энэ нь бидний сонирхолыг их татаж байсан бөгөөд гол овгорын дээрх барилгад дээвэр байсан уу? гэсэн асуудал гарч ирсэн юм. X-21, X-22, U-24 өрөгт олдворын масс төвлөрч байв. X-21 өргөөс хүний хавирганы яс, уйгурын үед холбогдох хөндлөн болон долгион хээтэй ваар савны хагархай зэрэг олдворууд илэрлээ.

LVIII хэсэг бол бидний хамгийн сонирхол татсан, маргаантай хэсэг болж байв. Учир нь талбайн умард хэсэгт баруунаас зүүн зүгт урссан боловуу гэж таамаглаж байсан 18-22 см зузаан хатуу шар шавран давхрагыг доош малтахад барилгын хэрэглэгдэхүүн олноор гар ч байв. Нийт талбайн өмнөд хэсгээр жижиг хайрган хөрс, баруун хэсгээр бор хүрэн өнгийн хөрс тогтсон байна. Харин тэдний дундуур O-25, O-26, O-27, N-25, N-26, N-27 өргүүдийг дайран баруунаас зүүн тийш нарийсаж тогтсон тод шаварлаг шаргал хөрс илэрсэн билээ.

XLIX хэсгийг малтах явцад хэд хэдэн төрлийн хөрс холимог байдлаар илэрч байна. Өөрөөр хэлбэл энэ үед нийтлэг тархсан бор хүрэн хөрс M-23, M-24 өрөгт ажиглагдаж байхад, P-23, P-24, O-23 өргүүдэд цайвар шаргал хөрс, M-21, N-21, O-21, P-21 өрөгт цайвар улаан өнгийн хөрс зонхилж байна. Түүнчлэн бор хүрэн өнгийн давхаргаас бусад хөрсний давхаргуудад барилгын хэрэглэгдэхүүн түлхүү илэрч байна. Хамгийн сонирхолтой нь барилгын ханын үлдэгдлийг цэвэрлэх явцад голын байгууламжийн барилгын өмнөд ханын нуранги болох хөх шаваасаар сайтар нарийн шавсан хэсгийг P-21 өргөөс буюу талбайн баруун хойт хэсгээс илрүүлж баримтжуулсан билээ.

XL хэсэг нь XLIX хэсгийн баруун талд залган байрлах учир эл талбайд дээрх олон ялгаатай хөрсний учрыг тодруулах боломжтой гэж үзсэн юм. Гэвч энэ үеийн малтлагаас талбайд их хэмжээний нуранги илэрсэн юм. Харин N-19, N-20 буюу зүүн өмнөд буланд гол овгороос нурсан бололтой хэд хэдэн хөх өнгөтэй хүрмэн чулуу, их хэмжээний тоосгоны хагархайн бөөгнөрөл үүсжээ.

XXXIII секторын 8-р үеийн малтлага дуусахад U-16, V-16, W-16 өргүүдээс цайвар шаргал хөрс ил гарав. Харин талбайн бусад хэсгээр ялзмагжсан бор хүрэн өнгийн хөрс тархжээ. Өмнөх үед барилгын хэрэглэгдэхүүн, нуранги элбэг байсан бол энэ үед байхгүй болжээ.

XXXII хэсгийн энэ хэсэгт бусад талбайн адил бор хүрэн хөрсний давхрага нийт талбайд зонхилж байна. Харин талбайн Q-15, Q-16, Q-17, Q-18 өрөг орчмоор буюу өмнө талаар хатуу шар шавран хөрстэй. Гэвч талбайд барилгын хэрэглэгдэхүүн огт байхгүй болсон юм.

XXXI хэсгийг малтан цэвэрлэх явцад нийт талбайд хатуу шар шавар бүхий байгалийн хөрсөнд хүрсэн юм. Олдвор огт илрээгүй. Иймд бид энэ талбайг цааш малталгүй орхив.

9-р үеийн малтлагыг бид талбайн гол хэсгүүд буюу XL, XLI, XLII, XLIX, L, LI, LVIII, LIX, LX талбайд үргэлжлүүлсэн юм. Дээрх хэсгүүд нь чулуун өрлөг бүхий гол овгор байгууламжид төвлөрсөн эргэн тойрны хэсгүүд бөгөөд түүний өмнөд, зүүн хажуу руу анхаарлаа хандуулсан юм. Учир нь чулуун өрлөг, түүнийг тойруулсан хатуу улаан өнгийн шавар ямар учиртай болохыг тогтоож чадаагүй байлаа. Түүнчлэн уг байгууламжийн өмнөд талд (XL, XLIX) буй баруунаас зүүн тийш сунаж тогтсон, зуйван хэлбэртэй шар хөрсний толбо, бусад талбайгаас илүү их нуранги бүхий XL, LIX, LX хэсгүүд бидний сонирхолыг ихээхэн татсан билээ. Бид XXXII, XLI, L, LIX, LXVIII, LXXVII, LXXXVI, CXV хэсгүүдийн хойд далан болон XXXIX, XL, XLI, XLII, XLIII хэсгүүдийн зүүн даланг тус тус гол тэнхлэг болгон үлдээж, малтлага хийгдсэн талбайн бүх далангуудыг малтаж дууссан юм.

XL хэсэгт өмнөх үеийн адил цайвар шаргал хөрсний үе хэвээр үргэлжилж байв. Барилгын хэрэглэгдэхүүн ч үргэлжлэн илэрсээр буйг харахад нуранги энэ хэсэгт хүчтэй явагдсан бололтой.

XLI хэсгийг малтахдаа бид энэ талбайн баруун хамрыг малтахад гол анхаарлаа хандуулж байв. Хамарыг авсны дараагаар барилгын ханын суурь гарч ирсэн юм. 80 см өргөнтэй, хоёр талаас нь бүтэн тоосгоор өрж, дундуур нь хагархай тоосго, шавар хийж босгосон бололтой. Суурийн урт ойролцоогоор 3.20 м урт үргэлжилэн дугуйрч хойд, өмнөд хэсгийн талбай руу оржээ. Мөн далангийн /хамар/ доороос буюу R-17 өргөөс хэд хэдэн нүүр ваар, хүний хөлийн дунд чөмөгний яс илэрсэн юм. Түүнчлэн Q-17 өрөгт 90 см урт, 60 см өргөн, зуйван дугуй хэлбэртэй шар саарал шороо дүүрсэн цооног илэрсэн юм.

XLII хэсэгт бор хүрэн хөрсний давхрага үргэлжилсэн гэмээр байна. Өмнөх үеийн малтлагын адил бид U-17, V-17, W-17, X-17, X-17, X-18, X-19, X-20 өрөгт гол овгорыг тойруулан малтав. Малтлагын явцад барилгын шавар, шохойн чимэглэлүүд, нүүр ваар, тоосгоны хагархайнууд илэрч байна. Харин XLI хэсгийн адил энд U-17, V-17, W-17, X-17 өргүүдийг дайран зүүн тийш чиглэсэн барилгын суурь өрлөг гарч ирсэн юм. Өргөн нь мөн л 80 см орчим юм.

XLIII хэсэгт бор хүрэн хөрс зонхилсон. Y-19, Y-20 өргүүдээс барилгын нуранги илэрч байв.

L хэсгийг өмнөх үеийн малтлагын адил үргэлжлүүлэн малтахад Q-21, Q-22, Q-23, Q-24, R-24, S-24, T-24 өргүүдийг тойрсон бор шаргал хөрсний давхрага мэдэгдэж байна. Мөн дээрх өргүүдийн дагуу тоосгоны хагархай голлосон барилгын хэрэглэгдэхүүн цөөвтөр тоогоор илрэв.

LI хэсгийн X-21, X-22, X-23, X-24, U-24, V-24, W-24 өргүүдэд малтлагыг үргэлжлүүлэв.

Талбайд бор хүрэн, цайвар шаргал өнгийн хөрс холилдсон хэвээр байна. Олдвор хэрэглэгдэх үүн өмнөх үеүүдээс илт багассан. Гэвч нүүр ваарны хагархай хэд хэд тааралдсан юм. Мөн XLI, XLII хэсэгт илэрсэн барилгын суурийн үргэлжлэл эндээс бас мэдэгдэж эхлэв.

LII хэсгийн 9-р үейийн малтлагаар бор хүрэн өнгийн ялзмагжсан хөрсний үе хэвээр үргэлжилж байна. Барилгын хэрэглэгдэхүүн эрс багасаж, зөвхөн Y-21, Y-22 өргөөс цөөн тоотой олдож байлаа.

LVIII хэсгийн энэ үед нийт талбайд бор хүрэн өнгийн хөрс зонхилж байна. Харин Q-25, R-25, S-25, T-25, R-26, S-26, T-26, S-27, T-27, T-28 өргүүдээс барилгын нуранги, хэрэглэгдэхүүн их олдож байв.

LXI хэсгийн U-25, V-25, W-25, X-25, V-26, W-26, X-26, W-27, X-27 өрөгт барилгын нуранги ихээр тархжээ. Энэ бүгдээс үзэхэд LIX, LX хэсгүүдэд бусад малтлага хийгдсэн бүх талбайгаас илүү ихээр барилгын нуранги хуралдсан байна. Энэ нь бидний санахад тухайн үед байгууламж эвдэрч нурахдаа газрын хэвгий рүү буюу байгууламжийн үүдэвчний хэсэг рүү ханарч нурсантай холбоотой болов уу. Ийнхүү малтлагын талбайн хөрсний үеүд нь 9-р үейийн малтлагаар төгсгөл болов. Зарим талбай нь 6-7-р үед соёлт давхрага нь төгсөж эх газрын хөрсөнд тулж байсан бол голын овгорыг тойрсон цөөн тооны талбай нь 9-р үейийн малтлагаар эх газрын хөрсөнд тулж цаашид малтах шаардлагагүй болсон билээ.

Бид дурсгалын голын овгор байгууламжийг дороос нь шууж малтсаар түүнийг хүрээлж байсан хэрэмт барилгын тоосгон ханын үлдэгдэлийг илрүүлж чадсан юм. Голын овгор байгууламжийг тойрсон хөрс нь ерөнхийдөө хар хүрэн өнгөтэй. Харин барилгын хэрэглэгдэхүүн тархсан хөрс нь нунтаг шар шавраас тогтох ажээ. Энэ нь барилгын өрлөг хоорондын болон шаваасны шар шавар бололтой хэмээн таамаглав.

Голын овгор байгууламж нь одоо бидэнд мэдэгдэж байгаагаар улаан шаргал өнгийн шаврыг 10-13 см зузаантай үелүүлэн дээр дээрээс нь дэлдэж босгоод түүний дээр нь 3 үе чулууг шатлуулан өрж суврага хэлбэрийн тавцан бий болгосон байна. Харин дараа нь түүний хормойн хэсгээр нь зузаан тоосгон хана өржээ. Өөрөөр хэлбэл овгорт тулган дөрвөн талт өндөр зузаан хэрмээр хашиж өгсөн байна. Ийнхүү 80 см зузаан барилгын ханыг босгохдоо бүгдийг дан тоосгоор өрж хийсэнгүй, харин хоорондоо 60 см орчим зайтай хоёр хана босгоод голд нь чулуу, шавар тоосгоны хэлтэрхий хийж үйлджээ. Тоосгон ханаа хатууруулж дагтаршуулсан шавар дээр ямар нэгэн суурь тавилгүй шууд өржээ. Гадна талын ханаа наанаас нь үнс, шохой хольсон зуурмагаар нимгэн шавардан өнгөлсөн байдал ажиглагдана. Ийм өнгөлгөөтэй ханын хэсэг барилгын суурийн хэсгийн гадна талын дөрвөн хананд үлдэгдэл байдлаар мэдэгдэж байлаа. Гэвч тэдгээр нь хэмжээний хувьд бага хадгалагджээ.

Барилгын зүүн талын хананд шохойгоор өнгөлсөн хоёр хэсэг газар байна. Эхнийх нь 1,2 м урт, 23 см өргөнтэй, 0,5 см зузаан. Хоёрдугаарх нь 83 см урт, 12 см өргөн хэмжээтэй. Зузаан нь хоорондоо ижил байна. Гэхдээ тасархай байдалтай энэ хоёр нь нэг л ханын үргэлжилсэн шавааас байгаад хожим нурсан нь мэдэгдэнэ. Шавааасны цаад тал болон шаваасгүй хэсэгт нэг шугаманд өрлөгийн тоосго цухуйж харагдана. Барилгын зүүн хана нь өдгөө 25-27 см орчим өндөр, 1,0-1,5 м орчим урт өрлөг нуралгүй хадгалагдан үлджээ.

Тахилгын барилгын урд талын ханын тоосгон өрлөг мөн л ихээхэн нурсан байдалтай ч бага зэрэг хадгалагдсан үлдсэн. Бидний малтлагаар 1,3 метр урт, 45 см өндөр тоосгон өрлөг бүхий ханын үлдэгдэл илрэв. Энэ хананд 81 см урт, 17 см өргөн ханын шаваас хадгалагдан үлдсэн байна.

Харин барилгын баруун өмнө талын ханын хэсэг нь маш их нурсан байдалтай суурийн хэсэг нь ч бараг мэдэгдэхгүй шахам аж. Дотор болон гадна талын хоёр ханын дундах тоосго шавар нь ихээхэн замбараагүй. Өмнө талын ханын өрлөг нурж тарсан нь малтлагын зүсэлтээс тодорхой мэдэгдэнэ. Энд ханын гадна талын өнгөлгөөний нимгэн шохой хавтгайгаараа байгаа нь барилгын хана бөөнөөрөө ханарч унасан болохыг илтгэнэ. Ханын нурсан нурангийн унаж тархсан байдал харилцан адилгүй боловч хамгийн хол унасан нь хананаас 2,5-2,9 м хүртэл зайд тархсан байна. Бид эндээс уг барилгын хана ямар өндөртэй байсан болохыг барагцаалж болох мэт.

Бидний малтлагаас улаан, улаан хүрэн, шаргал өнгийн будгаар будсан шавардлагын нимгэн шохой цөөнгүй олдож байсан нь дотор талын ханын шаваас өнгөлгөө бололтой.

Баруун ханын өмнө талын буланд 1,3 метр орчим диаметртэй, 40-50 см гүнтэй зуйван нүх илэрсэн бөгөөд чухам ямар зориулалттай болох нь тодорхойгүй байна. Дотроос нь барилгын нуранги шавар илрэв. Мөн уг барилгын баруун хойд өнцөгт мөн үүнтэй ижил зуйван, гүн биш нүх илэрсэн болно. Хэмжээ нь 1,0 метрийн голчтой, 30-35 см гүн байлаа. Дотроос нь мөн л барилгын нуранги илрэв.

Барилгын хойд талын хана маш тодорхой. Хатууруулж дагтаршуулсан шавар дээр ямар нэгэн суурь тавилгүй тоосго өрж хийжээ. Тоосгоо шар шавраар нааж өрөөд, гадна талаас нь дээр өгүүлсэн үнс, шохой хольсон зуурмагаар шавардаж сайтар өнгөлжээ. Хойд талын хананд тоосгон өрлөгийн 1-2 үе нь анхны байдлаараа хадгалагдан үлджээ. Хойд ханын зузаан ойролцоогоор 80-82 см. Мөн л хоёр талаас нь тоосго өрж голд нь шороо чулуу хийж босгосон байна. Ханын нуранги шороо 3,1 м орчим газрыг бүхэлд нь даржээ. Барилгын ханын өрлөгийн өндөр өдгөө 28 см.

Хойд ханын хэсэгт өрлөгөөс 1,4 м зайд 1,2 м голчтой цооног нүх лилэрлээ. Дотроос нь нунтаг шавар, барилгын хэрэглэгдэхүүн их хэмжээтэй гарав. Барилгын баруун талын буланд илэрсэн үүнтэй ижил 2 цооног барилгын өнцөгт байсан бол энэ цооног бага зэрэг барилгын өнцөгөөс зайтай байна.

Мөн XLIX хэсэгт 2,4 x 2,3 м хэмжээтэй дугуй хэлбэртэй, шаргал өнгийн нунтаг шавар бүхий толбо байгалийн хөрснөөс эрс ялгарч байв. Малтаж үзвэл дотроос нь барилгын хэрэглэгдэхүүн тоосгоны хагархай олноор олдов. Гүн биш байв. Мөн түүний зүүн талд нь залгаа шахуу LVIII хэсэгт зүүнээс баруун тийш сунаж тогтсон 2,9-3,0 м урт, 1,2 м өргөн мөн л барилгын хэрэглэгдэхүүн, шар шавар бүхий толбо илрэв. Эдгээр толбуудыг тойрсон хөрс нь үүнээс эрс ялгаатай байна. Үүнийг бид тонуулчдын үйл ажиллагаанаас үүссэн болов уу хэмээн таамаглав.

XXXII, XXXIII, LIX, LX талбайд илэрсэн янз бүрийн хэмжээ бүхий цооногуудыг доош малтаж үзэхэд тодорхой зохион байгуулалт болон тонолтын ул мөр илэрсэнгүй. Эдгээр нь ямар боловч хүний гар хүрч бий болсон нь тодорхой байгаа бөгөөд дотроос нь их хэмжээний барилгын хэрэглэгдэхүүн, нуунги шавар гарч байв. Гүн нь харилцан адилгүй хамгийн гүн цооног нь 60-90 см байлаа. Мэрэгч амьтадын гаргасан жижиг нүх LIX, LX хэсгээс хэд хэд илрэв.

Бидний малтлагаар XLIX хэсгийн 9-р үед дугуйрсан зуйван шар шавар бүхий 2,3 метрийн голчтой толбо байгааг илрүүлсэн билээ. Түүнийг бид эхэндээ тонуулчдын ул мөр, эсвэл барилгын суурийн хэсэг хэмээн таамаглаж байсан юм. Ингээд түүнийг даган малтаж үзвэл энэ толбо нь зүүн тийш нарийсан үргэлжилж байгаа нь мэдэгдсэн юм. Энэ нь уг байгууламж хэрвээ булш бол түүнд ордог зам орц болов уу хэмээн таамаглахад хүргэв. Ингээд цааш малтан үзвэл 5,4 м урт нүх үргэлжлэн гарсан юм. Энэ нь булшинд орох зам орц мөн болов уу гэсэн бидний таамаглалыг баталж өгсөн юм. Харин түүний баруун талд илэрсэн шууд дээрээс нь цооноглосон маягтай 1,6 метрийн голч бүхий дугуй толбыг цэвэрлэн үзвэл үнэхээр тонуулчдын ул мөр байсан бөгөөд доош бага зэрэг хавчиг болж нарийсан 3,4 м үргэлжлээд төгсөв. Ийнхүү төгсөхдөө булшны үүдний хүзүүвчний тоосгон өрлөгийг цөм цохин орсон нь тодорхой болов. Тиймээс бид анх бага зэрэг цэвэрлээд орхисон, тонуулчдын цооногийн зүүн талд буй зуйван хэлбэртэй 5,4 м урт, зүүн үзүүрээрээ 80 см, төгсгөл буюу баруун хэсгээрээ 1,1 м өргөн шаргал өнгийн толбыг даган малтав. Түүнийг үргэлжлүүлэн малтахад хоёр талынхаа байгалийн хөрснөөс эрс ялгаатай (гэхдээ дотроос нь ямар нэгэн барилгын хэрэглэгдэхүүн, олдвор байхгүй) хөрс бүхий нүх илэрсэн юм. Уг нүхийг доош ташуулан ухсан ба түүнд 8 гишгүүр бүхий шат гаргаж орсон нь мэдэгдэв.

Шатны гишгүүрийн хэмжээ нь 40 см өргөн, 40 см өндөр байна. Ташуу шатны урт нь 5,0 м орчим урт. Шатны төгсгөлд 1,5 м орчим урт 1,0 м орчим өргөн хонгилтой бөгөөд нүхний төгсгөлд тоосгон өрлөг бүхий бунханы хүзүүвчинд тулсан юм.

Бидний дугаарласан XL хэсэгт 9-р үеийг дуустал малтахад барилгын хэрэглэгдэх үүн тоосго ихээр олдсоор байсан юм. Харин 10-р үе хүрэхэд бидний малтаж байсан бусад бүх талбай жигдхэн байгалийн хөрсөнд тулсан билээ. Мөн голын овгор чулуун өрлөг бүхий байгууламж, түүнийг тойрсон 70-80 см зузаан хана бүхий өрлөгтэй барилга зэргийн зохион байгуулалт бүтэц нь ямар нэгэн хэмжээгээр тодорхой болов.

Гэтэл XL хэсэгт 10-р үеэс доош хонхойж орсон нүхнээс маш их хэмжээтэй тоосго барилгын хэрэглэгдэхүүнүүд олдсоор байсан юм. Иймд бид уг цооног нүхний хөрсийг даган малтсаар эрт цагийн ямар нэгэн малталтын ул мөр байгааг олж мэдсэн юм. Иймээс бид түүний тойрсон хөрсний зүсэлт, илэрсэн шат, түүгээр уруудан очдог орц зэргийн үндсэн дээр бунхант барилга нь энд байж болох юм гэсэн дүгнэлтэнд хүрсэн юм. Иймээс бид малтлагын талбайг бага зэрэг тэлэв. Ингэхэд 4x4 м бүхий тэгш дөрвөлжин нүхний хөрсний бүтэц нь түүнийг тойрсон байгалийн хөрсноос эрс ялгаатай болохыг олж мэдсэн юм. Ингээд хөрсний түвшинөөс доош 1,8-2,0 м орчим цэвэрлэж үзэхэд тоосгон өрлөг бүхий бунхант барилгын дээд хэсэг буюу өрх нь ил гарсан юм. Уг бунханы өрхний хэсэг нь хавтгай хэд хэдэн тоосгыг дороос нь өгсүүлсэн маягтай өрсөөр дээд аманд нь нийлүүлж битүүлсэн байна. Харин уг бунхны өрхний хэсэгт 60-70 см орчим голчтой нүх байгаа нь тонуулчдын ул мөр бололтой. Тоосгон өрлөгийг тонуулчид эрт цагт тонохдоо цөм цохиж, тоосгыг нь ойр орчмоор нь тараан хаясан байна.

Бунханы өрхний голч нь 1,25 м. Өрхний өмнө талаар тонуулчид цөмлөн орсноос өрлөг эвдэрч шороогоор дүүрсэн байв.

Бунханыг бүрэн хэмжээгээр ил гарган цэвэрлэхэд, монгол гэр мэт дугуй хэлбэртэй, дороос дээш өгссөн байдалтай, шаталсан хэлбэр бүхий өрлөгтэй ажээ. Бунханы ханыг дороос дээш тэгш өрж байгаад дээшлэх тусам дотогш хумисан байдалтайгаар өрсөөр гэр мэт бөмбөгөр болгожээ.

Бунхант барилгыг барихдаа дороос нь дээш 3 үелүүлэн монгол гэр хэлбэртэйгээр барьсан байна. Эхний үе нь 112 см өндөр, шууд газрын хөрсөн дээр өрсөн босоо ханын хэсэг. Нийт 14 үе тоосгон өрлөгнөөс бүтсэн байна. Ул хөрсөн дээр 1 үе шалны өргөн интэй тоосгоор суурь тавьж дээрээс нь 13 үе ханын өрлөгийн тоосгоор өрж үйлджээ.

Түүний дараагийн үе нь дотогш хумисан маягтай өрсөн 7 үе тоосгон өрлөг буюу 50 см өндөр ханыг босгожээ. Түүний дээр нь ханаа дотогш хумьж барих зорилгоор хоёр тоосгон өрлөгний хооронд 23-25 см зузаан шавар зуурмагаар өндөрлөн дээр нь тоосгоо үргэлжлүүлэн өржээ. Дараагийн үейн өрлөг нь огцом дотогш хумисан маягтай өрх хүртэлх 12 үе тоосготой. Түүний дээр нь өрхийг хаасан маягтай дотогш хумин өрж хаажээ. Өрх нь 3 үе тоосгоор дотогш хумьж барьсан байна.

Бид эрт цагийн тонуулчдын орсон нүхийг эхлээд малтав. Тонуулчид бунхант барилгыг тонохдоо бунханы дээд талын өрх болон өмнөд ханын хэсгийг цөмлөн оржээ. Тонуулчдын орсон нүхний хэмжээ нь анхандаа 90х70 см орчим байв. Бунханыг өрсөн тоосгоны хэмжээ дунджаар 14х5,5х33 см байна. Бунхант барилгыг барихдаа тоосгоо ихэвчлэн урташ нь бус хөндлөнгөөр нь тавьж өрсөн нь, нилээд өргөн, зузаан ханатай болгожээ. Ханын зузаан дунджаар 50-60 см, тоосгыг тойруулан бие бие дээр нь хагас дарсан байдлаар дотогш хумисан маягтай барьжээ.

Тоосгон бунхан газраас 2,3 м өндөр, голч нь 4,3 м байв. Бунханаа барихдаа дороос дээш гурван үе үелүүлэн барьсан байна.

Бид бунханыг нээхдээ, эвдэлгүй зөвхөн дотор талыг нь хөндийлөн цэвэрлэж малтахыг зорьсон боловч чийгтэй газар удаан байснаас бунханыг барьсан тоосго маш хэврэг болсон, нуралт их байсан тул дээд хэсгийг нь бүрэн нээж малтав. Ингэхэд бунханы дотор бүхэлдээ элс шавар, барилгын хэрэглэгдэхүүн, тоосгоны хагархайгаар дүүрсэн байв. Анх бунхан нь дотроо хөндий байсан бололтой. Харин хожим тонуулчид уг бунханг тоноод ухсан нүхээ булалгүй орхисоноос уг нүхээр бороо усны нөлөөгөөр дээд талын нурсан барилгын хэрэглэгдэхүүн тоосго, дээврийн ваар, өнгөлгөөний шавардлага, барилгын нунтаг шавар урсан орж нягтарсан байна. Энэ нь ч малтлагын явцад мэдэгдэж байлаа.

Бунханыг цэвэрлэх явцад дотор ханын ямар нэгэн шавардлага илрээгүй боловч малтлага үргэлжилсээр ёроолд нь хүрэхэд цагаан шохойгоор 1,0-3,0 см хиртэй зузаан өнгөлсөн байдал мэдэгдэв.

Дээд талын тахилга шүтээний барилгын малтлага болон тоосгон бунханы малтлагын явцад хүний яс цөөнгүй олдож байв. Тонуулчид уг бунханд орж эд өлгийн зүйлсийг тонон, хүний яс болон ваар савыг хагалан гадуур нь ихээр тарааж хаясан бололтой.

Малтлагын явцад илэрсэн нэгэн сонирхолтой зүйл бол шатаар уруудаад доод талд нь байгуулсан хүзүүвч, түүний баруун талд залган байрлаж буй бунхан хоёрын хооронд 60-70 см зузаан байгалийн хөрс байсан юм. Энэ нь нэгд, бунханыг байгуулах газраа ухахад нүх нь гүн болж шороо шавар гаргахад төвөгтэй болсон учир алсаас шат гарган малтсан бөгөөд ингэхдээ газар доогуур гарц гарган шороогоо гаргаж байсан. Эсвэл бунханы нүхээ эхэлж ухаад бунханаа тоосгоор өрж бариад дээрээс нь шороогоор дарж бэлтгэсний дараа зориуд бэлтгэсэн шатаар уруудан бунханы хаалга буюу орцоор талийгаач болсон хүнээ зөөж оруулаад нүхээ тагласан болов уу хэмээн бид таамаглаж байна.

Бунханы хүзүүвчийг үйлдэхдээ тоосгыг урташ нь шавраар барьцалдуулан 11 үе өрж, 11 дэх үеэс эхлэн дээгүүр нь шатлан өрж арклан дугуйруулсан байна. Түүний амыг буюу хаалгыг мөн л тоосгоор өрж битүүлжээ. Хүзүүвчний өргөн ул хэсгээрээ 1,10 см, дээд хэсгээрээ 1,0 м. Өндөр нь шалнаасаа дээш дунджаар 102 см. Харин урт нь 1,6 м юм. Дотор талын цэвэр зай нь 70 см өргөн, 70 см өндөр. Малтлагын үед бидэнд мэдэгдсэнээр хүзүүвчний аманд 4 ш хэвтээ, 1 ш босоо, 2 эгнээ тоосго байв. Түүний цаана нь үргэлжлэн дан босоогоор нь өрсөн 9 эгнээ тоосго, түүний цаана хавтгайгаар нь өрсөн шалны тоосгонууд байв. Тоосгоны хэмжээ янз бүр. Хамгийн том нь 40х20х7 см. Хамгийн бага нь 34х13х5 см. Ханыг нь өрсөн тоосгуудыг ажиглавал ихэвчлэн хуучин тоосго ашиглан хийсэн бололтой байна. Тонуулчид эрт цагт дээд талаас нь малтан хүрч хүзүүвчний өрлөгийг цөмлөн орсон бололтой. Ингээд түүнийг тэр хэвээр нь онгорхой орхисноос дээд талд нь байсан барилгын нуранги шавар болон бусад хэрэглэгдэхүүнүүд түүнд урсан орж хуралдсан байна.

Малтлагаар бунханы шалны зүүн өмнөд хэсгээс цайвар шаргал өнгөтэй уйгурын үед өргөн хэрэглэгдэж асан хөндлөн долгион хээтэй, шавар ваар савны хагархай 1ш илрэв. Хэмжээ нь 5х4.2х0.6 см юм. Түүнээс доош малтах явцад газрын хөрснөөс 4 метр, бунханы оройн хэсгээс 2,0 м орчмийн гүнээс их хэмжээний бор саарал өнгөтэй, том хэмжээтэй тоосгоны хагархайнууд эмх замбараагүй байдалтай гарч эхэлсэн билээ. Эдгээр тоосгонуудын зузаан нь дунджаар 5 см байлаа. Энэ тоосгонууд нь өмнө олдож байсан бусад тоосгоноос хэмжээ, өнгө, шатаалтын хувьд эрс өөр бөгөөд бунханы шал хэсгээс илэрч байгаа бөгөөд тэднийг тусгайлан бэлтгэж, шаланд битүү дэвсэж байсан нь тодорхой байв. Мөн дээрх тоосгонуудтай зэрэгцэн бунханы зүүн өмнөд ханыг түшүүлэн нэгэн үхрийн толгойг дагзаар нь хэвтүүлж, хошууг нь дээш цоройлгон тавьсан байна. Уг толгойн яс маш сайн хадгалагджээ. Бид энэ үхрийн толгойг тавьсан байдал, түүний доорх тоосго зэргээс үндэслэн анхны байдлаараа хадгалагдан үлджээ хэмээн таамаглаж байна.

Түүнчлэн дээрх шалны тоосгуудыг тонуулчид эвдэж сүйтгэжээ. Чухам ямар учраас ийнхүү шал тоосгыг эвдсэн нь тодорхойгүй. Бид эдгээр эмх замбараагүй болгосон тоосгонуудыг авч талбайг цэвэрлэх явцад бунханы баруун хана түшүүлэн үхрийн хос эрүүг бие бие дээр нь давхарлуулан зөрүүлж тавьсан олдворыг илр үүлсэн билээ. Эрүүний байрлалаас харахад мөн л анхны байдлаасаа хөдлөөгүй бололтой. Уг эрүүний яс сайтар хадгалагдан үлджээ.

Бид цааш бунханы шалыг цэвэрлэхэд шалны доор нарийн ширхэгтэй элсийг жигдхэн асгаад дээр нь өргөн интэй тоосгуудыг шигтгэн суулгасан байна. Шалны тоосгуудаас бунханы голын 3ш тоосго бүтнээрээ буюу анхны байрлалаараа эвдэгдээгүй үлджээ. Эдгээр тоосго бүрийн хэмжээ дунджаар 37х35х5 см юм.

Мөн бунханы шалыг цэвэрлэх явцад цөөнгүй олдвор илэрсэн юм. Дээрх үхрийн эрүүний зүүн талд 20 см орчим зайд бод малын хүзүүний ясны 2 үе, баруун хойд буланд 4ш бага насны үхрийн хөлийн тагалцагны яс, аман хүзүүний яс 1ш, хүний богино хавирганы яс 1ш, зүүн хойд ханын ор чмоос нэгэн жижиг араатан амьтны гавлын яс, чөмөгний ясны хамт илрэв. Мөн зүүн хойд ханын орчмоос дээрх араатан амьтны эрүүний яс, үүдэвчний орчмоос дээврийн нөмрөг ваарны хагархай 1ш, нүүр ваарны хагархай 1ш, хүний гарын тахилзуур яс 1ш тус тус илэрсэн юм. Дээрх олдвор хэрэглэгдэхүүн нь бүгд бунханы шалны дээрээс олдсон билээ. Уг олдворуудын дийлэнх /хүний гарын тахилзуур яс, дээврийн ваар болон нүүр ваарны хагархай зэргээс бусад/ нь үхрийн толгой, эрүүний ястай бараг нэг дор, бунханы хана орчимд байгаа зэргээс шалтгаалан анхны байдлаасаа төдийлөн хөдлөөгүй болов уу хэмээн таамаглаж байна. Түүнчлэн дээрх олдвор хэрэглэгдэхүүн бүгд сайтар хадгалагдсаныг ажиглахад тонуулчдын үлдээсэн нүх рүү тун удалгүй нуранги дарсаныг илтгэнэ. Бунханыг малтаж дуусахад 426 см гүнд шал нь илэрсэн юм.

Бидний төсөөлөлөөр тонуулчид бунханы талаар багагүй мэдлэгтэй байсан бололтой. Учир нь бунханы үүдэвч хэсгээр эхлэн нэвтрэхийг оролдоод, дараа нь оройгоос нь цөмлөж оржээ. Тэрчлэн бунханы оршуулгыг шууд гадагш сүйтгэн гаргаад, үнэт эдлэл болон бусад эд зүйлсийг авч одсон болов уу. Учир нь дурсгалын ойр орчмоос хүний яснууд, ваар савны хагархай цөөнгүй олдож байсан юм. Малтлагаар бунхант барилгын дотроос эд өлгийн зүйлс маш бага олдсон билээ.

Бунханыг тоносны дараа бороо усны нөлөөгөөр дээд талын барилгын нуранги, тонуул чдын ухсан нүх рүү урсан орсон тул тонуулчдын ул мөр тэр чигтээ дарагдан хоцорчээ. Бунханд оршуулгын хамт багагүй хэмжээний үнэт эд агуурс дагалдуулсан байсан гэж төсөөлөгдөж байна. Учир нь дурсгалын дээд талын тахилгын байгууламжийн малтлагаар цөөнгүй тооны том хэмжээтэй шавар ваар савны хагархай илэрч байсан юм. Харин бунхан дотроос ямар ч шавар ваар савны зүйлс олдоогүй билээ. Тиймээс бунханд зөвхөн үнэт зүйлс дагалдуулж байсан болов уу. Хэрэв бунханы дотор ямар нэгэн шавар эдлэл ялангуяа эртний оршуулгын зан үйлд нийтлэг тааралддаг ваар савны зүйл дагалдуулсан бол тонуулчдын гарт сүйдэн хагарч эвдрэн анх байсан газраа үлдэж хоцрох нь тодорхой юм. Гэтэл малтлагаар тийм зүйл ажиглагдаагүй билээ.

Малтлагын явцад ихээхэн анхаарал татсан зүйл бол бунханы ёроол хэсгийн ханын зарим хэсгээр ханын шавардлагын цагаан шохой хадгалагдан үлдсэн явдал юм. Энэ нь бунханы дотор талыг өнгөлөн шохойдсон байсны нотолгоо мөн. Бунханы өмнөд болон зүүн хананы ёроол орчмийн өрлөгийн тоосгонд 35 см орчим өндөр, 0.5-0.7см зузаан шохойгоор шавардсан байдал илүү тод харагдана. Шохой нь олон жилийн хугацаанд чийгэнд муудаж ховхрон унаад зөвхөн ёроол орчмын зарим газарт хадгалагдан үлдсэн ажээ. Энэ бүгд нь магадгүй эртний дорно дахины бунхант булшинд нийтлэг тохиолддог ханын зураг байсан болохыг үгүйсгэх аргагүй байна.

Бид бунхант булшийг илрүүлэн малтаж дуусаны дараа, гадна шороон далангийн голд буй шороогоор суурь тавьж, 3 үе чулуу үелүүлэн босгосон суварга мэт байгууламжийн зохион байгуулалтыг тодруулахыг оролдсон юм. Дөрвөлжин хэмээх уг дурсгалын шороон далангийн голд буй суварга мэт байгууламжийн бүтэц зохион байгуулалтыг тодруулахдаа бага эвдэх, анхны байдлаар нь хадгалахыг гол зорилго болгов. Ингэхийн тулд анх дөрвөн хэсэг хуваасан голын дөрвөлжин овгорыг сөөлжүүлэн, өөрөөр хэлбэл баруун хойд талын хэсэг болон зүүн урд талын хэсгийг малтав. Энэ нь баруун талын XLII хэсэг, зүүн урд талын L хэсгийн малтлага болж буй юм. Ингэж малтсанаар уг овгорын ерөнхий бүтэц, зохион байгуулалт бидэнд тодорхой болсон юм.

Уг чулуу үелүүлсэн голын овгор байгууламжийг босгохдоо газрын түвшин дээр буюу байгалийн хөрсөн дээр нь үелүүлэн шороо, шавар асган түүнийгээ дэлдэх маягаар босгожээ. Ингэхдээ асгасан шорооныхоо гадуур тодорхой түвшины хашлага үйлдэж, түүн дотор үелүүлэн шороо шавар асган дэлдэн дагтаршуулсан байна.

Шороо шавраа дэвсэн дэлдэж хатууруулан гүйцмэгц гадуур нь хашсан хашлагийг нь авч гол овгортоо тулган 80 см орчим зузаан тоосгон хана бүхий барилга барьсан бололтой байна. Голын овгор нь газрын түвшинөөс дээш 1,6 м өндөр байна. Дагтаршуулсан гол овгорын дээд талд үелүүлэн 3 үе чулуу өржээ. Чулууны өрлөг хооронд 15-20 см зузаан шороо, шавар дэвсэн өгчээ. Гол овгорын зүсэлтийг ажиглавал бүтэц нь дараах мэт байна. Үүнд,

1. Нарийн ширхэгтэй хар хүрэн шороо (15-16 см зузаан),

2. Шаргал өнгийн бага зэрэг чулуулагтай шавар (30 см орчим зузаан),

3. Дунд зэргийн чулуулагтай улаан шаргал шавар (15-18 см зузаан),

4. Дээр нь том хүрмэн чулуудыг хавтгай талаар нь эгнүүлэн дэвсэж өгсөн байна.

5. Чулуун үеийн дээр шаргал өнгийн шавар асгажээ. (15-20 см зузаан)

6. Том хүрмэн чулуудыг хавтгай талаар нь эгнүүлэн дэвссэн байна (40-45 см зузаан)

7. Дээр нь шар шавар, бага зэргийн чулуулагтай хайрга (30 см зузаан)

8. Түүний дээр хамгийн сүүлчийн үе болох чулуун өрлөгийг өрж өгсөн байна (15-20 см зузаан). Эцэст нь эдгээр дэвссэн чулуун өрлөг дээрээ бага зэрэг шороо асган тэгшилж өгсөн бололтой. Ингэж дороос дээш шаталсан суварга хэлбэртэй, дөрвөлжин байгууламж барьжээ.

Энэхүү овгорын хамгийн дээд талын чулуун өрлөг нь 3,4 м өргөн, 3,8 м урт байна. Бага зэрэг булангуудыг дугуйруулсан маягтай хагас зуйван хэлбэртэй ажээ.

Чулуун өрлөг буюу суварга хэлбэрийн байгууламжийн хамгийн доод талын чулуун өрлөг нь 40-45 см зузаан, 4,6 м өргөн, 4,7 м урт байна. Мөн л дөрвөн өнцөг нь хагас зуйван хэлбэртэй.

Шаталсан чулуун тавцангийн доор нь асгасан хатууруулж дагтаршуулсан улаан шаргал шаврын хэмжээ нь 6,2 x 6,2 м.

Голын овгор дээр байсан тахилгын байгууламжийг тойрсон тоосгон хана бүхүй барилга нь хойноос урагш 6,2 м, баруунаас зүүн тийш 8,0 метр урттай байна. Өөрөөр хэлбэл 6,2 x 8,0 м хэмжээ бүхий барилга байжээ. Уг барилга нь бидний төсөөлж байгаагаар зузаан тоосгон ханатай, ханын гадна болон дотор талыг нимгэн шохойгоор шавардан, элдэв өнгийн будгаар өнгө алаглуулан будсан, модон дээвэртэй, түүний дээр нь барилгын дээврийн нөмрөг болон тосгуур ваараар өвч бүрхэгдсэн, төгсгөл хэсэгтээ гоёмсог нүүр ваараар чимэглэгдсэн тахилга тайлгын зориулалттай газар байсан бололтой.

Бид дурсгалын гадуурх шавар, шороо дагтаршуулан барьсан шороон далангийн хаалга, үүдний зохион байгуулалтыг мэдэх зорилгоор хэрмийн үүдний хэсэгт бага хэмжээний малтлага хийлээ. Үүдний хэсэг нь LXXXVI хэсгийг дайран оршиж байна. Бидний малтлагаар шороон далангийн гадна талын ханын хэсэг илэрсэн бөгөөд уг далан нь огцом босоо, шороо, шавар дэлдэн босгосон, түүний гадна талыг нь цагаан шохойгоор өнгөлөн улаан будгаар будсан байсныг тогтоосон юм. Шороон далангийн бусад хэсгийг малтах явцад иймэрхүү шохойн шавардлага илэрч мэдэгдээгүй юм. Магадгүй үүдний хэсэгтээ шохойдож будсан гоёмсог хаалгатай байсан байж болох юм. Энэхүү шохойдсон ханын хэсэг бага хэмжээтэй илэрсэн учир бид бүрэн дүүрэн тодорхойлох боломжгүй байлаа. Шохойдсон ханын үлдэгдлийн хэмжээ нь маш бага буюу 33 см урт, 10 см өргөн, 0,6 см зузаантай байв.

Бидний малтлагаар дурсгалын хаалга үүдний хэсэг тодорхой мэдэгдээгүй юм. Учир нь дурсгалын гадуурх шороон далан нь их эвдэрч нурсан, бороо усны нөлөөгөөр ихэд тарж сунасан учир үүд хаалганы хэсэг мөн адил тодорхойгүй болжээ. Гэсэн хэдий ч уг дурсгалын гадуурх шороон далан нь үүд хаалгатай байсан нь зүүн өмнө талд буй сэтэрхий хэсгээс тодорхой мэдэгдэнэ.

Бид голын чулуу үелүүлэн байгуулсан овгорын баруун талын хэрмийг дайруулан 12 м урт, 2,0 м өргөн сорилын суваг, хойд болон баруун талын шороон далангийг дайруулан 1,0 м өргөнтэй мөн л сорилын суваг татаж шороон далангийн бүтэц зохион байгуулалт, хэмжээ, гаднах сувгийн гүн зэргийг мэдэхийг зорьсон юм.

Үүний дүнд уг дурсгалын шороон далан нь олон үе шавар, шороо давхарлуулан дэлдэж хийсэн огцом босоо шавар хэрэмтэй байсан нь мэдэгдсэн юм. Далангийн өндөр одоо мэдэгдэж буй нь ойролцоогоор 1.3 м орчим байна. Харин шороон далан нь он цагийн уртад ихнд сунаж тарсан учир нарийн тодорхойлох боломжгүй ч ойролцоогоор 1.3-1.5 м орчим зузаан байжээ. Огцом босоо шороон далан нь уг байгууламжид хүн, амьтан орохоос сэргийлсэн хамгаалалтын үүрэгтэй байсан бололтой.

Шороон далангийн гадуур нь 1 м орчим гүн, 1.5 м орчим өргөн суваг байсан нь тодорхой мэдэгдэнэ. Сувгийг ухахдаа шороог нь шууд тойрсон даланг хийхэд ашиглан байна. Тэрчлэн бидний малтан судалсан дөрвөлжингөөс төдийлөн хол бус 100-гаад метр зайд уг байгууламжийг босгоход шороо, шаврыг авч ашигласан бололтой хуучин шороо авч байсан карьерийн үлдэц байна. Суваг нь газрын хэвгийг даган ирсэн усыг гүйлгэн гадагшлуулах зориулалт бүхий байснаас гадна хүн, амьтан уг байгууламжид нэвтрэн орохоос сэргийлсэн хамгаалалтын зориулалттай байжээ. Сувгийн ёроолд 30-50 см хүртэл зузаан нарийн ширхэгтэй шавар тунаж тогтсон байна.

II. Өвөр хавцалын амны дөрвөлжингийн малтлагаар илэрсэн олдворуудын тодорхойлолт

Монгол-Хятадын хамтарсан археологийн судалгааны ангийнханы малтсан Өвөр хавцалын амны дөрвөлжин хэмээх дурсгалаас олон тооны барилгын хэрэглэгдэхүүн, ваар савны хагархай, малын яс болон хүний яс бусад эд зүйлүүд цөөнгүй илрэн олдсон юм.

Бид тухайн эд өлгийн дурсгалыг хийсэн материал, өнгө, хэлбэр, хийц, үүрэг зориулалт, хэмжээ гэсэн дэд ангилалд оруулан тодорхойлолтыг үйлдэв.

Мөн малтлага судалгааны явцад илэрсэн олдворуудыг тухайн үед малтлагаас олдсон дарааллаар нь дугаарласан бөгөөд тэр дугаарыг баримтлан тайланд тусгасан болно. Ингэхдээ хэсэг бүрийн дугаар, өргийг мөн баримтлан тодорхойлов. Малтлагаас гарсан барилгын материал болон ваар савны хагархай, малын болон хүний яс зэрэг бүх олдворуудыг нэг бүрчлэн тоолж тоон үзүүлэлт гаргахыг оролдсон юм. Тэрчлэн малтлагаар барилгын хэрэглэгдэхүүн олон тоотой илэрч байсан ба тэдгээрийг нэг бүрчлэн тодорхойлох боломжгүй учир онцгой чухал болон бүтэн байдлаар олдсон олдворуудыг голчлон тодорхойлолтыг үйлдэв. Бусад олдворуудын хувьд жижиг хэмжээтэй, эвдэрхий, хэлтэрхий голдуу учир тоон үзүүлэлтэнд оруулсан болно.

Нэг. Амьтны дүр бүхуй шавар эдлэл

№ 116. (хэсэг XXXII, өрөг L-15).

Энэ олдвор нь ямар нэгэн зүйл дээр нааж суурилж байгаад хугарч унасан бололтой хүзүүний хэсгээрээ тасарч унасан ямар нэгэн амьтны дүр бүхүй барилгын шавар чимэглэл. Уг дүрсэлсэн амьтан нь урагш шөвийсөн хоншоортой, цааш ухаж хонхойлгон гаргасан хөнхөр нүдтэй, дэлбэгэр чихтэй, эвэртэй амьтны дүр бүхий эдлэл ажээ. Хоншоор нь сайн мэдэгдэхээс ам нь төдийлөн ялгагдахгүй байна. Чихнийх нь голд нь ямар нэгэн зүйлийг хатган суулгаж байсан бололтой тус бүрд нь нүхтэй. Энэ эдлэл нь сарьсан багваахайн дүрийг санагдуулах бөгөөд уг эдлэл барилгын ханын булангийн хэсгээс голчлон олдож байсан зэргээс нь барилгын дээврийн дээд талд чимэглэлийн үүрэгтэй байсан болов уу хэмээн таамаглав. Хэмжээ нь өргөн чихний хамт 12,9 см, 5,5 см өндөр, чихний өргөн 4,7 см, өндөр нь 5,8 см байна. Нүдний хэмжээ нь 2,1 см өргөн, 1,0 см гүн. (Гар зураг.7.1)

№192. (хэсэг LX, өрөг U-25).

Ямар нэгэн зүйл дээр суурилж байгаад хугарч унасан бололтой хүзүүний хэсгээрээ тасарсан, урагш шөвийсөн хоншоортой, цааш ухаж хонхойлгон гаргасан хөнхөр нүдтэй, дэлбэгэр чихтэй, эвэртэй амьтны дүр бүхий эдлэл. Хоншоор нь сайн мэдэгдэнэ. Эвэр нь бага зэрэг эмтэрч унасан хэдий ч ихэнх хэсэг нь бүтэн учир хэлбэр дүрсийг мэдэж болохоор байна. Эвэр нь нүднийх нь дээд талд халхавч маягийн дөрвөлжин хэлбэртэй, түүний нүүрэн талд нь таван хэсэгт хуваасан маягтай хурц багажаар гүн зурж өгсөн. Энэ эдлэлд нүдийг том хонхойлгон гаргаж, тойруулан зурж тодотгож өгсөн байдал ажиглагдана. Уг эдлэлийг бүхэлд нь улаан будгаар будаж байсан боолтой энд тэнд нь үлдэж хоцорчээ. Хэмжээ нь чихний хамт 12,0 см өргөн, 6,3 см өндөр, чихний өргөн 4,5 см, өндөр нь 5,5 см байна. Эврийн өргөн 5,3 см, өндөр нь 2,0 см. Нүдний хэмжээ нь 2,0 см өргөн, 1,0 см гүн хонхор ажээ. (Гар зураг.7.2)

№11. (хэсэг LXVI, өрөг К-29).

Дээр өгүүлсэнтэй ижил шавраар хийж хатууруулан шатаасан бүлтгэр нүдтэй, дэлбэгэр чихтэй амьтны толгойн хэсгийн дүрс бүхий баримлын нэг харьцангуй бүтэн олдов. Гэхдээ хүзүүнээс урагш хэсэг нь олдсон юм. Эдгээр нь ямар нэгэн зүйл дээр нааж суурилж байгаад хугарч унасан боолтой хүзүүний хэсгээрээ тасарч унасан байна. Энэ эдлэл нь урагш шөвийсөн хоншоортой, цааш ухаж хонхойлгон гаргасан хөнхөр нүдтэй, дэлбэгэр чихтэй, эвэртэй амьтны дүр бүхий эдлэл ажээ. Чих нь хугарч унасан байна. Барилгын дээврийн дээд талын чимэглэлийн үүрэгтэй байсан боолтой. Бүхэлд нь улаан будгаар будсан байдал ажиглагдана. Эвэр нь хугарч унасан байна. Хэмжээ нь чихний хамт 13,1 см өргөн, 5,8 см өндөр, чихний өргөн 4,5 см, өндөр нь 5,4 см байна. Нүдний хэмжээ нь 1,9 см өргөн , 1,0 см гүн хонхор. (Гар зураг.7. 3)

№213. (хэсэг LII, өрөг Z-2).

Шавраар хийж хатууруулан шатаасан бүлтгэр нүдтэй, дэлбэгэр чихтэй амьтны толгойн дүрс бүхий баримал. Дээр өгүүлсэн эдлэлүүдтэй адилхан. Муу хадгалагдсан. Нэг чих нь хугарч унажээ. Эвэр нь мөн л хугарч унан, жижиг хэсэг нь ёрдойн үлджээ. Мөн л урагш шөвийсөн хоншоортой, цааш ухаж хонхойлгон гаргасан хөнхөр нүдтэй, дэлбэгэр чихтэй эдлэл ажээ. Хэмжээ нь нэг чихний хамт 10,8 см өргөн, 6,8 см өндөр, чихний өргөн 4,0 см, өндөр нь 5,6 см байна. Нүдний хэмжээ нь 2,1 см өргөн, 1,0 см гүн. (Гар зураг.7.5)

№190. (хэсэг XXXII, өрөг L-15).

XXXII хэсгийн малтлагын явцад хэдэн шавраар хийж хатууруулан шатаасан бү лтгэр нүдтэй, дэлбэгэр чихтэй амьтны толгойн дүр бүхий баримал олдсон юм. Эдгээрийн нэг болох энэ олдвор нь хүзүүний хэсгээрээ тасарсан, урагш шөвийсөн хоншоортой, цааш ухаж хонхойлгон гаргасан хөнхөр нүдтэй, дэлбэгэр чихтэй болой. Хоншоор нь сайн мэдэгдэхээс ам нь төдийлөн ялгагдахгүй байна. Чихнийх нь голд нүхтэй. Нэг чих нь хугарч унасан байна. Уг эдлэл нь барилгын ханын булангийн хэсгээс голчлон олдож байсан зэргээс нь барилгын дээврийн дээд талд чимэглэлийн үүрэгтэй байсан болов уу хэмээн таамаглав. Өргөн нь чихний хамт 11,5 см, 4,8 см өндөр, чихний өргөн 4,5 см, өндөр нь 5,5 см байна. Нүдний хэмжээ нь 1,9 см өргөн, 1,0 см гүн хонхор байна. (Гар зураг.7.6)

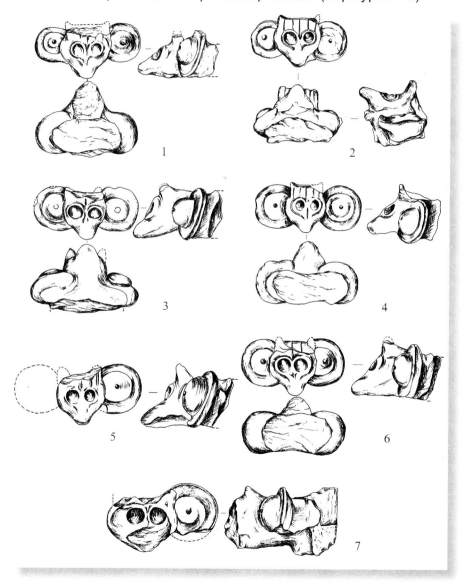

Гар зураг.7. Малтлагаас илэрсэн сарьсан багваахайн дүр бүхүй шавар чимэглэл

1 ~ 6   0   5cm   7   0   3cm

Дээрх шавар эдлэлүүд нь сарьсан багваахайн дүрийг санагдуулж байна. Эрт цагт Азийн зарим улс түмэн сарьсан багваахайг доод ертөнцийн төлөөлөгч, буян хураадаг, жаргал авчирдаг амьтан хэмээдэг байсан. Тиймээс түүний дүрсийг барилгын чимэглэлд хэрэглэж, талийгаачийн буян хишгийн бэлэг тэмдэг болгосон бололтой.

Хоёр. Хээтэй ваар савны хагархай

№ 264. (хэсэг XL, өрөг N-23)

Улаан шаргал өнгөтэй, шавраар хийж сайтар хатууруулан шатаасан, гадаргуу дээрээ босоо гурвалжин ромбо хэлбэрийн болон хэдэн тийш цацарсан мэт өвөрмөц хээтэй ваар савны бөөрний хэсгийн хагархай. Дотор тал нь толигор тэгш. Хэмжээний хувьд жижиг 5,2 х 3,0 х 1,0 см. (Гар зураг.8.1)

№ 185. (хэсэг LI, өрөг W-24)

Улаан шаргал өнгөтэй, нарийн ширхэгтэй шавраар хийсэн, шатаалт сайн ваар савны бөөрний хагархай. Толигор гадаргуу дээр нь ромбо маягийн босоо гурвалжин, олон эгнээ хээг тавьж чимэглэсэн. Дотор талыг нь мөн толийлгон өнгөлсөн. Хэмжээний хувьд жижиг учир хэлбэр хийцийг бүрэн тодорхойлох боломжгүй. Хэмжээ нь 4,2 х 4,4 х 0,9 см. (Гар зураг.8.2)

№ 78. (хэсэг LI, өрөг W-24)

Энэ нь нарийн ширхэгтэй улаан шаргал шавраар хийж сайтар шатаасан ваар савны бөөрний хагархай. Гадаргуу нь толигор, түүний дээр нь судлаачдын дунд уйгур улсын үеийнх гэж тодотгодог өвөрмөц маягийн ромбо хэлбэртэй хээг зурж өгчээ. Энэ хээг гараар зурж тавих бололцоогүй учир эргэх хүрд нь өөртөө ийм хээ тавьдаг бултай байсан болов уу. Хэмжээний хувьд жижиг учир чухам ямар хэлбэр хэмжээтэй ваар сав байсныг тодорхойлох боломжгүй байна. Дотор тал нь толигор бус. Хэмжээ нь 6,3х 6,9 х1,0 см. (Гар зураг.8.3)

№ 229. (хэсэг XXXII, өрөг Q-16)

Дунд зэргийн ширхэгтэй улаан шаргал шавраар хийж сайтар шатаасан бор хүрэн өнгөтэй, бага зэрэг гадагш дэрэвгэр амсартай, хүзүүгүй, босоо бутан хэлбэрийн шавар суулга байсан бололтой. Амсарын доод талд мөрний хэсэгт хоёр эгнээ долгиолсон усан хээг зурж өгчээ. Ийм хээг ваарны мөрийг бүтэн тойруулан зурсан байжээ. Хэмжээ нь 7,0 х 4,9 х 1,0 см. (Гар зураг.8.4)

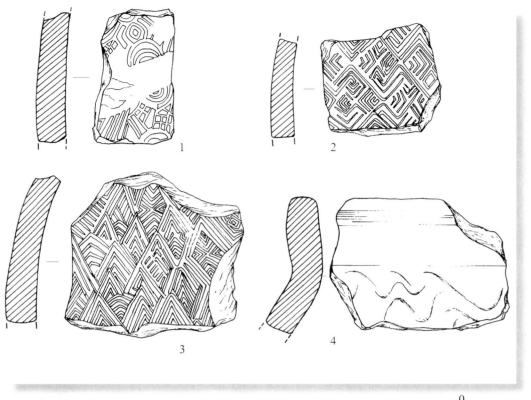

Гар зураг. 8. Малтлагаас илэрсэн уйгур хээтэй ваар савны хагархай

0   3cm

№149. (хэсэг LXIX, өрөг Y-30)

Бор хүрэн өнгөтэй, шаргал шавраар хийж сайтар шатаасан, толигор гадаргуу дээр нь маш нягт шигүү ханан хээг дүрсэлсэн, ваар савны бөөрний хагархай. Дотор тал нь мөн адил толигор. Хэмжээний хувьд жижиг учир хэлбэр хэмжээг бүрэн тодорхойлох боломжгүй байна. Хэмжээ нь 4,8 x 4,2 x 0,9 см. (Гар зураг.9.1)

№ 175. (хэсэг LII, өрөг Q-23)

Хөх саарал өнгөтэй, цайвар шаргал шавраар хийж сайтар шатаасан, толигор гадаргуу дээр нь шигүү ханан хээг дүрсэлсэн ваар савны бөөрний хэсэг. Хэмжээний хувьд жижгэвтэр тул хэлбэр хэмжээг бүрэн тодорхойлох боломжгүй байна. Хэмжээ нь 4,6 x 4.9 x 0,8 см. (Гар зураг.9.2)

№ 161. (хэсэг XXI, өрөг W- 21)

Нарийн ширхэгтэй шар шавраар хийж сайтар шатаасан толигор гадаргуутай, гадаргуу дээр нь ромбо маягийн өвөрмөц хээг хэд хэдэн эгнээ зэрэгцүүлэн зурж өгсөн ваар савны бөөрний хэсгийн хагархай. Хэмжээний хувьд жижиг. Гадаргуу нь толигор хар өнгөтэй, дотор тал нь хар саарал. Гадаргуу дээрх хээг тавихдаа тусгай өнхөрдөг бул ашиглаж тавьсан бололтой жигд тавигдсан байна. Хэмжээ нь 4,4 x 3,8 x 1,1 см. (Гар зураг.9.3)

№ 126. (хэсэг XXXII, өрөг T- 15)

Нарийн ширхэгтэй цайвар шар шавраар хийж сайтар шатаасан толигор гадаргуутай, гадаргуу дээр нь ромбо хэлбэртэй өвөрмөц хээг хэд хэдэн эгнээ зэрэгцүүлэн зурж өгсөн. Хэмжээний хувьд жижиг. Гадаргуу нь толигор хар саарал өнгөтэй, дотор тал нь мөн хар саарал. Гадаргуу дээрх хээг тавихдаа тусгай өнхөрдөг бул ашиглаж тавьсан. Хэмжээ нь 4 x 5.2 x 1,2 см. (Гар зураг.9.4)

№ 87. (хэсэг XLIII, өрөг AA-17)

Нарийн ширхэгтэй хөх шавраар хийсэн, шатаалт сайтай, пааландсан мэт толигор гадаргуутай, хар хөх өнгөтэй. Гадаргуу дээр нь босоо гурвалжин ромбо мэт хээг жигдхэн тавьсан. Дотор тал нь толигор. Хэмжээний хувьд жижиг. 2,3 x 2,1 x 0,9 см. (Гар зураг.9.5)

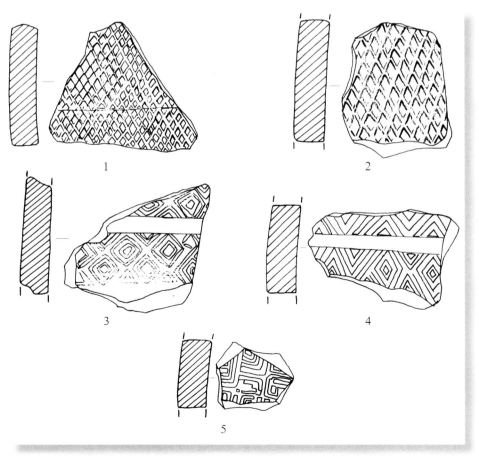

Гар зураг.9. Малтлагаас илэрсэн хээтэй ваар савны
хагархайнууд

0   3cm

№ 12. (хэсэг LX, өрөг М-12)

Нарийн ширхэгтэй шаргал шавраар хийж сайтар шатаасан ваар савны мөрний хэсгийн хагархай. Хар хөх өнгөтэй, гадаргуу дээр нь дээрээс доош гүн зурсан хэдэн эгнээ зурмал хээтэй. Энэ хээ нь Хятан улсын үеийн ваар савны онцлогыг илтгэдэг гэж судлаач ид үздэг байна. Дотор тал нь толигор тэгш. Хэмжээ нь 4,8 х 4,7 х 0,8 см.

№56. (хэсэг L, өрөг S-21)

Бага зэрэг чулуулагтай хөх шавраар хийж сайтар шатаасан ваар савны амсарын хагархай. Хэмжээний хувьд жижиг хэдий ч гадагшаа дэлбэгэр амсартай, богино хүзүүтэй, цүлхэгэр бөөртэй ваар сав байсан бололтой. Ваар савны гадна болон дотор тал нь шатаалтаас үүссэн пааландсан мэт гөлгөр болжээ. Том хэмжээтэй ваар сав байсан бололтой. Малтлагаас ваар савны хэд хэдэн янзын хагархай илэрсэн бөгөөд хамгийн том хэмжээтэй нь энэхүү савны амсар болно. Дотор тал нь толигор. Хэмжээ нь 12,5 см өргөн, 6,7 см өндөр, 1,5 см зузаан, хүзүүний өндөр нь 18 см орчим, амсарын өндөр 2,8 см орчим. (Гар зураг. 10.1)

№12. (хэсэг LXIX, өрөг W-29)

Гадаргуу нь шорооны саарал өнгөр тогтсон хэдий ч гүн хар өнгөтэй, дотор тал нь бор хүрэн өнгөтэй, бага зэрэг чулуулагтай бор шаргал шавраар хийж сайтар шатаасан харьцангуй том хэмжээтэй ваар савны амсарын хагархай. Бага зэрэг гадагш дэлбэгэр амсартай, хүзүүгүй босоо бутан хэлбэрийн сав байсан бололтой. Хэмжээ нь 9,4 х 5,7 х 2,0 см . Амсарын өндөр нь 3,3 см. Хадгалалт муу. (Гар зураг. 10.2)

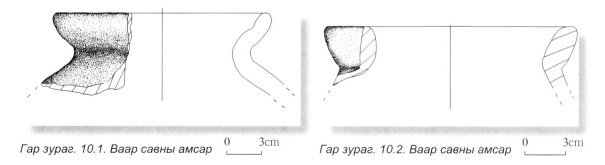

Гар зураг. 10.1. Ваар савны амсар   0 ___ 3cm   *Гар зураг. 10.2. Ваар савны амсар*   0 ___ 3cm

№ 253. (хэсэг XLII, өрөг V-18)

Бүдүүн ширхэгтэй шавраар хийж сайтар шатаасан, бага зэрэг гадагш дэлбэгэр амсартай ваарны амсарын хагархай. Гадаргуу нь толигор бөгөөд шохойн өнгөр тогтсон. Гүн хар өнгөтэй болсон нь анх хийхдээ шатаалтыг хэтрүүлсэн эсвэл хожим галд өртсөнөөс үүдсэн бололтой. Дотор тал нь жигд бус арзгар. Хэмжээний хувьд жижиг учир хэлбэр хийцийг бүрэн тодорхойлох боломжгүй. Хэмжээ нь 1,3х6,6х5,1 см. (Гар зураг.11.1)

№ 271. (хэсэг LX, өрөг V-27)

Хөх шавраар хийж шатаасан, гадаргуу нь гүн хөх, дотор тал нь цайвар хөх өнгөтэй. Гадаргуу дээр нь иржгэр хээ бага хэмжээтэй хадгалагдан үлджээ. Хэмжээний хувьд бага учир хэлбэр хийцийг бүрэн тодорхойлох боломжгүй. Хэмжээ нь 3,9 х 3,9 х 1,0 см. (Гар зураг.11.2)

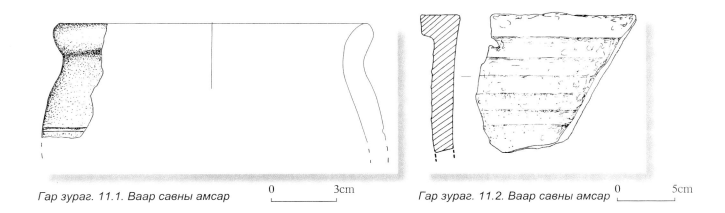

Гар зураг. 11.1. Ваар савны амсар   0 ___ 3cm   Гар зураг. 11.2. Ваар савны амсар   0 ___ 5cm

Гурав. Дээврийн нүүр ваарууд

№107. (хэсэг XL, өрөг Q-23)

Энэхүү олдвор нь улаан шаргал шавраар хийж шатаасан, дугуй хэлбэртэй, цайвар шаргал өнгөтэй, барилгын дээврийн нөмрөг ваарны төгсгөл нүүр ваар. Нөмрөг ваартай залгагддаг хэсэг нь хугарч бага зэрэг үлдсэн. Дугуй нүүр ваарны нүүрэн талд гадуур нь хүрээ татаж дотор талд нь олон дэлбээ бүхий цэцгэн хээ, түүний гадуур жижиг товгор хээг товойлгон дүрсэлсэн. Хадгалалт муу. Хэмжээ нь 12,4 см голчтой, 2,0 см зузаан. 5,5 см урт, нөмрөг ваарны хэсэг залгаатай хадгалагдан үлджээ. (Гар зураг 12.1)

№171. (хэсэг LX, өрөг U 25)

Дугуй хэлбэртэй, шаргал өнгийн шавраар хийсэн барилгын нөмрөг ваарны төгсгөл хэсэг. Нүүр ваарны голд нь нааш товойлгон хийсэн хээтэй. Голдоо 5 ширхэг товгор дэлбээтэй цэцгэн хээг дүрслэн хүрээлээд гадуур нь олон тооны жижиг товгор хээгээр бүтэн дугуйруулж чимэглэжээ. Эдгээр дугуй товгор хээг хэд хэдээр нь таслав чаар зааглаж өгсөн нь мэдэгдэнэ. Дотор тал нь толигор бус гараар шавж янзалсан бололтой болхи хийжээ. Хэмжээ нь 8,5 х 5,0 х 1,5 см. (Гар зураг 12.3)

№242. (хэсэг XXXII, өрөг R-16)

Нарийн ширхэг бүхий цагаан шаргал шавраар хийж сайтар хатууруулсан, дугуй хэлбэртэй барилгын нөмрөг ваартай залгах чимэглэлийн нүүр ваарны хэсэг. Бүтэн олдсон. Нөмрөг ваартай залгадаг хэсэг нь тодорхой мэдэгдэнэ. Нүүрэн талдаа 2,3 см өргөн хүрээтэй, түүний дотор талд голд нь нэг, тойроод таван том, таван жижиг дэлбээ бүхий цэцгэн хээтэй. Түүний гадуур жижиг товгор хээг битүү тойруулан товойлгож дүрсэлжээ. Хэмжээ нь 12 см голчтой, 1,8 см зузаан. Хадгалалт муу. (Гар зураг.12.4)

№ 115. (хэсэг LI, өрөг X-22)

Дугуй хэлбэртэй шар шавраар хийж сайтар шатаасан, барилгын чимэглэлийн нүүр ваарны хагархай. Шатаалт нь хэтэрсэн бололтой маш гүн хар, саарал өнгөтэй болсоноос гадна бага зэрэг яажийж хэвээ алдсан. Өмнөх нүүр ваартай ижил нүүрэн талын гадуур нь хүрээлэн дотор нь хээг тавьсан боловч хээ нь хэт шаталтаас болсон бололтой хэвээ алджээ. Юутай ч голдоо цэцгэн хээ байсан нь мэдэгдэх ба тойроод товгор хээг дүрсэлсэн нь сайн хадгалагджээ. Нөмрөг ваартай залгах хэсэг нь бага зэрэг эмтэрсэн боловч нүүрэн тал нь бүтэн. Хэмжээ нь 12,5 см голчтой, 1,8 см зузаан. (Гар зураг.12.5)

№ 68. (хэсэг LIX, өрөг T-26)

Энэ нь шаргал шавраар хийсэн, бор шаргал өнгөтэй, муу хадгалагдсан хээтэй, барилгын дээврийн нөмрөг ваарны залгаа нүүр ваарны хэсэг юм. Нүүрэн талд нь гадуураа хүрээтэй, голд нь нааш товойлгон дүрсэлсэн олон дэлбээтэй цэцгэн хээтэй. Тойрсон жижиг товгор хээнүүд нь мэдэгдэхгүй болжээ. Дотор талыг нь гараар барьж зассан бололтой болхи хийцтэй. Нөмрөг ваартай уулзах хэсгээрээ хугарсан. Хэмжээ нь 12 см гол чтой, 1,7 см зузаан. (Гар зураг.12.6)

№. 206. (хэсэг XXXII, өрөг R-15)

Шар шавраар хийж сайтар шатаасан барилгын нөмрөг ваарны төгсгөлийн залгаа н үүр ваар. Дугуй хэлбэртэй, нөмрөг ваартай залгаж байсан хэсэг нь эмтэрч унасан. Нүүрэн талд нь тойруулан хүрээ татаж дунд нь голдоо нэг тойроод найман дэлбээ бүхий цэцгэн хээг товойлгон дүрсэлжээ. Тэдгээрийг тойруулан жижиг товгор хээгээр чимэглэсэн байна. Ар тал нь тэгш цулгуй. Хэмжээ нь 11,7 см голчтой, 2,0 см зузаан. (Гар зураг.12.7)

№ 220. (хэсэг XLIX, өрөг N-23)

энэ нь шар шавраар хийж сайтар хатууруулан шатаасан барилгын нөмрөг ваарны залгаа чимэглэл. Нөмрөг ваартай залгаж байсан хэсэг нь бага зэрэг эмтэрсэн болов ч нүүрэн тал нь харьцангуй бүтэн олдвор аж. Дугуй хэлбэртэй, нүүрэн талыг нь тойруулан 2,0 см өргөн хүрээг татаж голд нь нэг том дэлбээг тойрсон таван дэлбээ, тэдгээрийг тойрсон мөн тооны дэлбээ бүхий цэцгэн хээг товойлгон чимэглэжээ. Түүнийг тойруулан мөн л жижиг товгор хээг тойруулан дүрсэлжээ. Ар талын гадаргуу нь нөмрөг ваартай залгаж байсан хэсэгтээ эмтэрсэн, бусад хэсэг нь тэгш гадаргатай. Дотор талд нь шатсан ул мөр болох тортог үлджээ. Хэмжээ нь 12 см голчтой, 2,0-2,1 см зузаан. (Гар зураг 12.8)

№ 79. (хэсэг LXX, өрөг Y-30)

Нарийн ширхэгтэй цагаан саарал шавраар хийсэн, дугуй хэлбэртэй. Хэмжээний хувьд бага. Нүүрэн тал нь гадуураа 2,0 см өргөн хүрээтэй, голдоо нааш товойлгон дүрсэлсэн хээтэй байжээ. Хэмжээний хувьд бага учир бүрэн тодорхойлох боломжгүй байна. Ар тал нь жигд бус сараачмал зураастай. Хэмжээ нь 5,8 x 4,5 x 1,7 см. (Гар зураг 12.11)

Дөрөв. Барилгын шавар чимэглэлүүд

№ 207. (хэсэг LI, өрөг X-23)

Нарийн ширхэгтэй саарал шаргал шавраар сайтар хатууруулан хийсэн, дээврийн тосгуур ваартай адил хавтгай хэлбэртэй эдлэл дээр нааш товойлгон хүний чих мэт товгор хээг гаргаж өгчээ. Чих мэт товгор хээтэй хэсгийг бүхэлд нь улаан зосон будгаар будсан нь үлдэж хоцорчээ. Харин уг эдлэлийн хавтгай хэсгийг нь бүхэлд нь будалгүй хэд хэдэн улаан дугуй толбо зурж өгчээ. Бид уг эдлэлийг барилгын дээвэр дээр нөмөрч байх зориулалттай, ямар нэгэн амьтны дүрийг дүрсэлсэн чимэглэлийн зориулалттай эдлэлийн хэсэг болов уу хэмээн таамаглав. Хэмжээ нь 15,3 x 13,2 x 2,9 см. Чих мэт товгор хээний өргөн 9,0 см, өндөр нь 2,5 см. (Гар зураг 13.1)

№ 176. (хэсэг XXXIII, өрөг U-16)

Нарийн шигшсэн хөх шавраар хийж сайтар хатууруулан шатаасан хавтгай эдлэл. Нүүрэн тал нь хэсэг бусаг улаан будагны үлдэц бүхий улаавтар өнгөтэй, дотор тал нь бор шаргал. Нүүрэн талд нь өөрөөс нь товойлгон гаргасан нарийн босоо ирмэг бүхий хүний чих мэт товгор хээтэй, түүний хажуугаар мөн амьтны эвэр мэт товгор хээтэй. Мөн нүүрэн хэсгийг нь хурц багажаар хөндлөн тууш гэх мэтээр хэдэн эгнээ гаргасан хэрчлээстэй аж. Хэмжээний хувьд жижиг учир чухам ямар хээ, ямар амьтныг дүрсэлсэнийг тодорхойлох боломжгүй ажээ. Дотор тал нь толигор.

126

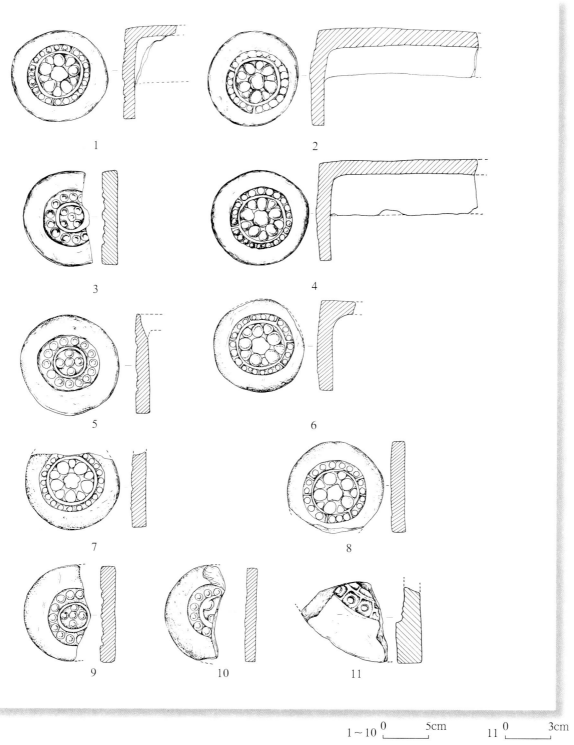

1~10 0   5cm   11 0   3cm

Гар зураг. 12. Малтлагаас илэрсэн дээврийн нүүр ваарууд

Бид хэлбэр хийцээр нь барилгын чимэглэл гэж таамаглав. Хэмжээ нь 16,4 х 13,7 х 2,8 см. Хадгалалт муу. Хоёр хэсэг хугарсан байдалтай бидэнд олдсон юм. (Гар зураг 13.2)

№ 143. (хэсэг XXXII, өрөг U-15)

Нарийн ширхэгтэй саарал шаргал шавраар хийсэн, дээврийн тосгуур ваартай адил хавтгай хэлбэртэй эдлэлийн дээр нь нааш товойлгон хүний чих мэт товгор хээг гаргаж өгч ээ. Чих мэт товгор хээтэй хэсгийн үзүүр нь улаан зосон будгаар будсан. Харин уг эдлэлийн хавтгай хэсгийг нь бүхэлд нь будалгүй хэд хэдэн улаан дугуй толбо зурж өгчээ. Мөн уг эдлэлийг захаар болон чих мэт зүйлийн орчимд гурвалжлан хурц үзүүртэй багажаар хэр члээс гаргаж хээлсэн. Бид уг эдлэлийг барилгын дээвэр дээр нөмөрч байх зориулалттай ямар нэгэн амьтны дүрийг дүрсэлсэн чимэглэлийн зориулалттай эдлэл болов уу хэмээн таамаглаж байна. Хэмжээ нь 15,3 х 10 х 2,7 см. Чих мэт товгор хээний өргөн 0,8 см, өндөр нь 2,3 см. (Гар зураг 13.3)

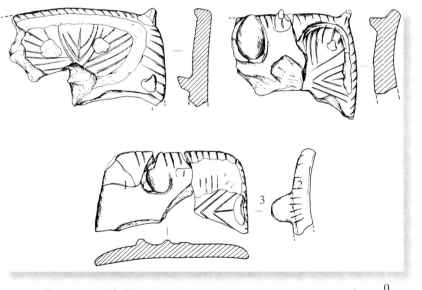

Гар зураг. 13. Малтлагаас илэрсэн шавар чимэглэлүүд 0 ⊢___⊣ 5cm

№ 245. (хэсэг LII, өрөг X-22)

Нарийн ширхэгтэй саарал шаргал шавраар сайтар хатууруулан хийсэн, дээврийн тосгуур ваартай адил хавтгай хэлбэртэй эдлэлийн дээр нь нааш товойлгон хүний чих мэт товгор хээг гаргаж өгчээ. Чих мэт товгор хээтэй хэсгийг бүхэлд нь улаан зосон будгаар будсан нь үлдэж хоцорчээ. Харин уг эдлэлийн хавтгай хэсгийг нь бүхэлд нь будалгүй хэд хэдэн улаан дугуй толбо зурж өгчээ. Хэмжээ нь 17,3 х 14,2 х 3 см. Чих мэт товгор хээний өргөн 9,0 см, өндөр нь 2,5см. (Гар зураг 14.1)

№ 124. (Сек LXYIII, кв Q-30)

Нарийн ширхэгтэй шар шавраар хийж шатаасан, хавтгай хэлбэртэй, зарим газраа улаан будагны ором үлдэц бүхий бор шаргал өнгөтэй чимэглэлийн хэсэг. Эдлэлийн хоёр талын ирмэгийг төдийлөн хурц бус гаргасан бөгөөд түүний ирмэгээр хөндлөн гүн хэрчиж зурсан хэрчлээс бүхий. Эдлэл гурван талаараа эмтэрч хагарсан. Дотор тал нь толигор жигдхэн. Хэмжээ нь 10,7х11,2х3 см. (Гар зураг 14.2)

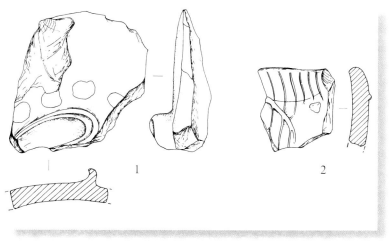

Гар зураг. 14. Малтлагаас олдсон барилгын шавар чимэглэлүүд

0 ____ 5cm

№ 117. (хэсэг LIX, өрөг Q-27)

Нарийн ширхэгтэй шар шавраар хийж сайтар хатууруулан шатааж хийсэн, барилгын чимэглэлийн хэсэг. Амьтны хэл мэт угаараа бүдүүн үзүүр хэсэг рүүгээ нарийссан. Бор хүрэн өнгөтэй. Ямар нэгэн зүйлд залгаатай байгаад хугарч унасан бололтой. Мөн дээр нь нааш товойлгон хүний чих мэт товгор хээг чимэглэлийн дунд хэсэгт гаргаж өгчээ. Түүнчлэн үзүүр хэсэгт нь жижиг товгор эвэр мэт чимэглэлтэй. Чухам ямар зориулалттай болох нь тодорхой бус ч сайтар ажиглахад хүний нүүрийг санагдуулна. Барилгын чимэглэлийн зориулалттай болов уу хэмээн бид таамаглав. Хэмжээ нь 30 х 12 х 3,3 см. (Гар зураг 15.1)

№ 174. (хэсэг XXXIII, өрөг U-16)

Нарийн шигшин шатаасан цагаан өнгийн шохойгоор хийж, улаан болон хөх өнгийн будгаар алаглуулан будсан гурвалжин хэлбэртэй шохойн эдлэл. Чухам ямар зориулалттай болох нь тодорхой бус. Гадаргуу нь толигор өнгөлсөн бололтой бол дотор тал нь арзгар аж. Бид барилгын дээврийн чимэглэлийн хэсэг болов уу хэмээн таамаглав. Бидний малтлагаас олдсон барилгын чимэглэлүүд ихэвчлэн шавраар хийж хатууруулсан байсан бол шохойгоор хийсэн энэ чимэглэл нь ихээхэн сонирхол татаж буй юм. Хэмжээ нь 16,1 x 9,4 x 4,8 см. (Гар зураг 15.2)

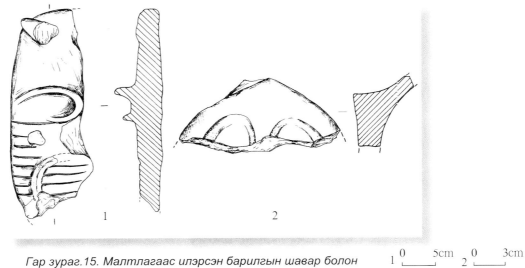

Гар зураг.15. Малтлагаас илэрсэн барилгын шавар болон шохойн чимэглэлүүд

№151. (хэсэг XXXII, өрөг R-15)

Малтлагын явцад нарийн ширхэгтэй, шар шавраар хийсэн нарийнхан урт гонзгой хэлбэртэй, гараар шавж хийсэн бололтой жигд бус болхи хийц бүхий эдлэлүүд хэсэг хэсэг байдлаар цөөнгүй олдсон юм. Тэдгээрийн нэгээхэн хэсэг нь энэхүү хоёр эдлэл бөгөөд хоорондоо хэлбэр хийц, шавар найрлагын хувьд адил боловч нийлэхгүй байна. Уг эдлэлийн нэг босоо захаар нь морь малын дэл мэт гарган зурсан хэрчлээстэй. Чухам ямар зүйл дээр суурилуулдаг, ямар хэлбэр хийц, зориулалттай болох нь тодорхой бус. Хар, улаан будгаар хослуулан будсан байсан бололтой. Бид барилгын чимэглэлийн зориулалттай болов уу хэмээн таамаглав. 1-р чимэглэлийн хэмжээ нь 11,4 см урт, 3,3 см өргөн, 1,9 см зузаан. 2-р эдлэлийн урт нь 8,5 см, өргөн нь 2,7 см, зузаан нь 1,9 см.

Өвөр хавцалын амны дөрвөлжингийн малтлагаас илэрч буй дээврийн ваар үндсэндээ нөмрөг ваар, тосгуур ваар болон нүүр ваар гэсэн гурван хэлбэртэй байна. Бид дээр дээврийн төгсгөл нүүр ваарны тухай өгүүлсэн учир одоо зарим нэгэн тосгуур болон нөмрөг ваарны талаар товч өгүүлье. Байгууламж нь ихээхэн нурсан учир нь малтлагаас гарч буй дээврийн ваарууд нь ихээхэн эвдэрсэн байдалтай. Эдгээрээс харьцангуй бүтэн үлдсэн хэд хэдэн дээврийн ваарыг товч тодорхойлбол,

Тав. Дээврийн нөмрөг ваарууд

№ 252. (хэсэг XXXII, өрөг Q-15)

Шаргал өнгийн шавраар хийсэн, гадаргууд нь шохойн өнгөр тогтсон, нумарсан хэлбэртэй барилгын дээврийн нөмрөг ваарны хэсэг. Уг ваарны төгсгөлийн нүүр ваартай залгадаг хэсэг нь эмтэрч унажээ. Харьцангуй бүтэн. Дотор талд нь таарны иржгэр хээ тогтсон. Гадаргууд нь анх уг дээврийн ваарыг хийж байх явцад хусаж янзалсан бололтой тууш зураасууд тогтжээ. Хэмжээ нь 28,8 см урт, 12,7 см өргөн, 2,5 см зузаан. (Гар зураг .16.1)

№ 112. (хэсэг XXXI, өрөг Q-16)

Шаргал өнгийн шавраар хийж сайтар хатууруулж шатаасан, нумарсан хэлбэртэй, толигор гадаргуутай дээврийн нөмрөг ваарны хагархай. Тал хэсэг нь хагарч үгүй болсон. Дотор талд нь таарны иржгэр хээ тогтсон. Гадаргууд нь шаврыг нойтон үед нь засах явцад үүсэн бололтой хээ мэт хэд хэдэн тууш зураастай. Өөр нөмрөг ваартай залгагддаг залгаа хэсэг нь бүтэн үлдсэн. Хэмжээний хувьд жижиг. Хэмжээ нь 15 x 12,8 x 2,1 см. (Гар зураг .16.2)

Гар зураг. 16. Малтлагаас олдсон дээврийн нөмрөг ваарууд

№ 198. (хэсэг XXXII, өрөг Q-16)

Нарийн ширхэгтэй шаргал өнгийн шавраар хийж сайтар шатаасан, саарал, шаргал өнгөтэй барилгын дээврийн нөмрөг ваарны хагархай хэсэг. Нүүр ваартай залгах хэсэгтээ хагарсан ч нүүр ваар нь харьцангуй бүтэн. Нөмрөг ваарны төгсгөл хэсэг хагарч үгүй болсон. Нүүр ваар нь ихээхэн ур хийц муутай, анх хийх үед ихээхэн хэвээ алдсан. Юутай ч нүүр ваарны голд нь тойрсон 10 дэлбээ бүхий цэцгэн хээтэй байсан тодорхой мэдэгдэнэ.

Хадгалалт муу. Хэмжээ нь нүүр ваарны хамт 19,4 см урт, 12,7 см өргөн, 2,8 см зузаан. Нүүр ваарны голч нь 12,2 см, 2,2 см зузаан.

№ 112. (хэсэг LII, өрөг Y-21)

Бага зэрэг чулуулагтай шаргал өнгийн шавраар хийсэн, бор шаргал өнгөтэй, сайтар шатаасан, төгсгөлийн нүүр ваар нь залгаатай хадгалагдан үлдсэн нөмрөг ваарны хагархай. Харин төгсгөлийн нүүр ваар нь харьцангүй бүтэн үлджээ. Уг ваарны гадаргууд нь анх нойтон үед нь хурц багажаар хусаж янзалсан бололтой тууш зураас тогтож үлдсэн. Дотор тал нь иржгэр таарны хээ тогтсон. Нүүр ваар нь дугуй хэлбэртэй, тойрсон 1,6 см өргөн хүрээтэй, түүний дотор талд голдоо нэг тойрсон таван дэлбээ бүхий цэцгэн хээг товойлгон дүрсэлсэн. Тэдгээрийг тойрон жижиг товгор хээг товойлгон урлажээ. Хэмжээ нь нүүр ваарны голч 11,8 см, 2,4 см зузаан, нөмрөг ваарны урт 13,7 см, өргөн нь 12,4 см, зузаан нь 2,4 см.

Зургаа. Дээврийн тосгуур ваарууд

129. (хэсэг XLII, өрөг N 22)

Нарийн ширхэгтэй шар шавраар хийж сайтар шатаасан, хагас нумарсан хэлбэртэй, дээврийн тосгуур ваарны хэсэг. Толигор гадаргуутай бөгөөд гадаргуу дээр нь дунд хэсэгт үзүүртэй зүйлээр долгионтсон хээг тасархай байдлаар зуржээ. Дотор талдаа таарны иржгэр хээ тогтсон. Төгсгөлийн хэсэг нь эвдэрч үгүй болсон учир түүнийг уртыг мэдэх боломжгүй. Өргөн нь үзүүр хэсгээрээ 18,3 см, төгсгөл хэсэгтээ бага зэрэг өргөсөж 20,3 см болжээ. Зузаан нь 2,0 см.

№ 266. (хэсэг LI, өрөг L 20)

Дунд зэргийн чулуулагтай шар шавраар хийж сайтар хатууруулан шатааж хийсэн, хагас нумарсан хэлбэртэй, бор хүрэн өнгөтэй тосгуур ваар. Хэд хэдэн хэсэг хагарсан байдалтай олдсон юм. Нэг үзүүр нь өргөн, нөгөө үзүүр рүүгээ шувтан хэлбэртэй. Төгсгөл хэсгийг дугуйруулан сайтар зассан. Дотор талд нь бүхэлдээ торлосон мэт иржгэр хээ тогтсон нь анх хийхдээ таар дэвсэн хэвлэж байсныг илтгэнэ. Гадаргуу дээр нь цөөн тооны долгион маягийн хээ тогтсон. Хэмжээ нь 32,6 см урт, үзүүр хэсгээрээ 20,4 см, төгсгөл хэсгээрээ 18,3 см, зузаан нь 2,0 см. (Гар зураг.17.1)

№ 122. (хэсэг L, өрөг N-20)

Нарийн ширхэгтэй хөх шавраар хийж сайтар шатаасан. Гадаргуу дээр нь шохойн

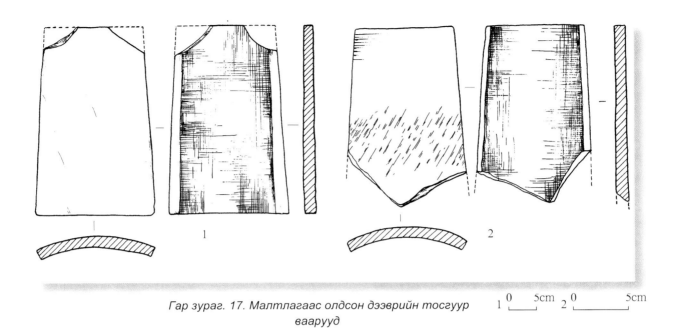

Гар зураг. 17. Малтлагаас олдсон дээврийн тосгуур
ваарууд

1 ⌊0 __ 5cm __⌋ 2 ⌊0 __ 5cm __⌋

зузаан өнгөр тогтсон дээврийн тосгуур ваарны хагархай. Хагас нумарсан хэлбэртэй, төгсгөл хэсгийг засаж тэгшилсэн. Нэг үзүүр нь өргөн, нөгөө үзүүр рүүгээ шувтан. Дотор талд нь иржгэр таарны хээ тогтжээ. Хоёр булан нь эмтэрсэн. Бусад хэсэг нь үндсэндээ бүтнээрээ. Ямар нэгэн хээ чимэглэл үгүй. Хэмжээ нь 15 см урт, 21,6х18,6 см өргөн. 2,1 см зузаан. (Гар зураг 17.2)

Долоо. Барилгын тоосго

№. 268. Бунхант барилгын өрлөгийн тоосго

Бидний малтлагаар илэрсэн бунханыг дан тоосгоор өрж барьсан байсан юм. Тэдгээрийн тоосго нь басхүү хоорондоо бага зэрэг ялгаатай байна. Энэхүү тодорхойлж буй тоосго нь хөх шавраар хийж сайтар хатууруулсан, тэгш өнцөгт хэлбэртэй. Гадуур нь шохойны өнгөр тогтсоноос шаргал өнгөтэй болжээ. Тууш, нарийвтар олсон хээтэй. Хэмжээ нь 32,2 см урт, 4,8 см зузаан, 14,8 см өргөн. (Гар зураг.18.1)

№. 270. (хэсэг XXXI, өрөг X-13)

Тэгш өнцөгт хэлбэртэй, дунд зэргийн чулуулагтай шар шавраар хийн сайтар шатаасан барилгын өрлөгийн зориулалт бүхий тоосго. Бидний малтан судалсан дөрвөлжин хэмээх дурсгалын дээд талын барилга нь эрт цагт нурсан бололтой барилгын хэрэглэгдэхүүн нь ихэд сүйдсэн бүтэн барилгын материал ховор байсан юм. Энэхүү тоосго нь нэг өнцөг нь бага зэрэг эмтэрсэн. Хөндлөн бүдүүвтэр олсон хээтэй. Нэг талын гадаргуу нь толигор тэгш бол нөгөө тал нь барзгар гадаргуутай. Хадгалалт сайн. Хэмжээ нь 27,7 см урт, 13 см өргөн, 6,1 см зузаан. (Гар зураг 18.2)

№ 267. (хэсэг XLI, өрөг Y-22)

Дунд зэргийн чулуулаг бүхий шар шавраар хийсэн, шатаалт сайтай, тэгш өнцөгт хэлбэр бүхий барилгын өрлөгийн шар тоосго. Нэг буландаа бага зэрэг хэлтэрч унасаныг эс тооцвол бүтэн, хадгалалт сайн. Хэмжээ нь 28х12,8х6,1 см. (Гар зураг 18. 3)

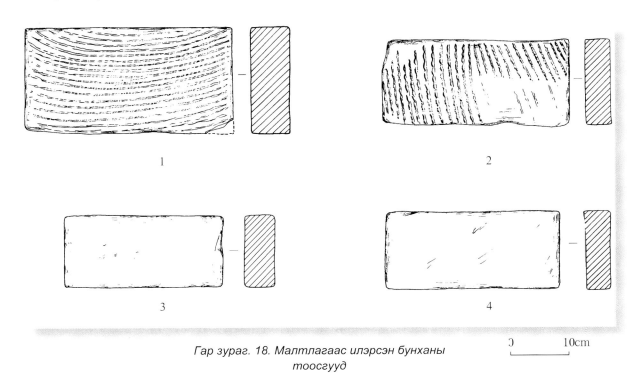

1

2

3

4

Гар зураг. 18. Малтлагаас илэрсэн бунханы тоосгууд

0   10cm

№ 16. (хэсэг LII, өрөг U-22)

Нарийн ширхэгтэй цайвар хөх шавраар хийж шатаасан, тэгш өнцөгт хэлбэртэй, барилгын өрлөгийн тоосго. Тоосго дундуураа болон өнцөг хэсэгтээ хугарсан. Тоосгоны нэг тал нь толигор нөгөө талд нь хүний гарын 2 хуруны мөр үлдэж хоцорчээ. Малтлагын явцад ийм хуруны, алганы хээтэй тоосго цөөнгүй олдсон билээ. Хэмжээ нь 9.2х8.3х4см (Гар зураг 19.1)

№ 170. (хэсэг XXXIX, өрөг J-11)

Цагаан шаргал шавраар хийсэн, шатаалт сайтай барилгын өрлөгийн тоосго. Тоосгоны гуравны нэг хэсэг нь хагарч үгүй болсон. Дөрвөлжин тэгш өнцөгт хэлбэртэй. Нэг талын гадаргуу дээр нь хөндлөн олсон хээг зайгүй тавьжээ. Гол хэсгээрээ ийм хээ нь шигүү, харин захаараа сийрэг тавигджээ. Нөгөө тал нь цулгуй хээгүй. Хэмжээ нь 22,2 см урт, 14,4 см өргөн, 5,2 см зузаан. (Гар зураг 19.2)

№. 169. (хэсэг XL, өрөг О-20)

Нарийн ширхэгтэй шаргал шавраар хийж шатаасан, тэгш өнцөгт хэлбэртэй. Тоосгоны 3/1 орчим нь таллаж хагарчээ. Тоосгоны нэг тал нь толигор харин нөгөө талд нь ханан хээг товойлгон гаргаж чимэглэжээ. Бусад тоосгоноос өвөрмөц, харьцангуй зузаан. Хээ нь нэлээд элэгджээ. Ийм тоосго өөр илрээгүй юм. Хадгалалт сайн. Хэмжээ нь 17,5 см урт, 8,2 см өргөн, 7,2 см зузаан. (Гар зураг.19.3)

Бунханы шалны тоосго

Бунхант барилгыг малтан цэвэрлэх явцад шалыг тоосго дэвсэн шалласан байсан нь мэдэгдсэн бөгөөд эрт цагт тонуулчид уг бунханд нэвтрэхдээ тэдгээр шалны тоосгыг мөн адил зориуд бусниулан тараан хаясан бололтой байна. Тэдгээр шалны тоосгоны цөөн хэсэг нь бүтэн үлдсэн билээ. Тэдгээрийн нэг болох энэхүү тоосго нь дунд зэргийн ширхэгтэй хөх шавраар хийж сайтар шатаасан. Уг тоосгоны гадна тал нь шаргал өнгөтэй. Нэг талдаа урташ нь дүрсэлсэн олсон хээтэй. Бунханы ханын өрлөгийн тоосгоны ихэнх нь хөндлөн олсон хээтэй бол шалны тоосгонууд урташ дүрсэлсэн олсон хээтэй юм. Чийгтэй газар удаан хэвтсэнээс өнгөн хэсэгт нь шохойн өнгөр тогтсон боловч тоосгоны чанарт огтхон нөлөөлөөгүй байна. Хадгалалт сайн. Хэмжээ нь 22 см урт, 17 см өргөн, 4,8 см зузаан. (Гар зураг 19.4)

№. 197. (хэсэг XL, өрөг О-25)

Бага зэрэг чулуулагтай хөх шавраар хийсэн, шатаалт сайтай, тэгш өнцөгт хэлбэртэй. Хэмжээ нь нилээд том байсан бололтой хоёр талаасаа хагарч унажээ. Уг тоосгоны нэг талд олон эгнээ босоо урт зураас бүхий хээ мэт зүйл дүрсэлсэн байна. Харин тоосгоны нөгөө тал нь толигор тэгш. Хэмжээ нь 15,6 x 14,1 x 5,7 см.

Бидний малтлагын явцад 6 янзын хэлбэр, хэмжээ бүхүй тоосго, тоосгоны хагархай илэрч олдсон юм. Эдгээр тоосго болон тоосгоны хагархайнууд нь олон янз байгаагаас үзвэл, эрт цагт уг байгууламжийг босгохдоо урьд нь хийгээд өөр зүйлд хэрэглэж агсан хуучин тоосго, тоосгоны хагархайнуудыг басхүү зөөвөрлөн авчирч ашиглажээ гэсэн сэтгэгдэл төрүүлж байна. Малтлага хийгдсэн Өвөр хавцалын амны 3-р дөрвөлжингөөс 18 орчим км зайд буй эртний Уйгур улсын нийслэл Хар балгас (Орду-балык) хот болон түүний орчин тойрноос олддог тоосготой хэмжээ, хэлбэр, хийцийн хувьд адил буюу ойролцоо тоосгонууд ч бидний малтан судалсан бунханаас илэрч олдсон юм. Энэ нь дөрвөлжингүүд хэмээх дурсгалууд нь Хар балгас түүний оршин суугчидтай ямар нэгэн холбоотой байж болох юм гэсэн санаа биднийг хөтөлж байна.

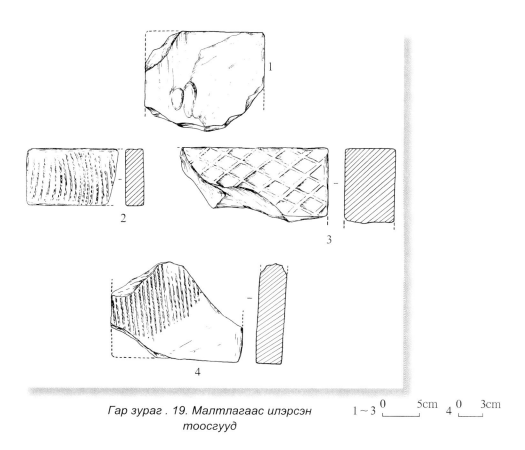

Гар зураг . 19. Малтлагаас илэрсэн
тоосгууд

1~3   0 ___ 5cm   4   0 ___ 3cm

ТӨГСГӨЛ

1998 онд Монгол улсын Архангай аймгийн Хотонт сумын нутаг, Хархорум хотоос баруун хойд зүгт холгүй газарт буй өвөрмөц зохион байгуулалт бүхий дурсгалуудыг бид илрүүлэн олсон юм[1]. Бие биедээ ойрхон таван өөр газарт байрласан тэдгээр дурсгалыг нутгийнхан "Дөрвөлжингүүд" хэмээн нэрлэнэ. Одоогийн байдлаар бүгд 26 дөрвөлжин илэрч олдоод байна. Дөрвөлжингүүд болон тэдгээрийн ойр тойрноос хээтэй, хээгүй ваар савны хагархайнууд, бүтэн болон хагархай тоосгонууд, барилгын шаваас зэрэг зүйлс олдож байлаа.

2005 онд бид дээр дурдсан 26 дөрвөлжингүүдийн дэвсгэр зураг болон эрдэм шинжилгээний тодорхойлолтуудыг үйлдэн, эдгээр дурсгалууд нь эртний Уйгур улсын үед холбогдох боломжтой юм гэсэн урьдчилсан санал, таамаг дэвшүүлсэн өгүүлэл нийтлүүлсэн билээ[2].

Дөрвөлжингүүд хэмээх дурсгал нь урьд өмнө олдож судлагдаж байгаагүй, өвөрмөц шинэ дурсгалуудын хувьд бидний анхаарлыг ихэд татсан юм. Монголын Үндэсний музей, Нүүдлийн соёл иргэншлийг судлах олон улсын хүрээлэн, БНХАУ-ын ӨМӨЗО-ны Соёлын өв, археологи судлалын хүрээлэнгийн хамтарсан судлаачид 2006 оноос дөрвөлжингүү дэд малтлага судалгааны ажлыг эхлүүлсэн юм. Тус хамтарсан судалгааны ангийнхан гурван өөр газарт буй гурван дөрвөлжинг сонгон авч малтаж эхлээд, 2007 онд тэрхүү 3 дөрвөлжингийн малтлага бүрэн дууссан билээ.

Монгол-Хятад хоёр улсын хамтарсан судалгааны ангийнхан 2006-2007 онд дөрвөлжингүүдэд явуулсан малтлага судалгааны урьдчилсан дүнгээс үзвэл, дараах хэдэн зүйлс одоогоор илэрч мэдэгдээд байна. Үүнд:

Дөрвөлжингүүд хэмээх эл дурсгалууд нь эртний нүүдэлчдийн бунхант оршуулга мөн байна. Түүнийг үйлдэгчид нь сонгон авсан газартаа 3-5 м гүнзгий нүх ухаад, газрын хөрсөн дор тусгай барилга байгуулаад, тэр бунхандаа талийгаач нарыг эд өлгийн зүйлсийн

---

(1). А. Очир, У. Эрдэнэбат, Ч. Амартүвшин. Хангайн нуруунд хийсэн археологийн хайгуул судалгаа. УБ.,1998 он, //ШУА-ын Археологийн хүрээлэнгийн гар бичмэлийн сан хөмрөг

(2).А.Очир, А. Энхтөр, Б. Анхбаяр, Ц. Одбаатар. Дөрвөлжингүүд хэмээх дурсгалын тухай. // Nomadic studies 11. УБ., 2005 он. тал 37-39

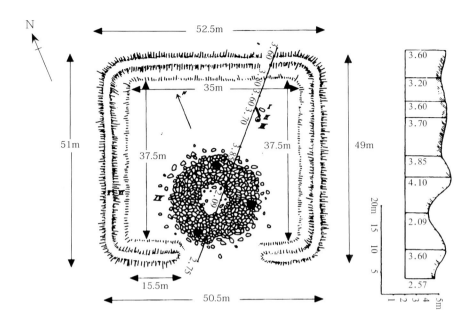

Fig. 3. Das Grab am See Šine-usu. (I) kürzeres Stück des Inschriftensteins, (II) längeres Stück des Inschriftensteins, (III) Sockelstein, (IV) geöffneter Grabhügel, (V) Erdwall, (VI) Wallgraben.

Зураг. 20a. Булган аймаг, Сайхан сум. Могойн шинэ усны дурсгалын дэвсгэр зураг

хамт оршуулдаг байжээ. Тэгэхдээ газрын доорхи бунханаа 3 янзаар бүтээдэг байсан нь мэдэгдэв.

Нэгдүгээрт; Газарт ухсан нүхэн дотроо монгол гэр хэлбэрийн дугуй тоосгон барилга барьж, түүнийхээ үүдийг зүүн зүг рүү хандуулан гаргаад, түүнд хүн орж гарахад зориулсан тусгай тоосгон хүзүүвч үйлддэг байжээ. Мөн хүзүүвчтэй залган байгалийн хөрсийг засч бунханд хүн орж гарах шат гаргасан нь мэдэгдэж байна. Газрын дор барьсан ийм төрлийн дугуй тоосгон барилгад нас барагчаа оршуулаад, тоосго өрж үүдийг нь таглаад, шороогоор булж, газрын хөрстэй тэгшилдэг байжээ.

Хоёрдугаарт; Газрын гүн рүү ташуу байдлаар 2,5-3 м гүнзгий нүх малтсаны дараа газрын доор томоохон нүх ухаж хөндийлөөд, тэр нүхнийхээ шал, хана болон дээд хэсгийг сайтар шатаасан хөх тоосгоор дотолон засаад, мөн уг тоосголсон хөндий нүхэндээ орж гарахад зориулсан хүзүүвч үйлдэн, тэр хүзүүвчтэй залган байгалийн хөрсийг засаж шат гаргадаг байжээ. Нас барагчаа уг тоосгоор дотолосон

нүхэн бунхандаа оршуулаад, түүний хүзүүвчийг тоосгоор өрж таглаад, дээрээс нь газрын хөрстэй тэгширтэл шороогоор булдаг байжээ.

Гуравдугаарт; Газарт ташуу нүх ухаад доторхийг нь хөндийлөн, түүнийгээ тоосгоор доторлолгүй, дотор нь талийгаачаа оруулж оршуулаад, зөвхөн нүхний амсарыг тоосго өрж таглаад, шороогоор булж дардаг байжээ. Иймэрхүү нүхэн бунханд гол төлөв хүүхдүүдийг оршуулдаг байжээ.

Дөрвөлжингүүдийг бүтээгчид нь газрын доор бунханыг хийж нас барагчдыг оршуулаад, бунхнуудыг тойруулан дөрвөлжин зохиомжтой шавар хэрэм барьж хамгаалдаг байжээ.

Шавар хэрэм нь 1,5 м-ээс дээш өндөр бүхүй босоо огцом өндөр байжээ. Мөн шавар хэрмийн үүдний хэсгийг гадна талаар нь шохойн лагшингаар шавардан өнгөлсөн байсан бололтой. Өөр хавцалын амны бидний малтсан дөрвөлжингийн зузаан шохойн шавардлага үлдэж хоцорсон нь үүнийг илтгэнэ. Одоо бидэнд олдоод байгаа 26 дөрвөлжингийн шавар хэрэмний үүд нь бүгд зүүн зүг рүү харсан байна. Шавар хэрмийн гадуур тойруулан суваг ухсан нь бороо, усны аюулаас болон хүн, амьтан уг байгууламжид нэвтрэн орохоос сэргийлсэн хамгаалалт ажээ.

Дөрвөлжингүүдийн шавар хэрмийн төв дунд нь шавраар, эсвэл чулуу тоосго хольж босгосон суварга мэт зүйлийг барьдаг байжээ. Тэрхүү суварга мэт байгууламжийн суурь нь дугуй ба дөрвөлжин хоёр янз байжээ. Бидний малтсан 3 дөрвөлжингийн нэгийнх нь суурь дугуй, бусад хоёр нь дөрвөлжин хэлбэрийн суурьтай бөгөөд тэр суурийг нь шавраар дэлдэж босгон, гадуур нь тулган тоосгоор хана өрж бүтээжээ.

Суварга мэт байгууламжийн дээд оройн хэсэг нь нөмрөг болон тосгуур ваар, гоёмсог нүүр ваараар чимэглэсэн дээвэртэй байсан бололтой. Зарим суварган байгууламжийн гадна ханыг нь тоосгоор хийж, шохойгоор өнгөлөн, хар, улаан будгаар будсан аж. Шавар хэрмийн дундах тэрхүү суварга мэт байгууламж нь тахил тайлга хийхэд зориулсан зүйл байсан ажээ. Мөн зарим тийм тахилын сүмийг шавраар хийж, шатааж бэхжүүлсэн сарьсан багваахайн дүрсээр чимэглэсэн байв.

Нэг дөрвөлжин шороон хэрмийн дотор 1-6 хүний бунхант оршуулга хийж байсан нь одоогийн байдлаар илэрч мэдэгдээд байна. Харин нэг бунханд 2 буюу түүнээс дээш хүний оршуулга тохиолдсонгүй. Нэг дөрвөлжин хэрмийн дотрох олон оршуулгууд нь нэг гэр бүлийн буюу төрөл садан хүмүүсийнх байж болох юм. Өөрөөр хэлбэл, дөрвөлжингүүдийг үлдээгсэд нь гэр бүлийн гишүүд буюу төрөл садныг нэг дор оршуулдаг заншилтай байжээ. Оршуулгын энэ ёс заншил нь зарим дөрвөлжинд буй олон бунхант оршуулгыг бүгдийг нь нэг цаг хугацаанд хамтад нь хийгээгүй, увуу цувуухан хийсэн байж таарна гэсэн сэтгэгдэлийг төрүүлж байна. Харин нэг дөрвөлжинд хэдэн хүнийг оршуулсан ч байсан дөрвөлжин байгууламжийн дунд нэг л суварга мэт байгууламжийг босгодог байсан ажээ.

Шавар хэрмийн дундах суварган байгууламжийг гаднаас нь харахад бурхны шашны суваргыг өөрийн эрхгүй санагдуулна. Тэрхүү байгууламжийн гадна ханыг зарим тохиолдолд шавж өнгөлөн улаан, хар будгаар будаж, дээр нь зураг зурсан байсан бололтой. Тийм улаан, хар өнгийн будаг бүхий барилгын шаваас малтлагаас олдож байв.

Бидний малтан шинжилж буй дөрвөлжингүүд хэмээх эл дурсгалыг чухам хэзээ, хэн бүтээсэн бэ? гэсэн асуулт гарах нь мэдээж. Бидний бодлоор, дөрвөлжингүүд нь эртний Уйгурчуудын бүтээсэн дурсгалууд юм. Энэ талаар хэдэн баримт дурдсугай.

Дөрвөлжингүүдийн гадаад зохион байгуулалт, хийсэн арга нь эртний Уйгурын Моюнч ур хаанд зориулан босгосон тахилын иж бүрэн дурсгалтай ихээхэн төсөөтэй байна. Моюнч ур хааны тэрхүү дурсгал Монгол улсын Булган аймгийн Сайхан сумын нутагт Могойн шинэ ус гэдэг газарт байдаг бөгөөд түүнийг 757-759 онд босгожээ.

Тэрчлэн дөрвөлжингүүдийн малтлагаас болон тэдгээрийн орчин тойрноос эртний Уйгурын үеийн ваар савны онцлогийг илтгэсэн хээ бүхий ваар савны хэгархайнууд олон тоогоор олдож байна.

Мөн бидний малтан судалсан Хулхийн амны дөрвөлжингийн нэгэн бунханаас эртний руни бичигтэй ясан эдлэл олдсон билээ. Руни бичгийг Төв Азийн нүүдэлчдийн дотроос эртний Түрэг, Уйгур нар хэрэглэж байсан юм. Тэгэхлээр дөрвөлжингүүд нь Түрэг, Уйгур хоёрын аль нэгнийх нь үлдээсэн дурсгал гэдгийг бидний олсон руни бичигтэй ясан эдлэл нотолж байна. Гэтэл дөрвөлжингүүд нь эртний түрэгчүүдийн язгуур-нуудын тахилын онгоноос бүтэц, зохион байгуулалтаараа өөр байна. Иймд бид дөрвөлжингүүд нь Уйгур чуудын бүтээсэн бунхант булшууд болов уу хэмээн таамаглаж байна. Уг дурсгалууд нь бас эртний Уйгур улсын нийслэл агсан Орду балык буюу Хар балгас хотоос 16-25 км-т байгааг бид бас харгалзаж байгаа болно. Тусгайлан бунхан барьж, тахилын байгууламжтай хамтад нь цогцолбор байдалтай байгуулсан энэ дурсгалууд жирийн иргэдэд зориулагдаагүй нь мэдээж юм. Дөрвөлжингүүд нь язгууртан, баялаг этгээдүүдэд зориулсан байгууламж гэж бид төсөөлж байна.

Дөрвөлжингүүдтэй адил дурсгалууд урьд нь илэрч олдоогүй, судлагдаагүй байгаа нь энэхүү дурсгалуудыг нэн сонирхолтой, эрдэм шинжилгээний хувьд ч чухал үнэ цэнэтэй болгож байна. Бас нөгөө талаар урьд нь судлагдаагүй шинэ дурсгал учир тэдгээрийг бү тээсэн эзэд, он цаг, учир утгыг тогтооход зарим бэрхшээл байгааг тэмдэглэх нь зүйтэй.

Дөрвөлжингүүдэд 2006-2007 онд явуулсан Монгол-Хятадын хамтаасан археологийн малтлага судалгаа үр дүнтэй болсон бөгөөд бид малтлагаар илэрсэн хэрэглэгдэхүүнүүдийг урьдчилсан байдлаар харьцуулан судалсаны үр дүнд дөрвөлжин хэмээх энэхүү дурсгал бол эртний Уйгурчуудад холбогдоно гэсэн дүгнэлтэнд хүрсэн юм. Хэрэв бидний энэ санал үнэний хувьтай болбоос, эртний уйгурчуудын бунхант оршуулгыг бид анх удаа илрүүлэн олж, түүний бүтэц, зохион байгуулалтыг шинэ дутам танин мэдэх нэгэн шинэ зам нээгдэж байгаа хэрэг болох юм. Тэрчлэн урьд нь илрүүлэн судалж чадаагүй агсан эртний уйгурын язгууртнуудын оршуулгын ёс заншил болон тэдгээрт зориулсан тахилга тайлгын зан үйлийг ч олж мэдэхэд дөрвөлжингүүд маш чухал эх хэрэглэхүүн болох билээ. Энэ бол бидний урьд чилсан санал юм.

Дөрвөлжингүүдэд хийж буй Монгол-Хятад хоёр улсын хамтарсан археологийн малтлага судалгаа цаашид үргэлжилэх болно. Хойшдын судалгаагаар дөрвөлжингүүдийн тухай илүү нарийн тодорхой мэдээллүүдийг олж, судалгаа цаашид гүнзгийрнэ гэдэгт бид итгэл дүүрэн байнам.

CONCLUSION

It was first in 1998 that these mysterious rectangular structures were found in Khotont soum (primary administrative unit) of Arkhangai aimag (province of Mongolia) and in the northern-west side of Kharkhorum city . Local people call this ruins "Durvuljinguud" (Squares) because of its existing shape. These ruins lay not far from each other, and the way they were built were similar. All the squares lie in a similar location in a valley between two mountains. At present time we were found totally 24 "Squares". There were found in abundance diverse fragments of clay potteries and ceramics, broken and undamaged bricks, tiles, and other construction materials.

In 2005 we made some determination and created a basic map and aerial photographs of above-mentioned 24 "Squares". The results of this first survey permit us to presumably conclude that these sites belong to the early Uighur State period. Also our research team was published this hypothesis in scientific article in same year .

This type of remains has never found and researched in Mongolia and it is hard to determine its purpose, application, construction, and the timing. Therefore, these items drew our attention tremendously. Thus, starting from year 2006, National Museum of Mongolian History, International Institute for the Study of Nomadic Civilization of Mongolia and Institute for Study of Cultural Heritage and Archeology of Inner Mongolia, PR China have jointly conducted an excavation work on these remains. The archeological team has selected and excavated three Squares at three different locations in 2007, and was completed the excavation survey on these three Squares.

If we look at the preliminary report on 2006-2007 excavation works prepared by the archeological team, the following facts were disclosed. The monuments, called as the Squares, are the mausoleum burials of early nomads. The builders of the burials dug 3-5 meters deep hole and built a special mausoleum under ground. In that mausoleum, they buried the deceased with their belongings. It is clear to see that the mausoleum burials were built in the three manners.

Firstly, inside the dug-hole, they built a round ger-shaped brick structure with its door facing east and a tube for people to enter and exit. It also can be seen that they built a compressedearth steps next to the tube. After they placed the deceased in a round ger-shaped brick structure, the door will be closed with a brick wall and covered with soil to the ground level.

Secondly, they dug the 2, 5-3 meters ground diagonally with a big hole at the end. Inside the hole, they covered the wall and floor with well-fired blue bricks and also built a tube for entering and exiting; and earth steps next to the tube. They used to put the deceased in the well-lined burial and cover the tube with a brick wall, then with soil up to the ground level.

Thirdly, in some cases, they dug a hole diagonally without brick-lining, put the deceased in the hole and covered it with a brick wall, the soil up to the ground level. These types of burials were usually dedicated for deceased children. The builders of the Squares built a wall around the Squares to protect them. The doors of 24 Squares found so far are all facing to the east. The reason they dug a dyke around the wall is to prevent floods or entering of humans or animals.

In the middle of the wall, they also placed a structure similar to a stupa built with mud or a mixture of rocks and bricks. The foundation of the stupa-like structure was in either round or square shape. One of the Squares we have excavated had a round shape foundation, which was built with mud. Bricks were layered around the mud. Some of the stupa-like structure were built with mud and fired to consolidate; and they were decorated with patterns, such as a shape of a bat.

It looks beautiful when the bottom part of the stupa-like structure is wider and then it narrows as it goes up. The stupa-like structure was plastered and polished from the outside and it has a picture in red and black colors. The fact that we found plasters with red and black paints made us to picture the above image. The stupa-like structure built in the middle of the wall was probably dedicated to conduct a sacred ceremony or worshipping rituals. In the one wall of square there were found a mausoleum burial for 1-6 people. But inside of one mausoleum we found burial of one person. It is maybe, in burials of one wall buried the members of one family or relatives. In other words, the builders of Squares have a tradition to bury a family members or relatives together. It seems that, the mausoleum burials in the one wall made in different times.

Moreover, comparison between the newly and already found squares in terms of their organization, the way they were built, and materials used, will help us to identify the timing and people who owned them. As we think, the squares are the sacred structures of Uighur State. A sacred place dedicated to King Moyunchur (Bayanchur) of Uighur State, was found in a place called Mogoin shine us at Saikhan soum of Bulgan aimag, Mongolia. Its structure is similar to that of the squares we have found.

We can prove our conclusion of connecting the remains to Uigur Dynasty, with the following facts. In specific, we have to mention small pieces of a vase that are found near the squares. Scholars assume that the patterns found on the pieces of a vase were very popular and broadly

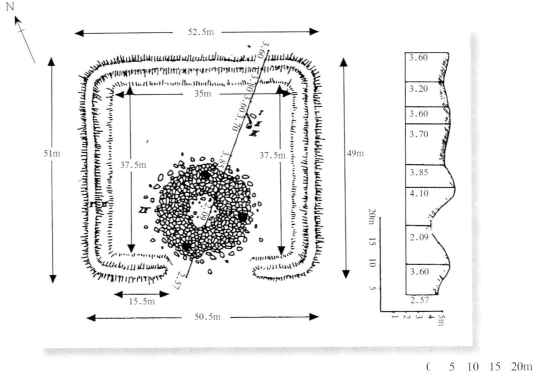

Picture. 20.b. Plan and map of the memorials in Mogoin shine us, Saikhan soum, Bulgan aimag.

used during the Uighur State.

Interestingly, on one of the joints of the bow we found engraved word that consisted of 5 letters in an ancient Runi script. The Runi script was used by Turkeys and Ulghurs among early nomads. Therefore, we think that Squares are the monument of these two nomadic peoples. But Squares have principal differences from the burial sites and sacred places of aristocrats of the early Turkey State on structure and designs. It gives us a thinking that Squares relate to Uighur State. These types of structures are probably dedicated to the spirits of uigur aristocrats and the riches after they passed away. Ordy balik or today's Khar balgas (Black remains), the first capital of Uighur State is located not far from the squares, approximately 10-25 kilometers. The fact that the squares were found near the Uigur capital can be the clue of finding who left them. As we

mentioned before, the squares that we have found are structurally similar and it is clear that they all belong to the same nationality.

If our assumption that the Squares belong to Uighur aristocrats and the riches, is somehow true, we are happy with the result of the excavation work done by Mongolian and Chinese joint research team in 2006-2007. This findings will greatly contribute to further scientific research on Uighur burial structure, burial tradition, their world-view, and furthermore, their culture.

The Mongolian-Chinese joint archaeological survey on Squares will to continue. And we hope that our future survey will discover clear facts and information about Squares and make new hypothesis and conclusions.

Товч ном зүй

1. А.Очир, У.Эрдэнэбат, Ч.Амартүвшин. Хангайн нуруунд хийсэн археологийн хайгуул судалгаа. УБ., 1998 он, //ШУА-ын Археологийн хүрээлэнгийн гар бичмэлийн сан хөмрөг.

2. Х.Пэрлээ. Хуучны дурсгалт зүйлийг сахин хамгаалах дүрмийг биелүүлье. //Товхиц. УБ., 1942. тал 28 (монгол бичгээр), мөн Х.Пэрлээ.Эрдэм шинжилгээний өгүүллүүд. Боть. УБ., 2001.

3. А.Очир, А.Энхтөр, Б.Анхбаяр, Ц.Одбаатар. Монгол-БНХАУ-ын хамтарсан археологийн хайгуул судалгааны ангийн Монголын талын тайлан. МҮТМ номын сан. УБ., 2005 он.

4. А.Очир, А.Энхтөр, Б.Анхбаяр, Ц.Одбаатар. Дөрвөлжингүүд хэмээх дурсгалын тухай. //Nomadic studies. УБ., 2005 он.

5. А.Очир, Л.Эрдэнэболд, А.Энхтөр, Б.Анхбаяр, Ц.Одбаатар, О.Батбаяр. Монгол-БНХАУ-ын хамтарсан археологийн хайгуул судалгааны ангийн Монгогын талын тайлан. МҮТМ номын сан. УБ., 2006 он.

6. Монгол улсын Хэнтий, Сүхбаатар, Дорноговь аймгийн нутаг дахь Нүүдлийн соёл иргэншлийн дурсгалт зүйлст хийсэн археологийн хайгуул судалгаа ба Архангай аймгийн Хотонт сумын нутаг дахь дөрвөлжин дурсгалын малтлага судалгааны ажлийн Хятадын талын тайлан. Хөх хот., 2006 он.

7. А.Очир, Л.Эрдэнэболд "Монгол нутаг дахь Уйгурын бунхант булш". //Тал нутгийн нүүдлийн соёлын гарал үүсэл олон улсын эрдэм шинжилгээний бага хурал. Хөх хот., 2007.8.25-30.

8. Г.И.Рамстедт. Уйгар улсын түүхийн товч. //ШУА-ийн Түүхийн хүрээлэн. ГБСХ. (Монгол бичгээр)

9. Ц.Төрбат. Морьтой нэгэн оршуулга. //SA, t XII, f. 12. УБ., 1998.

10. Ю.С.Худяков. Д.Цэвээндорж. Керамика Орду-Балыка. //Археология Северной Азий. Новосибирск. 1982.

ХАВСРАЛТ

Хавсралт 1.

Малтлагаас илэрсэн олдворуудын жагсаалт 出土遗物登记表

Олдворын дугаар 遗物编号	Олдвор 遗物名称	Гүн /см. 深(cm)	Өрөг 坐标	Хэсэг 探方号
1.	Ваар савны амсарын хагархай 陶器口沿	-204	Y-29	LXIX
2.	Хүний хурууны яс 人趾骨	-204	V-29	LXIX
3.	Хүний чөмөгний яс 人腓骨	-102	L-21	XLVIII
4.	Хүний далны ясны хугархай 人肩胛骨	-136	P-28	LVIII
5.	Улаан будагтай шохойн хэлтэрхий 红彩绘白灰块	-183	T-31	LXVIII
6.	Хээтэй ваар савны хагархай 陶片	-176	Y-24	LII
7.	Ханан хээтэй ваар савны хагархай 网格纹陶片	-175	Z-23	LII
8.	Хэрчлээстэй шавар барилгын чимэглэл 建筑构件	-186	AB-23	LII
9.	Хэрчлээстэй шавар чимэглэл 建筑构件	-183	AB-22	LII
10.	Улаан будагтай шавар чимэглэл 红彩建筑构件	-170	AB-21	LII
11.	Улаан будагтай амьтны толгойн дүрс бүхий шавар чимэглэл 红彩兽面形建筑构件	-114	K-30	LXVI
12.	Бод малын турууны яс 动物脚趾骨	-171	U-28	LX
13.	Бод малын сээрний яс 动物碎骨	-121	U-25	LX
14.	Ваар савны амсарын хагархай 陶器口沿	-161	AB-21	LII
15.	Бог малын чөмөгний ясны хэлтэрхий 羊骨	-160	M-29	LXVII
16.	Барилгын шавар чимэглэл 建筑构件	-159	AB-17	XLIII
17.	Бод малын сээрний яс 动物腿骨	-160	N-30	LXVII
18.	Улаан будагтай шохойн чимэглэлийн хагархай 红彩白灰块	-173	W-28	LX
19.	Улаан будагтай дээврийн ваарны хагархай 红彩板瓦残片	-193	W-29	LXIX
20.	Хээгүй ваар савны хагархай 陶片	-223	AB-27	LXI
21.	Бод малын чөмөгний ясны хугархай 动物腿骨	-69.4	Q-13	XXXII
22.	Нүүр ваарны хагархай 瓦当残块	-86.5	Q-16	XXXII
23.	Хүний чөмөгний ясны хугархай 人股骨残块	-84	Q-16	XXXII
24.	Ханан хээтэй ваар савны хагархай 网格纹陶片	-84	Y-25	LXI
25.	Амьтны толгойн дүрс бүхий шавар чимэглэл 兽面形建筑构件	-80	Q-14	XXXII
26.	Амьтны чөмөгний ясны хугархай 动物骨骼残块	-79	J-24	XLVIII
27.	Барилгын шохойн чимэглэлийн хагархай 白灰建筑构件	-73	J-23	XLVIII
28.	Хээгүй ваар савны хагархай 陶片	-82	O-23	XL
29.	Нүүр ваарны хагархай 瓦当	-60	O-24	XL

30.	Адууны туурайн яс 马脚趾骨	-104.3	O-23	XL
31.	Нуман хэлбэрийн хээтэй ваар савны хагархай 陶片	-111	J-24	XLVIII
32.	Ваар савны амсарын хагархай 陶器口沿	-79	Q-16	XXXII
33.	Бог малын аман хүзүүний яс 动物颈椎骨	-156	M-25	LVII
34.	Барилгын шавар чимэглэл 泥质建筑构件	-182	Q-30	LXVIII
35.	Бөөрөнхий шавар эдлэл 陶器残片	-142	P-24	XLIX
36.	Ваар савны амсарын хагархай 陶器口沿	-126	M-21	LIX
37.	Барилгын шавар чимэглэл 建筑构件	-130	L-25	LVII
38.	Ваар савны ёроолын хагархай 陶器底部残片	-140	M-24	XLIX
39.	Хээтэй ваар савны хагархай 陶片	-103	U-16	XXXIII
40.	Хээтэй ясан эдлэл 骨器	-216	P-26	XLI
41.	Бүтэн тоосго 砖	-150	P-27	LVIII
42.	Бүтэн тоосго 砖	-141	M-24	XLIX
43.	Улаан будагтай дээврийн ваарны хагархай 板瓦	-84	P-27	LVIII
44.	Хүний эгэмний яс 人锁骨	-57	T-17	XLI
45.	Хэрчлээстэй барилгын шавар чимэглэл 建筑构件	-93	S-14	XXXII
46.	Ваар савны хагархай 陶片	-144	W-25	LX
47.	Ваар савны бөөр хэсгийн хагархай 陶片腹部残块	-145	V-25	LX
48.	Нүүр ваарны хагархай 瓦当残块	-152	Q-25	LIX
49.	Хэрчлээстэй шавар чимэглэл 建筑构件	-93	S-14	XXXII
50.	Хэрчлээстэй шавар чимэглэл 建筑构件	-92	S-13	XXXII
51.	Нүүр ваарны хагархай 瓦当残块	-96	S-13	XXXII
52.	Хэрчлээстэй шавар чимэглэл 建筑构件	-94	S-14	XXXII
53.	Улаан будагтай шохойн хэсэг 彩绘墙面	-92	T-14	XXXII
54.	Нүүр ваарны хагархай 瓦当残块	-163	T-14	XXXII
55.	Нүүр ваарны хагархай 瓦当残块	-93	R-27	LIX
56.	Чөмөгний ясны хугархай 股骨	-96	R-15	XXXII
57.	Ваар савны хагархай 陶片	-179	AB-21	LII
58.	Нүүр ваарны хагархай 瓦当残块	-93	R-16	XXXII
59.	Нүүр ваарны хагархай 瓦当残块	-92	R-16	XXXII
60.	Барилгын шавар чимэглэл 建筑构件	-96	N-19	XL
61.	Барилгын шавар чимэглэл 建筑构件	-126	T-14	XXXII
62.	Барилгын шавар чимэглэл 建筑构件	-146	P-25	LVIII
63.	Хэрчлээстэй шавар чимэглэл 建筑构件	-105	O-17	XL
64.	Нүүр ваарны хагархай 瓦当残块	-160	Q-27	LIX
65.	Нүүр ваарны хагархай 瓦当残块	-176	T-27	LIX
66.	Нүүр ваарны хагархай 瓦当残块	-257	AA-28	LXI
67.	Ваар савны амсарын хагархай 陶器口沿	-253	AA-26	LXI
68.	Нүүр ваарны хагархай 瓦当残块	-267	Y-30	LXX
69.	Нүүр ваарны хагархай 瓦当残块	-190	U-28	LX

70.	Бүтэн нүүр ваар 瓦当	-165	X-24	LI
71.	Нүүр ваарны хагархай 瓦当残块	-177	S-14	XXXII
72.	Ваар савны амсарын хагархай 陶器口沿	-168	P-29	LXVII
73.	Ваар савны амсарын хагархай 陶器口沿	-203	O-32	LXVII
74.	Улаан будагтай шавар чимэглэл 彩绘建筑构件	-162	R-25	LIX
75.	Барилгын шавар чимэглэл 建筑构件	-93	R-16	XXXII
76.	Барилгын шавар чимэглэл 建筑构件	-94	R-17	XXXII
77.	Ромбо хэлбэрийн хээтэй ваар савны хагархай 菱形纹陶片	-144	W-23	L
78.	Ромбо хэлбэрийн хээтэй ваар савны хагархай 菱形纹陶片	-141	W-24	LI
79.	Хэрчлээстэй шавар чимэглэл 建筑构件	-130	W-24	LI
80.	Хүний хавирганы ясны хугархай 人肋骨	-134	X-21	LI
81.	Ваар савны амсарын хагархай 陶器口沿	-234	AA-26	LXI
82.	Хэрчлээстэй шавар чимэглэл 建筑构件	-250	AA-28	LXI
83.	Бог малын чөмөгний яс 动物腿骨	-235	Z-26	LXI
84.	Бог малын чөмөгний яс 动物腿骨	-230	Y-27	LXI
85.	Хүний эгэмний яс 人锁骨	-183	Y-27	LX
86.	Ваар савны амсарын хагархай 陶器口沿	-192	Y-28	LX
87.	Хүний хавирганы яс 人肋骨	-175	U-27	LX
88.	Ваар савны хагархай 陶片	-170	Y-22	LII
89.	Барилгын шавар чимэглэл 建筑构件	-165	V-16	XXXII
90.	Бүтэн нүүр ваар 瓦当	-120	U-16	XXXII
91.	Нүүр ваарны хагархай 瓦当残片	-115	U-16	XXXII
92.	Тосгуур ваар (бүтэн) 板瓦（完整）	-116	U-16	XXXII
93.	Хүний чөмөгний яс 人骨	-123	V-15	XXXII
94.	Нүүр ваарны хагархай 瓦当残片	-105	T-16	XXXII
95.	Нүүр ваарны хагархай 瓦当残片	-100	Q-16	XXXII
96.	Улаан будагтай шохойгоор хийсэн чимэглэл 彩绘建筑构件	-111	S-16	XXXII
97.	Ханын өрлөгийн тоосго 砖	-68	S-16	XXXII
98.	Нүүр ваарны хагархай 瓦当残片	-122	O-14	XXXI
99.	Нүүр ваарны хагархай 瓦当残片	-177	O-15	XXXI
100.	Нүүр ваарны хагархай 瓦当残片	-175	O-16	XXXI
101.	Хүний хүзүүний яс 人颈椎骨	-126	Y-29	LXIX
102.	Амьтны толгойн дүрс бүхий шавар чимэглэлийн хагархай 兽面形建筑构件	-100	S-15	XXXII
103.	Нүүр ваарны хагархай 瓦当残块	-102	R-15	XXXII
104.	Нүүр ваарны хагархай 瓦当残块	-101	R-15	XXXII
105.	Бод малын шагай 牛关节骨	- 66	M-25	LVIII
106.	Нүүр ваарны хагархай （нөмрөг ваартай залгаа) 瓦当残块	-112	Q-16	XXXII
107.	Дээврийн нөмрөг ваартай залгаа нүүр ваар 瓦当（与筒瓦连体）	-113	R-16	XXXII
108.	Дээврийн нөмрөг ваартай залгаа нүүр ваар 瓦当（与筒瓦连体）	-110	R-15	XXXII

109.	Барилгын шавар чимэглэл (3ш) 建筑构件（3块）	-102	R-15	XXXII
110.	Нүүр ваарны хагархай 瓦当残块	-101	S-15	XXXII
111.	Дээврийн нөмрөг ваартай залгаа нүүр ваар 瓦当	-99	S-16	XXXII
112.	Дээврийн нөмрөг ваар 筒瓦	-103	S-16	XXXII
113.	Нүүр ваарны хагархай 瓦当残块	102	S-15	XXXII
114.	Барилгын шавар чимэглэл 建筑构件	-103	T-16	XXXII
115.	Нөмрөг ваартай залгаа нүүр ваар 瓦当	-116	U-16	XXXIII
116.	Амьтны толгойн дүрс бүхий шавар чимэглэл 兽面形建筑构件	-118	U-16	XXXIII
117.	Барилгын шавар чимэглэл 建筑构件	-120	Y-16	XXXIII
118.	Нөмрөг ваартай залгаа нүүр ваар 瓦当	-124	Y-15	XXXIII
119.	Барилгын шавар чимэглэл 建筑构件	-126	W-15	XXXIII
120.	Барилгын шавар чимэглэл 建筑构件	-107	U-14	XXXIII
121.	Барилгын шавар чимэглэлүүд (5ш) 建筑构件（5件）	-126	W-16	XXXIII
122.	Тосгуур ваар (бүтэн) 板瓦	-122	U-15	XXXIII
123.	Тосгуур ваар (бүтэн) 板瓦	-123	U-26	XXXIII
124.	Хэрчлээстэй шавар чимэглэл 建筑构件	-124	Y-16	XXXIII
125	Ваар савны хагархай 陶片	-103	R-15	XXXII
126.	Ханан хэлбэрийн хээтэй ваар савны хагархай 网格纹陶片	-129	Ɔ-18	XL
127.	Хээгүй ваар савны хагархай 陶片	-127	R-18	XL
128.	Ромбо хэлбэрийн хээтэй ваар савны хагархай 菱形纹陶片	-186	Y-15	XXXIII
129.	Нүүр ваарны хагархай 瓦当残块	-185	AA-17	XLIII
130.	Нүүр ваарны хагархай 瓦当残块	-189	AB-19	XLIII
131.	Нүүр ваарны хагархай 瓦当残块	-156	T-25	LXIX
132.	Нүүр ваарны хагархай 瓦当残块	-166	Ѕ-25	LIX
133.	Нүүр ваарны хагархай 瓦当残块	-178	S-25	LIX
134.	Нүүр ваарны хагархай 瓦当残块	-179	Ɽ-28	LXIX
135.	Хүний хавирганы яс 人肋骨	-177	R-16	XXXII
136.	Барилгын шавар чимэглэл 建筑构件	-214	Q-28	LXIX
137.	Барилгын шавар чимэглэл (хэрчлээстэй) 建筑构件	-164	Q-28	LXIX
138.	Ваар савны хагархай 陶片	-170	R-16	XXXII
139.	Хээтэй ваар савны хагархай 陶片	-174	Y-16	XXXIII
140.	Нүүр ваарны хагархай 瓦当残块	-174	O-25	LVIII
141.	Нүүр ваарны хагархай 瓦当残块	-171	O-25	LVIII
142.	Хэрчлээстэй шавар чимэглэл 建筑构件	-195	R-30	LXVII
143.	Хэрчлээстэй шавар чимэглэл 建筑构件	-200	Q-30	LXVIII
144.	Хүний эрүүний яс 人颌骨	-203	Q-29	LXVIII
145.	Ваар савны хагархай 陶片	-220	R-30	LXVIII
146.	Хүний хөлийн чөмөгний ясны хугархай 人股骨	-206	S-29	LXVIII
147.	Ваар савны амсарын хагархай 陶器口沿	-226	U-29	LXIX
148.	Нүүр ваарны хагархай 瓦当残块	-220	U-29	LXIX

149.	Ханан хэлбэрийн хээтэй ваар савны хагархай 网格纹陶片	-245	Y-30	LXIX
150.	Ханан хэлбэрийн хээтэй ваар савны хагархай 网格纹陶片	-233	U-29	LXIX
151.	Ханан хэлбэрийн хээтэй ваар савны хагархай 网格纹陶片	-250	Y-30	LXIX
152.	Ваар савны амсарын хагархай 陶器口沿	-247	W-29	LXIX
153.	Ваар савны амсарын хагархай 陶器口沿	-222	U-26	LX
154.	Хүний гарын тахилзуур яс 人骨	-206	U-27	LX
155.	Хэрчлээстэй шавар чимэглэл 建筑构件	-195	Y-26	LX
156.	Нүүр ваарны хагархай 瓦当残块	-179	R-25	LIX
157.	Хүний гарын тахилзуур яс 人骨	-191	R-27	LXIX
158.	Нүүр ваарны хагархай 瓦当残块	-189	R-25	LIX
159.	Хүний хавирганы яс 人肋骨	-183	S-25	LIX
160.	Хээгүй ваар савны хагархай 陶片	-247	W-29	LXIX
161.	Нуман хэлбэрийн хээтэй ваарны хагархай 陶片	-160	W-21	LI
162.	Хүний хавирганы яс 人肋骨	-157	X-21	LII
163.	Нүүр ваарны хагархай 瓦当残块	-195	S-25	LIX
164.	Нүүр ваарны хагархай 瓦当残块	-164	Y-19	XLIII
165.	Нүүр ваарны хагархай 瓦当残块	-187	Y-19	XLIII
166.	Барилгын шохойн чимэглэл 白灰建筑构件	-195	Z-19	XLIII
167.	Нүүр ваарны хагархай 瓦当残块	-198	Z-19	XLIII
168.	Ваар савны хагархай 陶片	-143	I-18	XXXIX
169.	Ханан хээтэй тоосго 网格纹陶片	-140	O-19	XL
170.	Олсон хээтэй тоосго 绳纹砖	-136	J-17	XXXIX
171.	Нүүр ваар (бүтэн) 瓦当	-102	Q-16	XXXII
172.	Хүний чөмөгний яс 人骨	-102	Q-16	XXXII
173.	Нүүр ваар (бүтэн) 瓦当	-111	U-16	XXXIII
174.	Барилгын шохойн чимэглэл 白灰建筑构件	-109	U-16	XXXIII
175.	Хээтэй ваар савны хагархай 陶片	-115	W-25	XLII
176	Барилгын шавар чимэглэл (том) 建筑构件	-131	Y-16	XXXIII
177.	Барилгын шавар чимэглэл 建筑构件	-137	W-16	XXXIII
178.	Нүүр ваарны хагархай 瓦当残块	-202	Z-23	LII
179.	Нүүр ваарны хагархай 瓦当残块	-205	U-25	LX
180.	Барилгын шавар чимэглэл 建筑构件	-210	U-25	LX
181.	Барилгын шавар чимэглэл 建筑构件	-211	W-25	LX
182.	Нүүр ваар (бүтэн) 瓦当	-191	W-25	LX
183.	Хүний чөмөгний яс 人骨	-220	V-26	LX
184.	Барилгын шавар чимэглэл 建筑构件	-221	W-25	LX
185.	Ханан хэлбэрийн хээтэй ваар савны хагархай 网格纹陶片	-200	W-25	LII
186.	Барилгын шохой чимэглэлийн хэсгүүд 白灰建筑构件	-197	V-23	LII
187.	Нүүр ваарны хагархай 瓦当残块	-190	V-22	LII
188.	Нүүр ваарны хагархай 瓦当残块	-189	V-21	LII

189.	Нүүр ваарны хагархай 瓦当残块	-203	V-21	LII
190.	Амьтны толгойн дүрс бүхий шавар чимэглэлийн хагархай 兽面形建筑构件	-201	Z-21	LII
191.	Нүүр ваарны хагархай 瓦当残块	-202	Z-23	LII
192.	Улаан будагтай шохойн чимэглэл 红彩兽首形建筑构件	-204	U-25	LX
193.	Нүүр ваарны хагархай 瓦当残块	-209	L-25	LX
194.	Нүүр ваарны хагархай 瓦当残块	-158	R-24	L
195.	Нүүр ваарны хагархай 瓦当残块	-157	R-24	L
196.	Хүний хавирганы яс 人肋骨	-160	S-24	L
197.	Нүүр ваарны хагархай 瓦当残块	-177	X-20	XLII
198.	Барилгын шавар чимэглэл 建筑构件	-172	X-19	XLII
199.	Нүүр ваарны хагархай 瓦当残块	-169	X-19	XLII
200.	Нүүр ваарны хагархай 瓦当残块	-172	X-19	XLII
201.	Нүүр ваарны хагархай 瓦当残块	-147	W-20	XLII
202.	Нүүр ваарны хагархай 瓦当残块	-119	U-16	XXXIII
203.	Нүүр ваарны хагархай 瓦当残块	-185	X-21	LI
204.	Нүүр ваарны хагархай 瓦当残块	-183	X-21	LI
205.	Нүүр ваарны хагархай 瓦当残块	-188	X-21	LI
206.	Нүүр ваарны хагархай 瓦当残块	-189	X-22	LI
207.	Улаан будагтай барилгын шавар чимэглэл 建筑构件	-189	X-23	LI
208.	Нүүр ваарны хагархай 瓦当残块	-188	V-25	XL
209.	Төмөр эдлэл 铁器	-188	V-25	XL
210.	Хэрчлээстэй шавар чимэглэл 建筑构件	-200	V-26	XL
211.	Хэрчлээстэй шавар чимэглэл 建筑构件	-201	V-27	XL
212.	Ваар савны хагархай 陶片	-214	V-27	XL
213.	Амьтны толгойн дүрс бүхий шавар чимэглэлийн хагархай 兽面形建筑构件	-191	X-23	LI
214.	Нүүр ваарны хагархай 瓦当残块	-204	X-24	LI
215.	Уйгур хээтэй ваар савны хагархай 陶片	-249	X-28	XL
216.	Нүүр ваарны хагархай 瓦当残块	-212	X-24	LI
217.	Ваар савны хагархай 陶片	-208	U-26	XL
218.	Барилгын шавар чимэглэл 建筑构件	-208	U-25	XL
219.	Хана хэлбэрийн хээтэй ваар савны хагархай 网格纹陶片	-194	Q-28	LIX
220.	Нүүр ваарны хагархай 瓦当残块	-192	V-24	LI
221.	Нүүр ваарны хагархай 瓦当残块	-197	X-24	LI
222.	Нүүр ваарны хагархай 瓦当残块	-180	U-24	LI
223.	Нүүр ваарны хагархай 瓦当残块	-179	V-24	LI
224.	Барилгын шавар чимэглэл 建筑构件	-188	U-24	LI
225.	Хүний хавирганы яс 人肋骨	-187	T-24	L
226.	Ваар савны амсарын хагархай 陶器口沿	-210	N-19	XL

227.	Дугуй нуман хээтэй ваар савны амсарын хагархай 陶片	-248	W-27	XL
228.	Дугуй нуман хээтэй ваар савны амсарын хагархай 陶片	-214	R-28	LIX
229.	Ромбо хэлбэрийн хээтэй ваар савны амсарын хагархай 陶片	-113	Q-16	XXXII
230.	Хүний хавирганы яс 人肋骨	-259	U-31	LXIX
231.	Нүүр ваарны хагархай 瓦当残块	-240	T-26	LIX
232.	Барилгын шохойгоор хийсэн чимэглэл 白灰建筑构件	-236	S-27	LIX
233.	Барилгын шохойгоор хийсэн чимэглэл 白灰建筑构件	-250	S-28	XLIX
234.	Барилгын шавар чимэглэл 建筑构件	-254	N-23	XLIX
235.	Ваар савны амсарын хагархай 陶器口沿	-260	T-27	LIX
236.	Ваар савны амсарын хагархай 陶器口沿	-265	S-27	LIX
237.	Ваар савны хагархай 陶片	-216	N-23	XLIX
238.	Ваар савны амсарын хагархай 陶器口沿	-218	S-27	LIX
239.	Барилгын шавар чимэглэл 建筑构件	-301	N-23	XLIX
240.	Нуман хэлбэрийн хээтэй ваар савны амсарын хагархай 陶片	-304	N-23	XLIX
241.	Барилгын шавар чимэглэл 建筑构件	-320	M-24	XLIX
242.	Нүүр ваар (бүтэн) 瓦当	-322	N-23	XLIX
243.	Нүүр ваар (бүтэн) 瓦当	-323	N-24	XLIX
244.	Нүүр ваарны хагархай 瓦当残块	-320	N-24	XLIX
245.	Барилгын шавар чимэглэл 建筑构件	-312	M-24	XLIX
246.	Нүүр ваар (бүтэн) 瓦当	-290	M-23	XLIX
247.	Хүний хавирганы яс 人肋骨	-250	M-20	XL
248.	Барилгын шавар чимэглэл 建筑构件	-370	M-20	XL
249.	Нуман хэлбэрийн хээтэй ваар савны амсарын хагархай 陶片	-193	V-18	XLII
250.	Ваар савны хагархай 陶片	-343	N-19	XL
251.	Ханан хээтэй тоосгоны хагархай 网格纹陶片	-276	N-23	XLIX
252.	Нөмрөг ваар (бүтэн) 筒瓦	-198	N-23	XLIX
253.	Нуман хэлбэрийн хээтэй ваар савны амсар 陶片	-93	S-21	L
254.	Нүүр ваар (бүтэн) 瓦当	-188	N-20	XL
255.	Барилгын хэрчлээстэй чимэглэл 建筑构件	-191	M-20	XL
256.	Хүний эгэмний яс 人锁骨	-232	N-20	XL
257.	Нүүр ваарны хагархай (2 ширхэг) 瓦当残块（2块）	-239	N-20	XL
258.	Нүүр ваарны хагархай 瓦当残块	-279	N-19	XL
259.	Ваар савны хагархай 陶片	-115	U-20	XLII
260.	Нүүр ваарны хагархай 瓦当残块	-403	O-20	XL
261.	Барилгын хэрчлээстэй чимэглэл 建筑构件	-409	AA-24	LII
262.	Барилгын хэрчлээстэй чимэглэл 建筑构件	-406	Q-23	L

263.	Барилгын шохойн чимэглэл 白灰建筑构件	-410	N-28	LVIII
264.	Ромбо хэлбэрийн хээтэй ваар савны хагархай 菱形纹陶片	-400	N-24	XLIX
265.	Дээврийн тосгуур ваарны хагархай 筒瓦	-365	N-24	XLIX
266.	Нүүр ваар (бүтэн) 瓦当	-321	N-24	XLIX
267.	Тоосго (бүтэн) 砖	-320	N-24	XLIX
268.	Хөндлөн олсон хээтэй тоосго (бүтэн) 绳纹砖	-330	N-23	XLIX
269.	Тоосго (бүтэн) 砖	-336	N-23	XLIX
270.	Ташуу олсон хээтэй бүтэн тоосго 绳纹砖	-350	N-23	XLIX
271.	Барилгын шавар чимэглэл 建筑构件	-390	N-23	XLIX
272.	Ваар савны хагархай 陶片	-290	M-24	XLIX
273.	Ваар савны хагархай 陶片	-292	M-24	XLIX
274.	Дээврийн нөмрөг ваарны хагархай 筒瓦	-286	N-24	XLIX
275.	Адууны эрүүний ясны хугархай 马颌骨	-430	N-24	XLIX
276.	Нүүр ваарны хагархай 瓦当残块	-390	N-24	XLIX
277.	Үхрийн толгойн яс (бүтэн) 牛头骨	-435	M-23	XLIX
278.	Дээврийн тосгуур ваарны хагархай 板瓦	-270	N-23	XLIX
279.	Дээврийн нөмрөг ваарны хагархай 筒瓦	-380	O-24	XLIX
280.	Олсон хээтэй тоосгоны хагархай 绳纹砖	-300	O-23	XLIX
281.	Үхрийн аман хүзүүны яс 牛颌骨	-437	N-24	XLIX
282.	Хүний эгэмний яс 人锁骨	-400	N-24	XLIX
283.	Ваар савны амсарын хагархай 陶器口沿	-280	O-22	XLIX

Малтлагаас илэрсэн барилгын хэрэглэгдэхүүний тоон үзүүлэлт (тоосго)

Үе	2-3 үе	4 үе		5 үе		6 үе		7 үе		8 үе		9 үе		Далан /хамар/		НИЙТ
Талбай		ш	кг	ш	кг	ш	кг	ш	кг	ш	кг	ш	кг	ш	кг	
XXXI	97.75 кг	300	27	410	32	130	11	-	-	-	-	-	-	260	77	1247
XXXII	289.5 кг	460	45	227	59	100	8	21	2.25	-	-	-	-	919	227	22068.25
XXXIII	251 кг	510	69	536	76.4	49	18	10	1.2	-	-	-	-	670	141	2079.6
XXXIY	199.75 кг	90	30	79	38	30	9	12	2.2	-	-	-	-	120	19	429.2
XL	16 кг	100	35	254	62	309	88.8	352	75.9	1273	643	220	73.3	3900	1824	9228
XLI	73 кг	290	70	598	115.8	162	54	125	50.3	276	115.3	80	20	800	190	2946.4
XLII	80 кг	232	40	250	38.5	172	37	109	37.5	855	204.8	343	50	203	53.5	2646
XLIII	266.75 кг	704	91	1086	138.3	865	94	356	48.5	237	28.5	-	-	226	79.5	3953.8
XLIX	166.5 кг	209	60	432	100.5	375	98.5	181	41.5	505	193.8	20	7	2958	453.3	5658
L	10 кг	70	11	240	55.8	71	15	69	17.5	407	125	40	12	275	69	1498
LI	19 кг	130	29	317	96.3	176	60.8	261	63.3	452	87.3	146	36	654	359.7	2890
LII	107.5 кг	547	94	600	162.5	776	146	162	43.7	233	84.25	135	44	410	49.3	3486.75
LIX	125 кг	184	31	251	36.5	437	84	238	66.8	623	133.7	210	86	490	122.5	2883.5
LX	87.75 кг	600	176	405	122	451	91.3	1015	150	562	151.1	300	22	423	206.7	4675.1
LXI	49.25 кг	357	163	725	148.3	217	27.8	62	6.5	19	4	7	5	63	11	1815.8
LXYII	40.5 кг	40	9	58	10	15	3	-	-	-	-	-	-	37	17	189
LXYIII	37.25 кг	120	29.3	45	18.8	53	10	46	25.5	26	9	-	-	16	27	437.3
LXIX	60 кг	290	46.3	310	54.5	129	18.5	500	104.7	100	20	-	-	332	101	2006
LXX	37.5 кг	269	46	85	19.3	-	-	-	-	-	-	-	-	58	25.3	502.6
Ш	-	5502		6908		4517		3519		5568		1501		128.19		
КГ	-		1101.6		8292.5		874.7		737.35		1799.75		355.3		4052.8	

Малтлагаас илэрсэн барилгын хэрэглэгдэхүүний тоон үзүүлэлт

/Дэ-дээврийн ваар, Чу-чулуу, Шо-шохой/

Үе	2-3 Үе			4 Үе			5 Үе			6Үе			7 Үе			8 Үе			Хамар		
Талбай	Дэ	Чу	Шо	Дэ	Чу	Шо	Дэ	Чу	Шо	Дэ	Чу	Шо	Дэ	Чу	Шо	Дэ	Чу	Шо	Дэ	Чу	Шо
XXXI	154	7	6	732	10	-	896	36	57	-	-	-	164	8	-	-	-	-	58	4	-
XXXII	69	13	-	610	2	-	533	11	2	174	-	72	185	12	-	-	-	-	110	1	60
XXXIII	95	29	1	509	21	-	450	-	-	2178	-	90	44	-	-	-	-	-	643	-	43
XXXIY	11	5	-	150	8	-	97	-	-	22	-	-	12	-	-	-	-	-	65	3	-
XL	19	17	2	37	-	-	15	-	-	18	-	-	14	11	-	66	42	-	1250	-	-
XLI	8	-	-	66	-	-	17	2	-	-	-	-	1	-	1	-	1	1	-	-	-
XLII	20	-	-	41	3	-	13	6	-	9	-	-	6	7	-	775	-	16	8	2	-
XLIII	124	50	1	160	-	-	98	3	-	239	-	-	379	-	-	1125	14	16	19	5	-
XLIX	52	95	10	29	-	-	21	3	-	17	-	-	26	6	-	136	7	1	754	4	9
L	-	-	-	10	-	-		1	-	-	-	-	1	-	-	157	7	11	60	11	-
LI	-	-	-	19	-	-	4	2	-	2	3	-	4	3	1	222	17	7	119	-	26
LII	36	16	-	77	9	-	7	-	-	70	2	-	183	5	2	-	-	-	-	-	-
LIX	43	13	-	35	21	-	68	7	3	131	3	-	240	8		517	23	16	36	-	-
LX	49	25	10	115	1	-	169	10	-	74	6	-	137	1	5	55	1	-	412	-	11
LXI	35	20	-	200	-	-	238	1	-	222	16	-	155	1	-	80	1	-	-	-	-
LXYII	23	18	-	29	20	3	170	15	-	150	9	4	-	-	6	-	-	-	16	1	-
LXYIII	61	28	3	47	3	1	25	-	-	59	1	7	97	-	6	7	-	-	5	1	-
LXIX	124	49	12	40	7	-	43	-	-	60	4	-	61	1	-	44	-	-	36	4	-
LXX	13	14	-	51	4	-	42	-	-	-	-	-	-	-	-	-	-	-	22	-	-
БҮГД	936	399	45	2957	109	4	2906	97	62	1472	44	173	1709	63	78	3184	113	68	2488	36	149

Хавсралт 2

ӨВӨР ХАВЦАЛЫН АМНЫ ДӨРВӨЛЖИН ХЭМЭЭХ ДУРСГАЛЫН МАЛТЛАГА СУДАЛГААНЫ ЯВЦАД ИЛЭРСЭН ХҮН, МАЛЫН ЯСАНД ХИЙСЭН ХЭМЖИЛТ СУДАЛГААНЫ УРЬДЧИЛСАН ҮР ДҮНГЭЭС

Бидний хамтарсан малтлага судалгааны явцад хүний оршуулга тодорхой байрлалаараа илрээгүй боловч тахилын байгууламжийн болон илэрсэн бунхант барилгын малтлага, дурсгалын гадуурх шороон далангийн малтлага зэргээс хэсэг бусаг байдалтай хүний ясны хэсгүүд олдож байсан юм. Эдгээр яснууд нь бүрэн бус, энд тэнд маш их тарааж хаясан байдалтай олдсон учир нэгтгэн дүгнэхэд ихээхэн учир дутагдалтай байлаа. Гэсэн хэдий ч эдгээр хүний яснууд нь эрт цагт уг дурсгал нь оршуулгын байгууламж байсныг ямар нэг байдлаар илтгэж байгаа бөгөөд тэдгээрийн нарийвчилсан хэмжилт үүдийг ШУА-ын Археологийн хүрээлэнгийн судлаачид хийсэн юм. Тэдгээр судлаач дын хийсэн хүн судлалын судалгааны үр дүнд үндэслэн үзвэл нэг бус хэд хэдэн хүний оршуулга байсан бололтой байна. Гэхдээ энэ нь эцсийн судалгааны үр дүн биш юм. Цаг заваа гарган бидний малтлага судалгаагаар олдсон хүний болон малын ясны хэмжилтийг хийж гүйцэтгэсэн Монгол улсын ШУА-ийн Археологийн хүрээлэнгийн Палеоантропологи-Зооархеологийн лабораторийн эрдэм шинжилгээний ажилтан Ц.Амгалантөгс, Л. Дэлгэрмаа нарт талархал илэрхийлье.

1. Хүний ясанд хийсэн хэмжилт судалгаа

- **Гавал:** (Cranium) Дагзны болон зулай яс олон жижиг хэсэг болон салсан ба нас хүйс тогтоох боломжгүй, хадгалалт муу байна. Доод эрүүний (Mandibule) яс хоёр хуваагдсан. Эрүүний ясны босоо болон титэм сэртэн байхгүй. Баруун зүүн талын М1 араа шүднээс бусад шүдний ёзоор эрүүний таславчинд үлдсэн байна. Хадгалалт муу, шүдний ургалт болон гавлын ясны үлдсэн хэсгийн хөгжлөөс харахад нас биед хүрсэн хүн бололтой.

- **Эрүү:** (Mandibule) Баруун талын үений сэртэн байхгүй, баруун талын М3 араа шүд байхгүй, Р1. Р2 бага араа байхгүй, I1, I2 үүдэн шүд байхгүй, зүүн талын шүднүүдээс М2, М3 араа шүднүүдээс бусад шүдний паалант хэсэг байхгүй ёзоор үлджээ. (Дугаар. 144)

- **Хавирга** (Costae R): баруун талын 1ш сул хавирга. Их биеийн хэсэг нь хугарч толгой хэсэг үлдсэн. (Дугаар. 135)

(Costae L) зүүн талын нэг ширхэг хавирганы толгой болон өвчүүтэй үелэх хэсэг үгүй болсон (Дугаар. 162), мөн зүүн (Costae L) талын сул хавирга өвчүүтэй үелэх хэсэг байхгүй. (Дугаар. 125). Үүнээс гадна 7ш хавирганы яс маш муу хадгалагдсан.

- **Дунд чөмөг (Femur):** Толгой болон суурь хэсэг байхгүй болсон. Хадгалалт муу, нас хүйс тогтоох боломжгүй. (Дугаар. 3) Дунд чөмөгний их биеийн хэсэг, суурь болон толгойн хэсэг үгүй болсон (Дугаар. 93)

- **Тахилзуур яс (Fibula L):** Зүүн хөлний нарийн шилбэний яс. Суурь хэсэг хугарсан хэмжилт хийх боломжгүй. Баруун хөлний нарийн шилбэ (Fibula R). Их биений дооггуур хугарч үгүй болсон. (Дугаар. 157)

- **Зүүн хөлний нарийн шилбэ (Fibula L).**толгой болон суурь хэсэг байхгүй. (Дугаар. 80)

- **Хос нарийн шилбэний яс. (Fibula R. L)**

- **Баруун хөлний нарийн шилбэ (Fibula R)** толгой болон суурь хэсгээрээ хугарсан.

- **Бүдүүн шилбэ (Tibia):** Баруун хөлийн бүдүүн шилбэний их биеийн хэсэг (Дугаар. 18), мөн баруун хөлний бүдүүн шилбэний хэсэг 1ш (Дугаар. 172)

- **Эгэм (Clavicula L):** Зүүн эгэм далны ястай үелэх хэсгээр хугарсан. (Дугаар. 85)

- **Бүсэлхийн нуглам (Lumbar):** Бүсэлхийн 2 нуглам зүүн далны хэмт их биеийн хэсэг үгүй болсон хадгалалт муу.

- **Богтос чөмөг, шууны яс (Ulna. radius):** Баруун гарын богтос чөмөг, хадгалалт муу, зүүн гарын шууны яс харьцангуй сайн хадгалагдсан.

- **Өлмийн яс (Metatarsals 2):** Зүүн хөлний өлмийн 2-р яс 1ш. (Дугаар. 29) - Гарын хуруумны дунд үе (Phalanges midlle) 2ш. (Дугаар. 154)

- **Дунд чөмөг (Femur):** Дунд чөмөгний их бие, бүдүүн шилбэний (Tibia) их бие, баруун зүүнийг ялгах боломжгүй зүүн гарын алганы 1,.2,.3,.5,-р яснууд (Metacarals). зүүн хөлний өлмий (Metatarsals)1.5-р яс, гарын хуруумны үе яс (Phalanges proximal) 1ш.

- **Бугалга (Humerus):** Баруун гарын бугалганы яс эффиас заадал нь бэхжиж дуусаагүй. Дээрх яснуудаас харьцангуй сайн хадгалагдсан.

Эдгээр хүний яснуудаас хамгийн их тохиолдож байгаа нь нарийн шилбэний яс бөгөөд зүүн хөлийн гурав, баруун хөлийн гурван ширхэг тахилзуур яс байгаа бөгөөд үүнээс үзэхэд энд гурван хүн байсан байна. (зураг, 1)

2. Малын ясанд хийсэн зооархеологийн судалгааны урьдчилсан үр дүн

Архангай аймгийн Хотонт сумын нутаг Өвөрхавцалын 3-р дөрвөлжингөөс илэрсэн малын ясанд остеологи болон краниологийн судалгааг хийлээ. Судалгаанд Үхэр /Bos taurus/, адуу /Equus/, хонь /Ovis ammon/, хярс /Vulpus corsac/ илэрсэн бөгөөд үхрийн гавлын яс, доод эрүү, хүзүүний нугалмууд, урд, хойд мөчдийн яснууд, хурууны үе яснууд, сүүлний нугалмууд, нурууны нугалам, адууны доод эрүүний тал, хонины дунд чөмөгний доод хэсэг, толгойн яс доод эрүү, дунд чөмөг хамрагдсан /хүснэгт/. Дээрх яснуудыг төрөл тус бүрээр нь тодорхойлж хэмжилт хийсэн болно. (Зураг. 2)

Үүнд:

№	Гавал (skull)	Доод эрүү (mandible)	Хүзүүний нугалам (atlas,axis)	Урд мөч 1-р яс бугалга (humerus)	Урд мөч шилбэ (Metacarpus)	Хойд мөч шилбэ (metatarsus)	Хурууны яс (Phalanx)
1.Үхэр (Bos taurus)	1	2	3		2	2	
2.Адуу (Equus)		1					
3.Хонь (Ovis ammon)				1			
4.Хярс (Vulpus corsac)	2	1		2			
Нийт							36

Үхэр /Bos taurus/- Гавлын яс бараг бүтэн, эврийг нь зориуд салгаж авсан нь ямар нэгэн аж ахуйн хэрэглээнд хэрэглэж байсны нэг тод жишээ болж байна. Доод эрүүний дээд сэртэнгүүдийг мөн хугарсан ба үүдэн шүднүүд бүгд, араа шүднүүд бүгд бүрэн байгаа нь нас тодорхойлоход их дөхөм болсон. Урд, хойд мөчдийн 3-р үеийн яснууд болон туурай, хурууны яснуудаас харахад ажлын үхэр байсан болов уу гэж үзэж болохоор байна. Үүнийг тухайн үеүүдэд гарсан өөрчлөлтүүдээс харж болно.

Эмгэг шинж : Дээд эрүү болон доод эрүүний буйлны эмгэг шинж илэрсэн, урд, хойд мөчдийн 3-р үе ясанд ясны эмгэг шинж ажиглагдсан үүнийг цааш нарийвчлан судлах шаардлагатай гэж үзэж байна.

Хэмжилтийг үзүүлбэл:

Гавал (cranium)

№	Хэмжилт авсан цэгүүд	Хэмжилтүүд /мм/
1.	Үндсэн урт /P-Ak/	46
2.	Богино урт /P-B/	44.3
3.	Тагнайн урт /Pm-Pd/	
4.	Хамрын урт /N-Rh/	17
5.	Духны урт /N~/	
6.	Гавлын хөндлөн урт /P-Ect/	32.5
7.	Ухархай хоорондын өргөн /Ect-Ect/	18.3
8.	Ухархайн өргөн Ent-Ect	6
9.	Өндөр	6
10.	Дагзны өргөн /Ot-ot/	20
11.	Дагзны сэртэн хоорондын их өргөн	14.7
12.	Бага өргөн	9
13.	Дагзны нүхний өргөн	3.5
14.	Өндөр /O-B/	4.9
15.	Араа шүдний нийт урт /Pm-M/	13.2
16.	Бага араа шүдний урт	5.2
17.	Том араа шүдний урт	8.2
	Доод эрүү	
18.	Эрүүний урт /Id-Goc/	36.2
19.	Босоо сэртэнгийн өндөр /Cr-Cov/	20
20.	Титэм сэртэнгийн өндөр	15.3
21.	Сэртэн хоорондын өндөр	15.6
22.	Араа шүдний урт	14.3
23.	Бага араа шүдний урт	5.4
24.	Том араа шүдний урт	9
25.	Диастемийн урт	
	Хүзүүний 1-р нугалам Аман хүзүү / Atlas/	
26.	Хүзүүний сэртэнгийн өргөн (GB)	131
27.	Нугасны нүхний өргөн (Bfcd)	88

28.	Сэртэнгийн өндөр (GI)	
	Хүзүүний 2-р нугалам хатан хүзүү /Axis/	
29.	Өндөр (H)	115
30.	Их биеийн өргөн (LCDe)	110
31.	Сэртэнгийн өргөн (LAPa)	95
	Урд мөчдийн 3-р үе шилбэ /Metacarpus/ баруун	
32.	Урт (GL)	184
33.	Дээд (BP)	55
34.	Доод (BD)	56
35.	Хамгийн нарийн хэсэг (DD)	31
	Хойд мөчдийн 3-р үе шилбэ /Metatarsus баруун/	
36.	Урт (GL)	208
37.	Дээд (Bp)	47
38.	Доод (BD)	52
39.	Хамгийн нарийн хэсэг CD	28

Адуу /Equus/

Доод эрүүний хэсэг гарсан. Хугарсан байсан учир хэмжилт хийх бололцоогүй. Бага араа 1, том араа 2 байсан. 3-р бага араа байнгын араагаар солигдож, 3-р том араа дөнгөж цухуйх гэж байгаагаас үзэхэд залуу адуу 3-4 насны /young adultus/ байна.

Хонь /Ovis ammon/ бугалганы ясны доод эфифизт хэсэг гарсан бөгөөд зөвхөн эфифизний өргөний хэмжээг авсан болно.

Энэ ясанд нас хүйс тогтоох, хэмжилт хийх боломжгүй болно.

Хярс /Vulpus corsac/ хярсны гавлын ясны дагзны хэсэг, 2 дах гавал нь нүүр, дух, чамархайн хэсэг, доод эрүү шүдний хамт, дунд чөмөг, бугалганы яс гарсан.

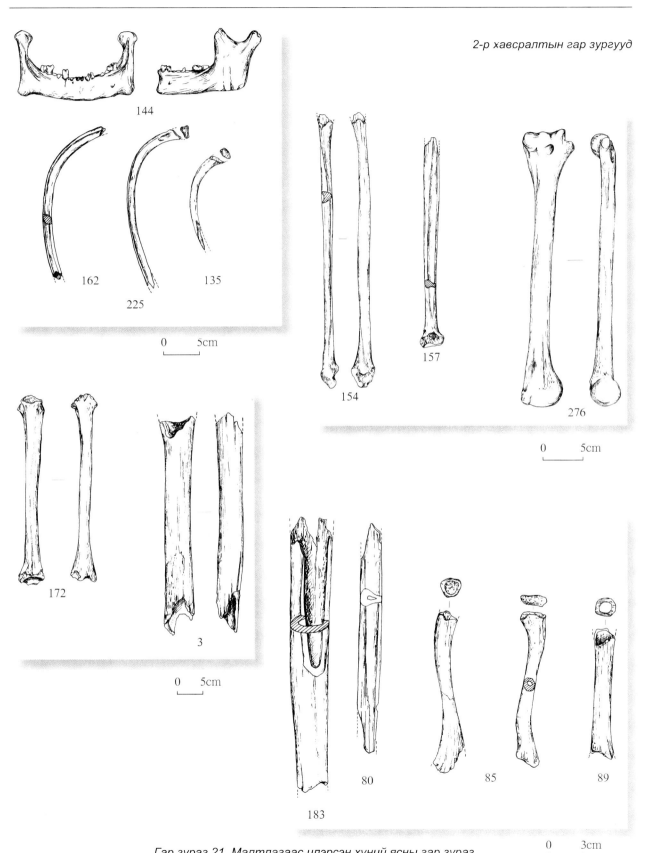

Гар зураг 21. Малтлагаас илэрсэн хүний ясны гар зураг

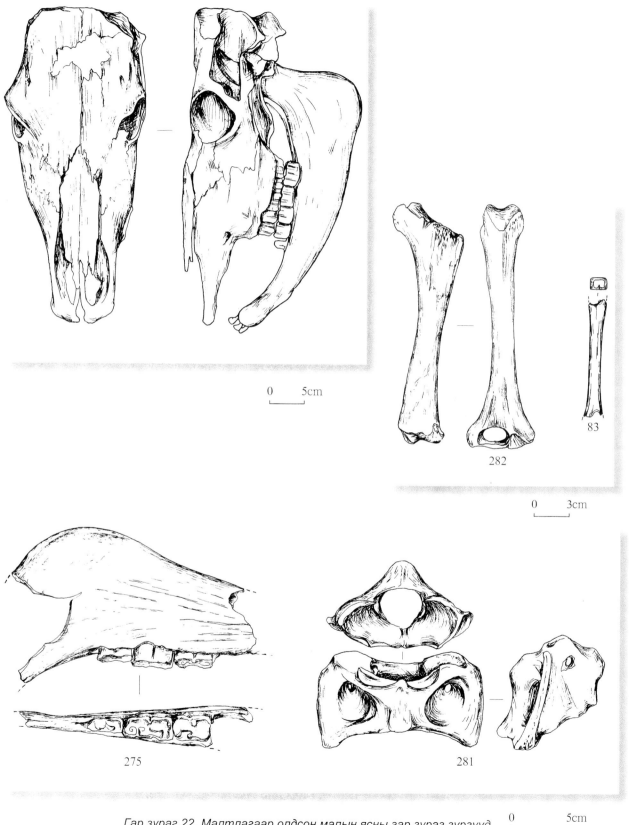

0   5cm

83

282

0   3cm

275

281

0   5cm

Гар зураг 22. Малтлагаар олдсон малын ясны гар зураг зургууд

ХАВСРАЛТ ЗУРГУУД

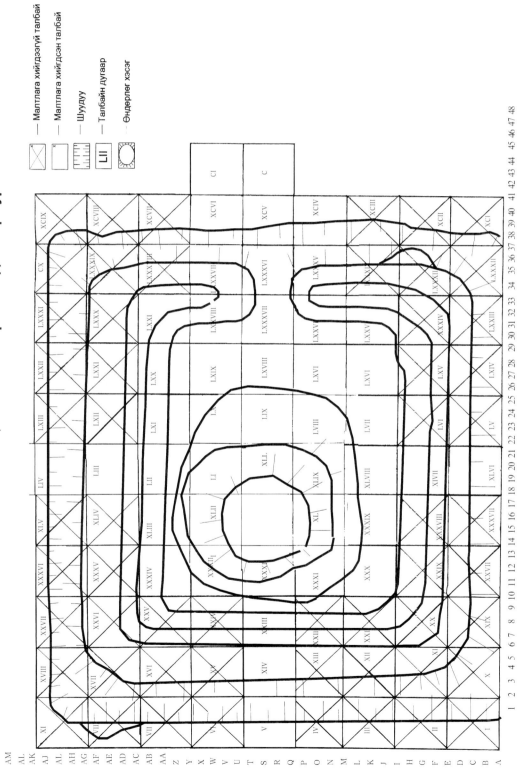

МХХЭ-2006
Архангай аймаг, Хотонт сум
Өвөр хавцалын ам, 3-р дөрвөлжин
Малтлага -1, малтлагын ерөнхий дэвсгэр зураг

- Малтлага хийдээгүй талбай
- Малтлага хийгдсэн талбай
- Шуудуу
- Талбайн дугаар
- Өндөрлөг хэсэг

Гар зураг. 23. Малтлагын талбайн ерөнхий дэвсгэр зураг

Олдворын тэмдэглэгээ Ye- 1-3

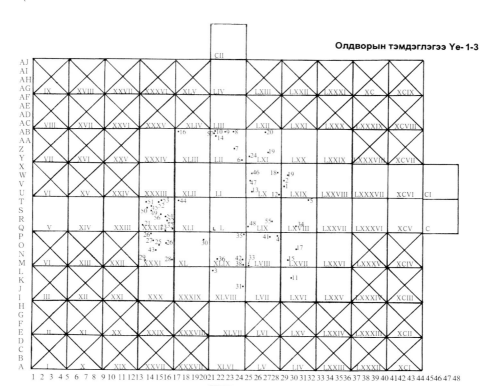

Олдворын тэмдэглэгээ Ye-4-6

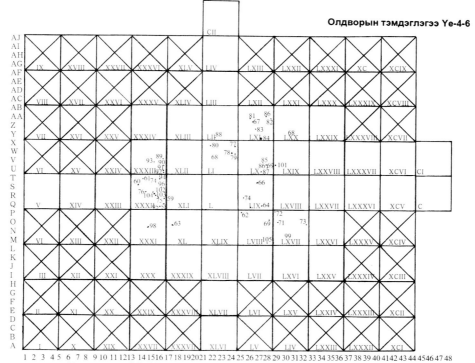

Гар зураг. 24. Малтлагаас илэрсэн олдворуудын тойм тэмдэглэгээ

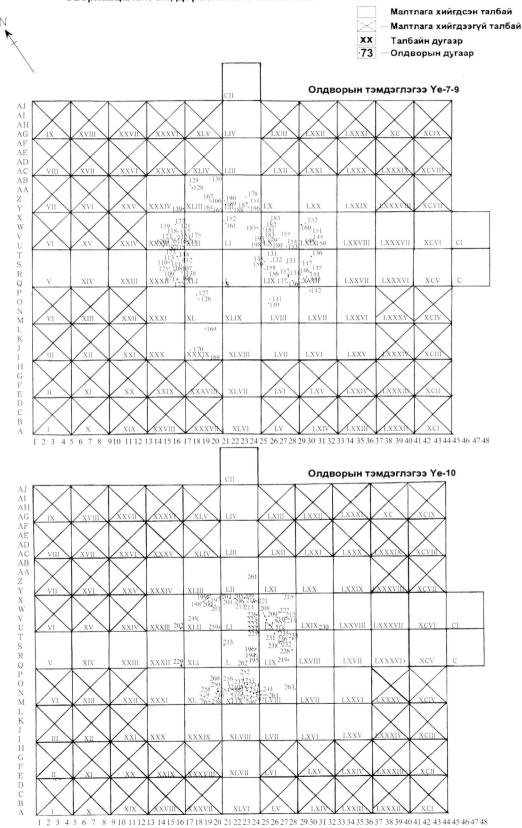

Гар зураг 25. Малтлагаас илэрсэн олдвор хэрэглэгдэхүүний тойм тэмдэглэгээ

МХХЭ-2006 Архангай аймаг, Хотонт сум
Өөрхавцалын ам, Дөрвөлжин-3 Малтлага-1

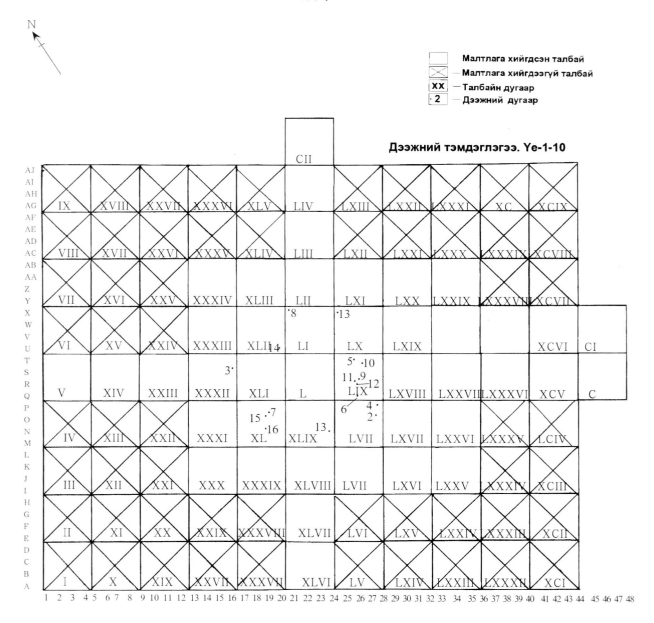

Гар зураг 26. Малтлагын явцад лабораторийн зориулалтаар авсан дээжний тэмдэглэгээ

Зураг 27. Малтлагааас илэрсэн барилгын нурангийн тархацын зураглал

0   8m

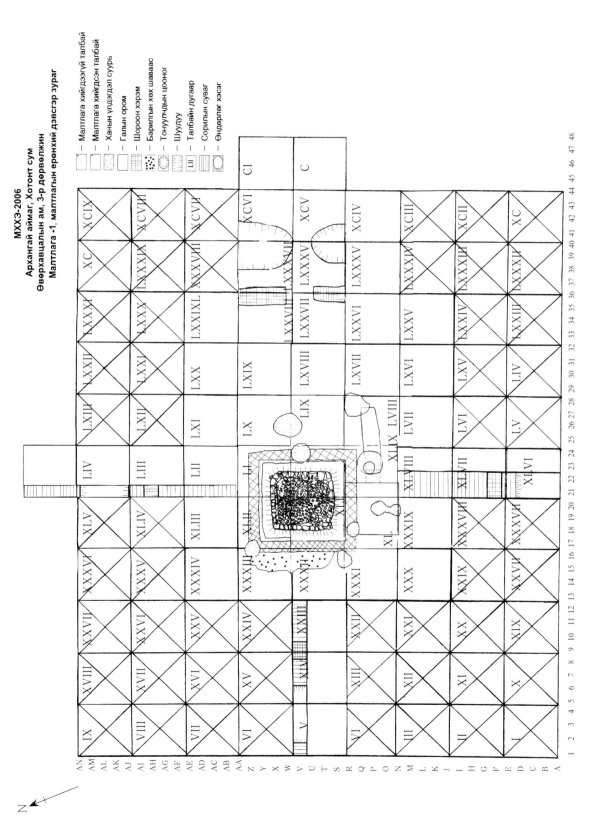

МХХЗ-2006
Архангай аймаг, Хотонт сум
Өверхавцалын ам, 3-р дөрвөлжин
Малтлага -1, малтлагын ерөнхий дэвсгэр зураг

- Малтлага хийгдээгүй талбай
- Малтлага хийгдсэн талбай
- Ханын үлдэгдэл суурь
- Галын ором
- Шороон хэрэм
- Барилгын хөх шавааас
- Тонуулчдын цооног
- Шуудуу
- Талбайн дугаар
- Сорилын суваг
- Өндөрлөг хэсэг

0   8m

Гар зураг 28. Малтлагын үйл явцын ерөнхий дэвсгэр зураглал

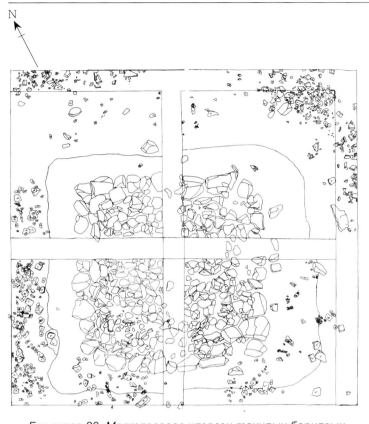

МХХЭ-2006
Архангай аймаг, Хотонт сум
Өөрхавцалын ам, 3-р дөрвөлжин, Малтлага-1
Тахилын байгууламжийн чулуун өрлөг. I үе
XLII, XLI, L, LI сектор

Гар зураг 29. Малтлагааас илэрсэн тахилын барилгын
суурь, чулуун өрлөг

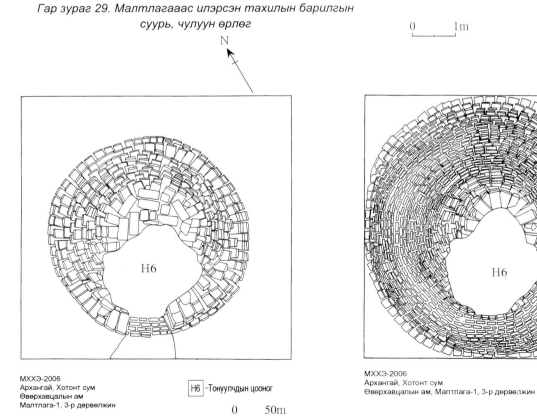

0   1m

МХХЭ-2006
Архангай, Хотонт сум
Өөрхавцалын ам
Малтлага-1, 3-р дөрвөлжин

H6 –Тонуулчдын цооног

0   50m

Гар зураг 30. Бунханы тоосгон өрлөг /дээрээс/

МХХЭ-2006
Архангай, Хотонт сум
Өөрхавцалын ам, Малтлага-1, 3-р дөрвөлжин

H6 –Тонуулчдын цооног

0   1m

Гар зураг 31. Бунханы давхар өрлөг
/дээрээс/

Тахилын байгууламж, бунхант барилгын зураглал

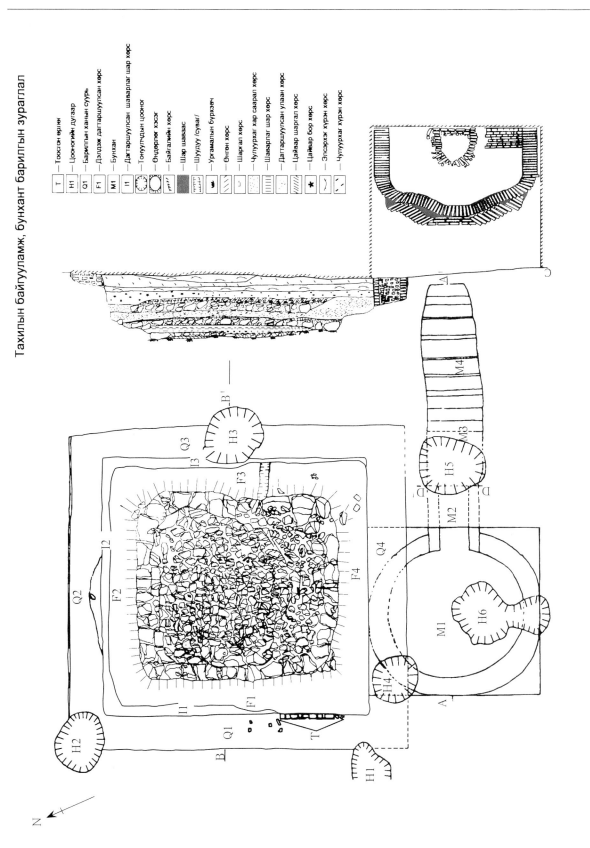

Гар зураг. 32. Тахилгын байгууламж ба бунханы дээсээр зураг (дээрээс болон хажуугаас)

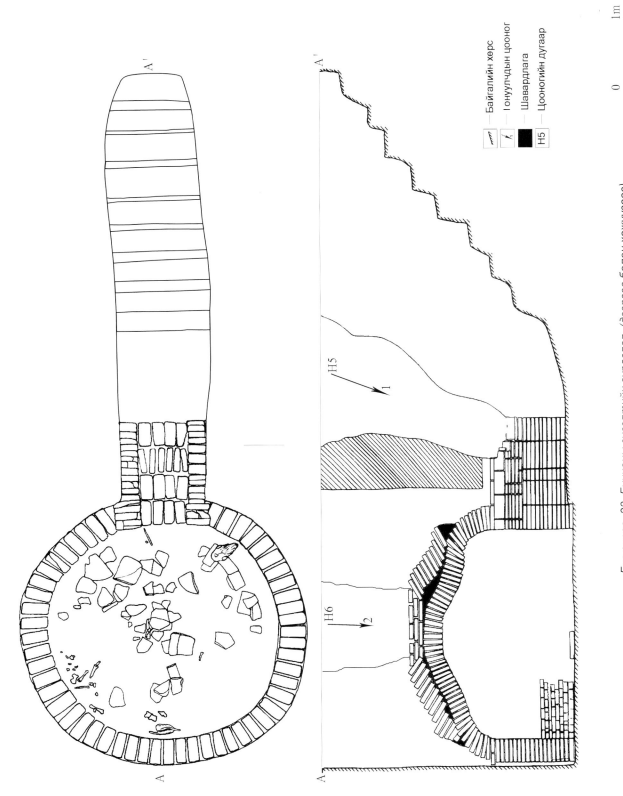

Гар зураг. 33. Бунханы зүсэлтийн зураглал. (дээрээс болон хажуугаас)

Байгалийн хөрс
I онуулчдын цооног
Шавардлага
Цооногийн дугаар

H5

0   1m

МХХЗ-2006
Архангай аймаг, Хотонт сум, Өөрхаєцалын ам
3-р дөрөөлжин, Малтлага-1

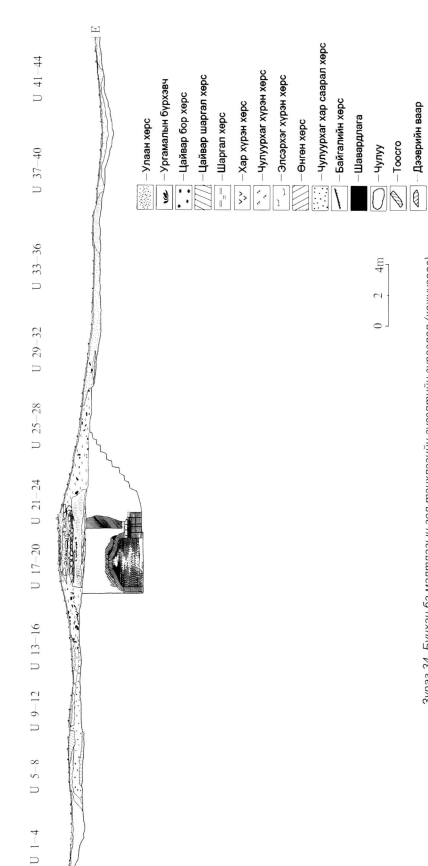

W
E

U 1-4 U 5-8 U 9-12 U 13-16 U 17-20 U 21-24 U 25-28 U 29-32 U 33-36 U 37-40 U 41-44

— Улаан хөрс

— Ургамалын бүрхэвч

— Цайвар бор хөрс

— Цайвар шаргал хөрс

— Шаргал хөрс

— Хар хүрэн хөрс

— Чулуурхаг хүрэн хөрс

— Элсэрхэг хүрэн хөрс

— Өнгөн хөрс

— Чулуурхаг хар саарал хөрс

— Байгалийн хөрс

— Шавардлага

— Чулуу

— Тоосго

— Дээврийн ваар

0   2   4m

Зураг 34. Бунхан ба малтлагын гол тэнхлэгийн зүсэлтийн зураглал (хажуугаас)

乌布尔哈布其勒山谷四方形遗址分布情况（由南向北拍摄）
Өвөр хавцалын амны дөрвөлжингүүдийг дугаарласан байдал

发掘前的三、四号四方形遗址
Өвөр хавцалын амны 3, 4-р дөрвөлжин

1．表土层清理后的遗址（由北向南拍摄）
Малтлагын явцаас (өмнө талаас)

2．二层清理后的四方形遗址（由西南向东北拍摄）
Малтлагын явц (өмнө талаас)

1．TLVIII内的倒塌堆积

Малтлагаас илэрсэн барилгын хэрэглэгдэхүүн

2．石砌台基

Чулуугаар өрж хийсэн суварга хэлбэрийн тахилын байгууламж

1. 台基东北部的栏墙
Тахилын байгууламжийн тоосгон өрлөг (хойд талаас)

2. 台基西南部的栏墙
Тахилын байгууламжийн баруун хананд үлдсэн тоосгон өрлөг

1. 台基东栏墙的白灰面
Тахилын байгууламжийн зүүн ханын шаваастай хэсэг

2. 台基第三层石头
Тахилын барилгын чулуун өрлөг (хойд талаас)

1. 台基下方的夯土

Тахилын байгууламжийн малтлага (Сорилын зүсэлт, XLII хэсэг, дээрээс)

2. 台基剖面

Тахилын барилгын чулуун өрлөг

1. 东围墙的白灰墙面

Шороон далангийн үүдний хэсгийн хананд үлдэж хоцорсон шохойн шаваас

2. 围沟（TCII内）

Баруун хэрмийн гаднах шудууны зүсэлт

1. 东围墙外面的围沟
3-р дөрвөлжингийн үүдэвчний малтлага (өмнө талаас)

2. 二号盗坑
Малтлагаас илэрсэн цооног. 2

建筑台基

1号墓墓道

1. 乌布尔哈布其勒山谷三号四方遗址建筑台基与一号墓的相对位置
Малтлагын явцаас

2. 一号墓墓道清理前的地表情况
Бунханы үүдэвчний толбо илэрсэн байдал

1. 一号墓墓道及甬道
Бунханы үүдэвч
зүүн талаас

2. 墓室顶部（第二层）
Бунхан, үүдэвч (тонуулчдын
цооногийг цэвэрлэсний дараа)

1. 一号墓墓室清理前

Бунхан, үүдэвчний хэсэг

2. 一号墓墓室清理后

Бунханы давхар өрлөгийг авсаны дараах байдал

一号墓的遗物分布情况

3-р дөрвөлжины бунханы малтлагаар илэрсэн олдворууд

1. 一号墓墓室（俯拍）
Бунханы малтлагын явцаас

2. 一号墓墓室（俯拍）
Бунханы шаланд анхны байрлалаараа үлдсэн тоосгууд

1．一号墓甬道（由东向拍）

Бунханы шаланд анхны байрлалаараа үлдсэн тоосгууд

2．一号墓甬道（由西向拍）

Бунханы хүзүүвч (дотор талаас)

1. 发掘完毕后的遗址（由东向西拍摄）
Малтлагын талбай (зүүн талаас)

2. 回填后的三号四方形遗址
Дурсгалыг эргүүлэн дарж булсан байдал

1. 陶罐口沿

Малтлагаас илэрсэн ваар савны амсарын хагархай

1. C型罐 [TXLII③：2（249）]　　2. B型罐 [TLIX③：1（153）]

3. A型罐 [TXXXII③0：1（229）]　4. D型罐 [TL③：1（253）]

2. V式陶片 [TLI③：2（185）]

Малтлагаас илэрсэн хээтэй ваар савны хагархай
（хэсэг LI, дугаар 185）

3. IV式陶片 [TLI③：1（78）]

Малтлагаас илэрсэн хээтэй ваар савны хагархай
（хэсэг LI, дугаар 78）

图版一八

1. Ⅶ式陶片 [TXLIX③：2 (264)]
Ваар савны хагархай
(хэсэг XLIX, дугаар 264)

2. Ⅰ式陶片 [TLXIX③：1 (149)]
Хээтэй ваар савны хагарай
(хэсэг LXIX, дугаар 149)

3. 回鹘故都哈喇巴拉嘎斯城采集的陶片
Уйгур улсын нийслэл Хар балгасаас олдсон хээтэй ваар савны хагархай
(түүвэр. МҮМ сан хөмрөг)

1. Ⅱ式砖 [TXLIX③：5（270）]
Олсон хээтэй бунханы өрлөгийн хөх тоосго (хэсэг
LVIII, дугаар 270)

2. Ⅲ式砖 [TXL③：2（169）]
Тахилын барилгын хээтэй өрлөгийн тоосго
(хэсэг XL, дугаар 169)

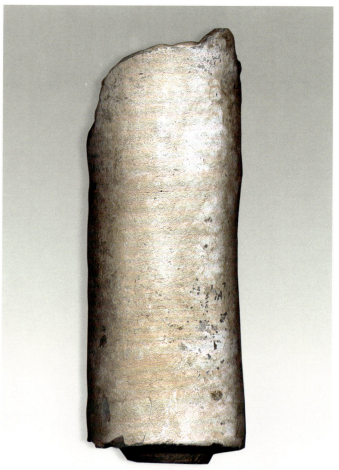

1. 筒瓦 [TXXXII③：4 (112)]

Дээврийн нөмрөг ваарны хагархай

2. 筒瓦 [TXLIX③：7 (252)]

Дээврийн нөмрөг ваарны хагархай

1. Ⅳ式砖 [TXLⅢ② : 1（16）]
Гарын хээтэй тоосгоны хагархай (хэсэг XLIII, дугаар 16)

2. 板瓦 [TXXXⅢ③ : 10（92）]
Дээврийн тосгуур ваарны хагархай (хэсэг XXXIII, дугаар 92)

1. 莲蕾纹瓦当 [K7：1（242）]
Нүүр ваар (дугаар 242)

2. 莲蕾纹瓦当 [TXXXIII③：4（115）]
Нүүр ваар (хэсэг XXXIII, дугаар 115)

3. 莲蕾纹瓦当 [TXXXII③：3（107）]
Нүүр ваар (хэсэг XXXII, дугаар 107)

4. II式莲籽纹瓦当 [TLI③：5（206）]
Нүүр ваар (хэсэг LI, дугаар 206)

1. II式莲籽纹瓦当 [TLI③：9（220）]
Нүүр ваар (хэсэг LI, дугаар 220)

2. I式莲籽纹瓦当 [TLXX③：1（68）]
Нүүр ваарны хагархай (хэсэг LXX, дугаар 68)

1. 建筑构件
Малтлагаас илэрсэн амьтны дүрст барилгын шавар чимэглэлүүд

2. 建筑构件 [TLX③：2（192）]
Амьтны дүрст барилгын шавар чимэглэлүүд

3. 建筑构件 [TLI③：4（213）]
Амьтны дүрст барилгын шавар чимэглэлүүд

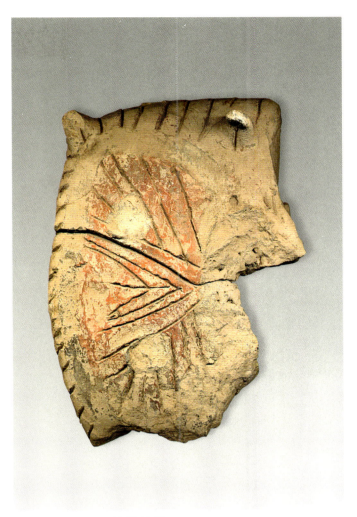

1. 建筑构件 [TXXXIII③：7（176）]
Шавраар хийсэн улаан будагтай барилгын ч
имэглэлүүд (хэсэг LI, дугаар 176)

2. 建筑构件 [TLI③：7（207）]
Шавраар хийсэн улаан будагтай барилгын
чимэглэл

1. 建筑构件 [K7：2（245）]
Шавраар хийсэн улаан будагтай барилгын чимэглэл (дугаар 245)

2. 建筑构件 [TXXXIII③：6（117）]
Шавраар хийсэн улаан будагтай барилгын чимэглэл (хэсэг XXXIII, дугаар 117)

1. 壁画残块
[TXXXIII③：1（174）]
Улаан будагтай барилгын
шохойн чимэглэл
(хэсэг XXXIII, дугаар 174)

2. 壁画残块
Улаан будагтай ханын шаваас
шохой

1. 壁画残块

Улаан будагтай ханын шаваас шохой

2. 壁画残块

Улаан будагтай ханын шаваас шохой

1. 牛头骨 (M1:1)

Бунханы малтлагаас илэрсэн үхрийн толгойн яс

2. 头骨 (G1:2)

Хэрмийн гаднах шуудуунаас илэрсэн хүний толгойн ясны хэсэг

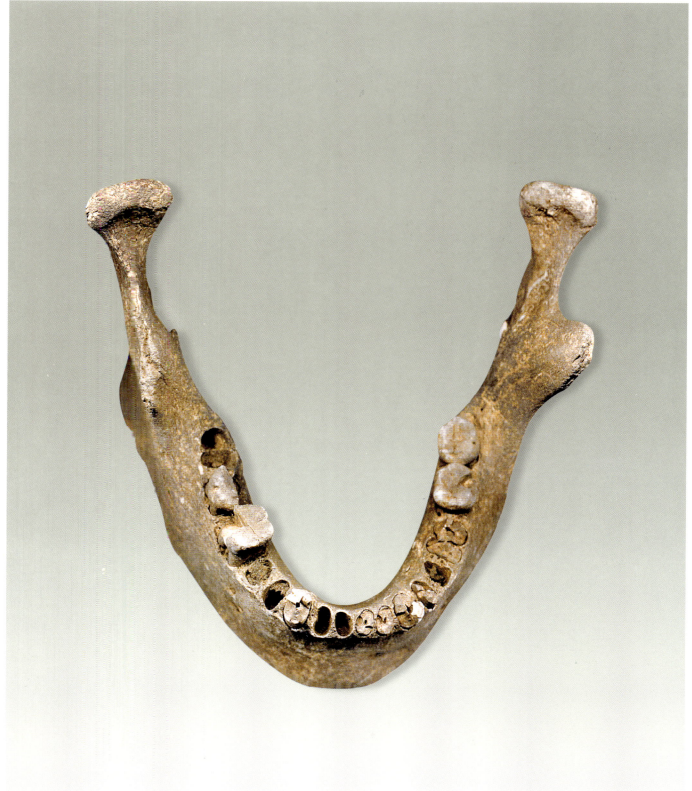

下颌骨 [TLXVIII③：3（144）]

Малтлагаас илэрсэн хүний эрүүний яс (хэсэг LXVIII, дугаар 144)

1. 考古发掘现场
Өвөр хавцалын амны 3-р дөрвөлжингийн малтлагын явцаас

2. 中蒙双方队员现场交流发掘意见
Хамтарсан төслийн судлаачид малтлагын ажлынхаа талаар санал солилцож буй нь

大雪中的考古发掘现场
Өвөр хавцалын амны 3-р дөрвөлжингийн малтлагын явцаас

图版三二

哈喇巴拉嘎斯古城

Хар балгас хотын туурь

后　　记

　　2006年7月至9月，中蒙联合考古队对位于蒙古国后杭爱省浩腾特苏木乌兰朝鲁巴戈地区乌布尔哈布其勒山谷三号四方形遗址进行考古发掘。清理出石筑祭台与回鹘大型砖室墓一座，出土了一批重要文物。2007年，中蒙联合考古队对这批发掘资料进行了系统的整理工作，经过中蒙双方研究人员一年半的共同努力，最终撰写完成了这部考古发掘报告。本书是中蒙合作撰写的第一部考古发掘报告，凝结着中蒙双方考古研究人员的辛劳与汗水（图版三二）。

　　参加乌布尔哈布其勒山谷三号四方形遗址考古发掘的中蒙双方人员名单如下：

　　中方研究人员：塔拉（内蒙古自治区文物考古研究所所长、教授、中蒙联合考古队中方总领队）、陈永志（内蒙古自治区文物考古研究所教授、博士、中蒙联合考古队中方副领队）、王仁旺（内蒙古自治区文物考古研究所第四研究室主任、副教授）、宋国栋（内蒙古自治区文物考古研究所助理研究员）、岳够明（内蒙古自治区文物考古研究所助理研究员）、李树国（内蒙古自治区乌兰察布市博物馆助理研究员）、萨仁毕力格（内蒙古自治区文物考古研究所助理研究员）、额日很巴图（翻译）、王其戈（翻译）、杨智广（司机）、赵健（司机）。

　　蒙方研究人员：巴·恩和图布信（蒙古国游牧文化研究国际学院院长、科学院院士）、阿·奥其尔（蒙古国国家博物馆原馆长、教授）、勒·额尔敦宝力道（蒙古国国家博物馆研究人员、博士）、巴·昂哈巴雅尔（蒙古国游牧文化研究国际学院研究人员、硕士）、阿·恩和图尔（蒙古国科学院考古研究所研究人员、在读博士）、策·奥德巴特尔（蒙古国国家博物馆研究人员、在读硕士）、奥·巴图巴雅尔（蒙古国国家博物馆研究人员、在读硕士）、策·朝高（司机）。

　　此外，蒙古国国立大学、蒙古国国立师范大学、乌兰巴托大学等高校的学生也参加了此次考古发掘。在发掘期间，蒙古德国联合考古队、蒙古日本联合考古队研究人员，中国"三省一校一区"学术会议代表团、国家博物馆、北京大学的一些学者到发掘现场进行了交流参观。

　　本书是"蒙古国境内古代游牧民族文化遗存考古调查、勘探、发掘研究"合作项目的第二部学术成果，根据考古发掘现场的实际情况，中蒙双方按自己的编写方式各自撰写发掘报告，形成中文、新蒙古文两大部分，再合编成一部。文中插图、墨线图随各自文字内容，双方公用同一彩图。本报告承蒙中国内蒙古自治区文化厅厅长王志诚先生作序，蒙古国游牧文化研究国际学院院长巴·恩和图布信院士撰写前言，内蒙古自治区文物考古研究所所长塔拉教授、陈永志教授、蒙古国国家博物馆原馆长阿·奥其尔教授审定书稿，最终由陈永志教授统稿，宋国栋、岳够明、萨仁毕力格、额尔敦宝力道（蒙古国）、巴·昂哈巴雅尔（蒙古国）、第·奥德巴特尔（蒙古国）等人参加了编写工作，王仁旺、郝晓菲、马婧等人绘制了部分器物与遗迹的墨线图。

萨仁毕力格翻译了新蒙文内容提要、后记与目录。王仁旺、李树国、额日很巴图、王其戈、杨智广、赵健、阿·恩和图尔（蒙古国）、奥·巴图巴雅尔（蒙古国）等参加了资料整理工作。本书由中蒙两国研究人员合作撰写，是中蒙两国研究人员共同努力的结果（图版三一，2）。特别是中国驻蒙古国大使馆对考古发掘工作与报告的出版给予了很大的帮助，大使余洪耀、文化参赞王大奇一直关注着合作项目的进展情况，亲自接见考古队员并随队到考古现场指导工作，在此一并表示由衷的感谢。

　　本书在撰写与编辑的过程中难免出现纰漏，敬请读者同仁批评指正。

编　者

2008年8月8日

ТАЛАРХАЛ

2006 оны 6-р сараас 9-р сар хүртэл Монгол-БНХАУ-ын хамтаосан археологийн судалгааны анги Монгол улсын Архангай аймгийн Хотонт сумын Улаан чулуу багийн нутаг Өвөр хавцалын амны 3-р дөрвөлжин хэмээх дурсгалд малтлагын ажлыг амжилттай гүйцэтгэсэн юм. Бидний малтлагаар уг дөрвөлжин хэмээх дурсгалаас тахилгын чулуун байгууламж, бунхант булш болон ховор сонин олдворууд илрэн олдсон билээ. Монгол, Хятад хоёр улсын судлаачид малтлагаар илэрсэн олдвор, хэрэглэгдэхүүнийг боловсруулан энэхүү анхны малтлага судалгааны ажлын тайланг бичиж олны хүртээл болгон толилуулж байна. Өвөр хавцалын амны 3-р дөрвөлжингийн малтлага судалгааны хамтарсан багийн бүрэлдэхүүнд,

Монгол улсын талаас:
- Төслийн ерөнхий зохицуулагч Б.Энхтүвшин (Нүүдлийн соёл иргэншлийг судлах олон улсын хүрээлэнгийн захирал, академич)
- Монголын талын эрдэм шинжилгээний удирдагч, А.Очир (Монголын Үндэсний түүхийн музейн захирал, профессор)
- Археологич Л.Эрдэнэболд (Монголын Үндэсний музейн эрдэм шинжилгээний ажилтан, доктор)
- Археологич А.Энхтөр (ШУА-ийн Археологийн хүрээлэнгийн эрдэм шинжилгээний ажилтан, магистр)
- Археологич Б.Анхбаяр (Нүүдлийн соёл иргэншлийг судлах олон улсын хүрээлэнгийн эрдэм шинжилгээний ажилтан, магистр)
- Археологич Ц.Одбаатар (Монголын Үндэсний музейн эрдэм шинжилгээний ажилтан, магистр)
- Судлаач О.Батбаяр (Монголын үндэсний музейн эрдэм шинжилгээний ажилтан)
- Ц.Цогбадрах (жолооч) нар оролцон ажилласан болно. Түүнчлэн бидний хээрийн судалгааны ажилд МУИС, МУБИС, УбИС-ын оюутнууд оролцов.

БНХАУ-ын талаас:
- Хятадын талын төслийн удирдагч Та Ла (ӨМӨЗО-ны Соёлын өв, археологи

судалалын хүрээлэнгийн захирал, профессор)

- Төслийн дэд удирдагч, Чэн Ён Жи (ӨМӨЗО-ны Соёлын өв, археологи судалалын хүрээлэнгийн дэд захирал, профессор, доктор)

- Ван Рэн Ван (ӨМӨЗО-ны Соёлын өв, археологи судалалын хүрээлэнгийн дөрөвдүгээр тасгийн эрхлэгч)

- Сүн Гуо Дун (ӨМӨЗО-ны Соёлын өв, археологи судалалын хүрээлэнгийн эрдэм шинжилгээний ажилтан)

- Юүэ Гоу Мин (ӨМӨЗО-ны Соёлын өв, археологи судалалын хүрээлэнгийн эрдэм шинжилгээний ажилтан)

- Ли Шү Гуо (ӨМӨЗО-ны Улаанцав аймгийн музейн эрдэм шинжилгээний ажилтан)

- Саранбилэг (ӨМӨЗО-ны Соёлын өв, археологи судалалын хүрээлэнгийн эрдэм шинжилгээний ажилтан)

- Эрхэмбат (орчуулагч)

- Ян Жи Гуан (жолооч)

- Жао Жиан (жолооч) нар оролцон ажилласан болно.

Бидний малтлага судалгааны ажлын явцад Монгол-Японы, Монгол-Германы, Монгол-Оросын хамтарсан археологийн судалгааны ангийн судлаачид, БНХАУ-ын "Гурван муж, нэг сургууль, нэг өөртөө засах орны" (Гирин муж, Ляонин муж, Хар мөрөн муж, Бээжин их сургууль, ӨМӨЗО) эрдэмтэд болон Бээжин их сургуулийн ба БНХАУ-ын Үндэсний музейн судлаачид малтлагын талбайд хүрэлцэн ирж бидэнтэй санал бодлоо солилцож байсан юм.

Энэхүү бүтээл нь Монгол-БНХАУ-ын хамтарсан "Монгол улсын нутаг дахь эртний нүүдэлчдийн соёл, иргэншлийн хайгуул, малтлага судалгаа" төслийн хээрийн судалгааны ажлын хоёр дахь бүтээл болно. Уг бүтээлийг Монгол, Хятад хэлээр бичиж, холбогдох дурсгалын гар зургийг хоёр тал өөр өөрийн бичиглэл дотор оруулж, дурсгалын гэрэл зургийг номын ард хавсаргасан болно.

ӨМӨЗО-ны Соёлын тэнхимийн дарга Ван жи Чэн, Монгол улсын Нүүдлийн соёл иргэншлийг судлах олон улсын хүрээлэнгийн захирал, академич Б.Энхтүвшин нар хоёр талын тайлангийн удиртгалыг бичиж, Өвөр монголын Соёлын өв, археологи судалалын хүрээлэнгийн захирал, профессор Та Ла, Монгол улсын Нүүдлийн соёл иргэншлийг судлах олон улсын хүрээлэнгийн профессор А.Очир нар хянан тохиолдуулж, профессор Чэн Ён Жи ариутган шүүлээ. Судлаач Сүн Гоу Дун, Юүэ Гоумин, Саранбилэг, Б.Анхбаяр нар тайлангийн хэвлэлийн эхийг бэлтгэж, Саранбилэг хятад хэлний агуулгын товчлол, төгсгөлийн үгийг крилл үсэгт хөрвүүлж, Ван Рэн Ван, Хао Шиофи, Ма Жин нар хятад талын тайлангийн гар зургийг зурсан болно. Үүнээс гадна А.Энхтөр, Ц.Одбаатар, Ши Шү Гуо, Эрхэмбат, Ваанчиг, Ян Жи Гуан, Жао Жиан О.Батбаяр нар тайлангийн ажилд оролцсон болно.

Энэхүү бүтээл нь Монгол-БНХАУ-ын хамтарсан археологийн судалгааны урьдчилсан үр дүн болно. Бидний хамтын судалгааны ажилд Монгол улсад суугаа БНХАУ-ын Элчин сайдын яам томоохон дэмжлэг үзүүлж байсан бөгөөд тус яамны соёлын газрын дарга Ван Да Чи хайгуул, судалгааны ажилд биечлэн оролцож сэтгэл харамгүй дэмжлэг үзүүлсэн юм. Дээр дурдсан бидний судалгааны ажилд идэвхийлэн оролцож тусалсан бүх хүмүүст халуун талархалаа илэрхийлж байна.

Тус номонд алдаж ташсан зүйл байх аваас эрхэм уншигч, эрдэмтэн мэргэд та бүхэн санал шүүмжээ бидэнд ирүүлэхийг хүсэж байна.